U0617875

中国电建
POWERCHINA

踏海而立

——水电十一局国际业务实施三十周年

中国水利水电第十一工程局有限公司　编
SINOHYDRO BUREAU 11 CO., LTD.

中国水利水电出版社
www.waterpub.com.cn

·北京·

内 容 提 要

本书为纪念改革开放四十周年和中国水电十一局国际业务实施三十周年（1988—2018）而编写。全书采用章回体形式，以大量的生动故事，记录 30 年间中国水电十一局响应国家"走出去"战略的号召，迎难而上、开拓市场、融入他国、做强发展、积极履行海外社会责任的真实历程。本书既是一部国际业务奋斗史的真实再现，也是中国建筑业央企积极融入国家"一带一路"倡议的真实记录。

图书在版编目（ＣＩＰ）数据

踏海而立：水电十一局国际业务实施三十周年 / 中国水电十一局编. -- 北京：中国水利水电出版社，2018.12
ISBN 978-7-5170-7257-7

Ⅰ．①踏… Ⅱ．①中… Ⅲ．①水电企业－概况－中国－1988-2018 Ⅳ．①F426.9

中国版本图书馆CIP数据核字(2018)第287183号

书 名	踏海而立——水电十一局国际业务实施三十周年 TAHAI ERLI—SHUIDIAN SHIYIJU GUOJI YEWU SHISHI SANSHI ZHOUNIAN
作 者	中国水利水电第十一工程局有限公司　编
出版发行	中国水利水电出版社 （北京市海淀区玉渊潭南路 1 号 D 座　100038） 网址．www.waterpub.com.cn E－mail：sales@waterpub.com.cn 电话：(010) 68367658（营销中心）
经 售	北京科水图书销售中心（零售） 电话：(010) 88383994、63202643、68545874 全国各地新华书店和相关出版物销售网点
排 版	中国水利水电出版社微机排版中心
印 刷	北京博图彩色印刷有限公司
规 格	184mm×260mm　16 开本　16 印张　379 千字
版 次	2018 年 12 月第 1 版　2018 年 12 月第 1 次印刷
印 数	0001—3500 册
定 价	180.00 元

凡购买我社图书，如有缺页、倒页、脱页的，本社营销中心负责调换

版权所有·侵权必究

《踏海而立——水电十一局国际业务实施三十周年》

编 纂 委 员 会

主　　任：张玉峰　夏水芳

副主任：李朝晖　刘本江

委　　员：张至森　武富光　张晓廷　高俊兆　周庆国
　　　　　于立波　李延伟　张涛锋　雷敬义　石宣喜
　　　　　刘元广　李珊珊　卢洪波　刘淑娟　刘　沐
　　　　　杨社亚　张建仓

《踏海而立——水电十一局国际业务实施三十周年》

编 辑 部

主　　编：高俊兆

副主编：刘淑娟　李爱领　付　攀

编　　辑：袁海厅　鲁　丹　水　源　魏　雨

参　　编：李　锵　孙鹤飞　娄曼曼　王金辉　张　超
　　　　　王建贞　刘　文　汪晓芳　米大猛　张　涛
　　　　　龚家卉　倪萌聪　李　靓　张旭彤　于　丹
　　　　　李　琰　崔　宇　石云威　彭　浩　孟令素
　　　　　翟永平　李惠琴　杨　颖　王利娟　刁莹莹
　　　　　陈　欢　张富平

序

张玉峰　夏水芳

　　浩渺行无极，扬帆但信风。作为伴随"万里黄河第一坝"——三门峡大坝的建设而诞生的企业，水电十一局是一家红色基因深深根植的队伍。这支队伍，逐水而生，依山而筑，融城而建，在人迹罕至的大山深处，在通衢纵横的城市之中，笃定初心，接续奋斗，建设了一大批国家重点大型水利水电、市政、工民建和路桥等工程。改革开放四十年以来，中国特色社会主义不断焕发出蓬勃生机和活力，经济发展和各项社会事业取得了举世瞩目的伟大成就，也给建筑业带来了重大的发展机遇。水电十一局紧跟国家改革发展步伐，在中国电建集团的战略引领下，与中国以及世界经济同频共振，成长为同时拥有水利水电工程、建筑工程两项施工总承包特级资质的大型企业，为国家经济社会发展和亚非拉发展中国家的经济建设做出了应有贡献。

　　志合者，不以山海为远。十一局走出国门的历史，可以追溯到20世纪60年代，是参与国际业务较早的施工企业之一。从1988年成立国际工程处至今的30年里，十一局紧紧跟随"走出去"战略，践行"一带一路"倡议，积极拓展国际化视野、提升国际化经营能力，国际业务从"搭船出海"和"借船出海"，逐步走向"造船出海"，成为企业发展资源最集中、最具有竞争力的业务板块。在积极参与竞标项目的基础上，通过EPC总承包、卖方信贷＋应收账款保理、协助融资＋EPC、投资拉动EPC等多种商业模式参与实施海外项目。国际工程先后进入到尼泊尔、阿曼、安哥拉、赞比亚、洪都拉斯、玻利维亚等27个国家和地区，与所在国结下深厚的感情、给当地人民带去了看得见摸得着的福祉，成为"一带一路"上闪亮的中国名片。在赞比亚，水电十一局承建的下凯富峡水电站工程，将为该国发展提供稳定的电力保障；越过碧波万顷的卡里巴湖，卡里巴水电站南岸扩机工程创造了中国速度和中国质量，工程发电后使津巴布韦全国年发电量提高近

25%；跨越半个地球，在加勒比海，承建的洪都拉斯帕图卡Ⅲ水电站项目对其国家的重要性不亚于三峡工程对中国的重要性……

30年来，十一局的国际业务从点到面，从小到大，从弱到强，从新兵到标兵，目前占营业收入比重30%左右，早已成为企业发展十分重要的战略支撑。在此过程中，十一局人的思想也发生了深刻变革，锻造形成了"尼泊尔经验""阿曼品格""下凯富峡精神"等一系列可以长久涵养后来者的"基因谱系"；十一局人视国家富强、企业发展为己任，秉承着对国际商业规律的深刻理解，怀着对企业和职工的深厚感情，敢为人先、顽强拼搏，涌现出一大批在新时代企业发展史上的创业者。正是有了这样一种力量、情怀和信念，十一局才拥有了雄厚的发展基础，取得了足以自豪的成就。这些都是十一局的精神支柱和宝贵财富，需要一代又一代的十一局人传承、弘扬。

在十一局国际业务实施30周年之际，本书以章回体的形式，全面展现了国际业务30年的奋斗历程，可谓充满豪情、慷慨激昂；忠实记录了许多鲜为人知的幕后故事，可谓汹涌澎湃、惊心动魄；认真回顾了业务实施过程中的思维嬗变，可谓发人深省、给人启迪。

沐春风，思浩荡。习近平总书记指出，国有企业是中国特色社会主义的重要物质基础和政治基础，是我们党执政兴国的重要支柱和依靠力量。水电十一局作为有着60多年光辉历程的国有企业，在中华民族伟大复兴的新征程上，在履行历史和时代交给我们的神圣使命面前，更应责无旁贷、一往无前。

丰碑永峙，初心永远；情怀不老，家国天下。是为序。

序

目录

第一章　源起大河

第二章　走遍亚细亚

第三章　远航非洲

目

录

第一章

源起大河

第一回

伟人决策黄河岸　大军建设三门峡

　　话说诸多事物，大中涵小，小中寓大。时光行至 2018 年，中国的改革开放已经 40 年；水电十一局走向国际市场，也整整 30 年。十一局这期间的路程，也是中国企业由计划经济条件到市场经济环境、由"引进来"到"走出去"的一个缩影。这本书，想要讲的是水电十一局国际业务发展的故事。当然，要了解有着 60 多年历史的老牌企业，还得从那激情燃烧的岁月说起。

◆ 伟人鸿音

　　毛泽东说：

　　"我们可以藐视一切，但不能藐视黄河，藐视黄河，就是藐视我们这个民族。"

　　中国共产党领导人民治理黄河，是从 1946 年开始的，在解放战争年代，度过了艰难的岁月。中华人民共和国成立后，正式开启了人民治黄事业的新纪元。

　　1952 年 10 月 25 日，毛泽东在罗瑞卿、滕代远、杨尚昆、李烛尘、荣毅仁等的陪同下，沿黄河下中游而上，对山东、河南和原来的平原省境内最容易泛滥和决口的地方，以及防汛、引水灌溉等建筑，进行了深入的巡访调查。

　　在结束对山东的考察后，10 月 29 日 17 时，毛泽东一行从山东出发，经江苏的徐州市进入河南兰封县境。毛泽东事先知道兰封县是个很贫困的县。为了不给该县带来接待方面的麻烦，待专列到达兰封县后，毛泽东决定就住在车上。

　　10 月 30 日早上 6 点，河南省委书记张玺、黄委会主任王化云（后来的三门峡工程局副局长）等人来到杨尚昆、罗瑞卿的车厢会客室准备面见毛泽东。刚坐下，有人报告说：主席下车向西北方向村里去了。大家便下车赶去，走到村边（西贡村），看到毛泽东正在跟晾场的农民谈话，便停了下来。毛泽东的秘书向他们招手后，罗瑞卿才带着河南的领导过去，并向毛泽东问好。

　　毛泽东从农家回到专列，而后就餐。忽然间，他又移动位置，来到王化云的对面，对他问道："你叫啥子名字？"

　　"王化云。"

　　毛泽东接着问："你是啥子时候做治黄工作的？过去做啥子工作？"

　　王化云说："过去在冀鲁豫行署工作，1946 年 3 月到了黄委会。"

毛泽东笑着说："化云，变化为云，再化而为雨，这个名字好。半年化云，半年化雨就好了。"

就餐后，毛泽东进入会客厅，先就一些问题让大家谈了看法。向他们询问的主要问题，就是治理黄河灾害问题。毛泽东说："我想听一听这几年在治理黄河的问题上，对黄河下游修堤、防汛，上中游水土保持，干流查勘、调查，特别是修建三门峡水利枢纽工程和龙羊峡发电站……都有些啥子打算？"

张玺说："主席要了解更详细的情况，恐怕我们谈不清楚，是不是请黄河水利委员会的同志来汇报？"

毛泽东说："好、好，还是请你们那个'黄河'来说最好。"

随着毛泽东的询问，王化云开始滔滔不绝、有问必答地汇报起来……

11 时 10 分，毛泽东的专列将至兰封黄河大堤里，王化云报告说："主席，东坝头到了，今天暂时谈到这里吧？"

毛泽东看着王化云说："三门峡这个水库修起来，把几千年以来的黄河水患解决啦，还能灌溉平原的农田几千万亩，发电 100 万千瓦，通行轮船也有了条件，是可以研究的。"

毛泽东随即赴兰封县黄河大堤东坝头巡视，下午又乘汽车到开封北郊黄河柳园口看"悬河"。

10 月 31 日，在离开开封时，毛泽东用他那深厚、刚劲的世纪之声发出号召：

"要把黄河的事情办好。"

毛泽东经过对黄河的 7 天巡视，使黄河治理规划由原来的《黄河水利规划》提高到了《黄河综合治理规划》的水平，这为中共中央政治局讨论全面治理黄河规划和提交第一届全国人民代表大会二次会议作出《黄河综合治理规划》的决策，做好了充足的准备。

1953 年 2 月 15 日，毛泽东启程去南方巡视，主要去视察长江，并顺路到郑州看一看黄河的情况。

专列开动后，毛泽东看着图纸上的三门峡，问随行的黄河水利委员会主任王化云："三门峡水库修起来，能用多少年？"

王化云："如果黄河干流 30 个电站都修起来，总库容约占 2000 亿至 3000 亿立方米，这样算个总账，不做水土保持及支流水库，也可以用 300 年。"

毛泽东笑了："300 年后，你早就有重孙了。"说得王化云也笑了起来。

毛泽东押了口茶，又问："修了支流水库，做好水土保持能用多少年？"

王化云："用 1000 年是可能的。"

毛泽东："那 1050 年怎么样呢？"

"这……"王化云搔起头发。毛泽东提问令王化云始料不及。他脸上红了一下，说："到时候再想办法。"

毛泽东发出一种胜利者的笑声："恐怕不到1000年早就解决了。"

他抽着烟，思路又回到现实，问："三门峡水库定了没有？"

王化云回答："还没有定。"

毛泽东又问："三门峡水库有四个方案，你认为哪个最好？"

王化云说："修到360米这个方案最好。"

毛泽东将视线移到图纸上，盯着三门峡的位置看了许久，道："我再问你，三门峡水库修好后，黄河能通航到哪里？"

王化云："能通航到兰州。"

"兰州以上能不能通航？"

"目前还没有考虑。"

毛泽东陷入了沉思。

1954年2月的一天，毛泽东由南京回北京的途中，为检查指导《黄河综合治理规划》问题，特地落宿在郑州北站的专列上。

这天下起了漫天纷飞的鹅毛大雪，不一会儿，就铺天盖地把大地上的一切都覆盖起来。

毛泽东在这里听取了赵明甫对于《黄河综合治理规划》和水土保持工作的汇报。结束时，毛泽东指着《黄河综合治理图》对赵明甫说："这图是否可以给我？"

赵明甫说："欢迎主席审阅。"然后就将图交给了毛泽东。

3月29日，周恩来写信给毛泽东，请他审阅批准1952年做出的水利工作决定。1953年是中国由经济恢复阶段走向"一五"计划建设的第一年。苏联援助中国建设的156个项目的主要部分正在磋商。

在水利部和黄河水利委员会的要求下，经周恩来与苏联方面商谈，决定将根治黄河列入苏联的援建项目。1954年1月，以苏联电站部列宁格勒水电设计院副总工程师柯洛略夫为组长的专家组来华。2月到6月，中苏专家120余人，行程12000公里，进行黄河现场大勘察。苏联专家肯定了三门峡坝址，柯洛略夫说："任何其他坝址都不能代替三门峡为下游获得那样大的效益，都不能像三门峡那样能综合地解决防洪、灌溉、发电等各方面的问题。"根据苏方的建议，国家计委于当年设立了黄河规划委员会。

◆ 治黄开端

1955年7月5日下午，中华人民共和国第一届人民代表大会第二次会议在北京中南海怀仁堂开幕。国务院副总理邓子恢代表国务院在会议上作了《关于根治黄河水害和开发黄河水利的综合规划的报告》。报告明确了治理黄河的任务、方针、方法，以及按照当地具体情况选择采取的一系列措施。

7月30日，第一届全国人民代表大会第二次会议在热烈的掌声中一致通过了《关于根治黄河水害和开发黄河水利的综合规划的决议》，批准了黄河综合规划的原则、基本内容及近期实施计划，并决定在黄河干流由上而下布置 46 座梯级枢纽工程。

肩负着黄河儿女的千年渴盼与党和人民的谆谆嘱托，水电十一局的前身——黄河三门峡工程局应运而生。

周恩来对三门峡工程关怀备至，三门峡工程有许多重大决策都是在他的直接领导下作出的。直到他弥留之际，还向前往医院探望的中央领导同志询问三门峡工程改建后的情况。

周恩来具体负责三门峡工程机构的组建工作，调湖北省省长刘子厚任三门峡工程局局长，黄委会主任王化云、电力工业部发电建设总局副局长张铁铮等任副局长，从福建、湖北、河南、山东等地调来了一批领导骨干，又从水利部和电力部分别抽调了许多工作人员。职工队伍更是来自四面八方。从水利、电力、建筑、铁路、交通、邮电、商业、司法、卫生等部门，从丰满、官厅、梅山、陡河、狮子滩等水利水电工地，汇集了各路精兵强将，组成了三门峡建设大军。

少长咸集，风云际会。1957 年 4 月 13 日，三门峡水利枢纽工程（以下简称三门峡工程）隆重剪彩开工，由此正式揭开了治理黄河的伟大序幕。三门峡工程当时计划投资九亿多人民币，可谓倾全国之力。

河谷风起，黄沙弥漫。几万水利精兵齐赴三门峡，凿开峭壁，战天斗地。

三门峡的老艄公说得好："胆小的人，黄河上没他的路；有黄河就有敢治黄河的人。"

三门峡工程局人，就是敢治黄河的人！

《人民日报》这样号召：

"我们不光要向黄河要水、要电、要粮、要土地。我们还要时间。我们要骑上黄河飞跑，骑上黄河追赶时间！我们要骑上黄河跑上三峡的绝顶！我们要骑上黄河追太阳。"

在三门峡工程建设过程中，周恩来曾三次亲临三门峡工地现场，并在三门峡和北京主持召开两次专题会议，主持会议、研究工程建设问题：1958 年 4 月 21 日至 25 日，他第一次来三门峡，为三门峡工程建设指明了方向；1959 年 10 月 12 日至 13 日，他第二次来三门峡，解决拦洪、发电问题；1961 年 10 月 8 日，他第三次来三门峡，勉励工人们为工程建设作出更大

1957 年 4 月 13 日三门峡工程开工典礼

的贡献。

1958年4月21日晨。三门峡谷，柳丝吐翠，山花烂漫；峡谷上空，雄鹰展翅，朝霞似火。周总理和彭德怀、习仲勋等同志，在三门峡工程局局长刘子厚的陪同下，步行进入三门峡工地。总理身穿一身银灰色的制服，步履矫健，神采奕奕。

周总理稳步踏上悬空跨越神门河的钢索吊桥，登临神门岛，走上正在浇筑的大坝与溢流坝之间的隔墩，纵览三门峡工地。

三门天险，名不虚传。浊浪滔天的黄河之水，流到三门峡谷，就被人门、神门、鬼门三座石岛迎面劈开，形成惊心动魄的三股激流，即鬼门河、神门河、人门河，"三门峡"由此得名。黄河在这里吼声震天，惊涛裂岸。石岛"狮子头"上凿下的"峭壁雄流，鬼斧神工"八个大字，足以说明这里自然环境的险要。每次舟船从"人门"过峡，必须对准下游"照我来"（即中流砥柱石）直冲过去，方能脱险，否则必有船翻人亡之祸。

然而，当代工人的一双手，远远超过了神话传说中的"鬼斧神工"。从工程开工，到周恩来首次视察三门峡的一年零八天中，三门峡建设者用自己的双手炸掉了狮子头、人门岛和梳妆台。工地上车如流水人如潮，机械成林，炮声隆隆，左岸围堰和大坝的隔墙、隔墩在马达的轰鸣声中节节上升……

此刻，周恩来站在高高的大坝隔墩上，时而举目上眺，时而俯瞰下望，思考着各个水利专家和秦、晋、豫、鲁各方代表的意见，权衡着上下游人民的利益。是的，上游、下游，都是祖国的土地；上下游人民，都是黄河母亲哺育的手足同胞，对他们的利益要统盘考虑，决不能顾此失彼！

周总理从隔墩上沿着用木板搭成的阶梯，一步一步地往左岸基坑走去。工人们听说周总理来了，激动地拥上前去，向总理问好。总理不时地和大家握手，问寒问暖，勉励大家要努力学习文化，学习科学技术，当科学技术的主人，为建设三门峡作出贡献。

在返回右岸的途中，要经过一座临时浮桥。周总理边走边观望工地施工的情况，走到桥心时，他停住了脚步，凝视着屹立在黄河中流的一个石岛。刘子厚指着这座石岛说：

"这就是象征中华民族性格的中流砥柱！"

"上面还有唐太宗的诗吧！"总理说。

刘子厚告诉总理，上面原来有唐太宗题的诗："仰临砥柱，北望龙门，茫茫禹迹，浩浩长春。"后来由于风雨剥蚀，字迹就看不清了。

总理微笑着点了点头。

下了浮桥，总理来到了右岸，这时，工地食堂开饭了。他走到正在吃饭的民工身旁，问他们：

"伙食怎么样？"

"伙食很好！"大家高兴地回答。

　　周总理从一个民工手里掰了一块掺有红薯面的馍，和大家边吃边谈，询问了他们的工作、学习和生活情况。民工们——作了回答，并兴奋地告诉总理，他们原来都是文盲和半文盲，现在一下班就学文化，文化水平都有了提高。总理笑着说：

　　"这样很好，等大坝修好了，你们的文化也就学好了。"

　　这顿饭，大家吃得特别香。

　　周总理走进了空气压缩机房。这时，动力分局的主任工程师钱汝泰正在和工人们一起安装机器。总理问：

　　"你在这里管什么？"

　　"管施工用的风、水、电。"钱汝泰回答。

　　"真不简单！《封神榜》上的风、雨、雷、电四大金刚，就被你管了三个。"总理风趣地说。

　　从工地返回三门峡新城交际处时，早已过午饭时间。周总理匆匆吃了一点饭，顾不得视察工地的疲劳，马上召集开会，并且亲自主持。会议在工程局办公大楼四楼会议室举行，代表们在周总理面前无拘无束，畅所欲言，各抒己见。周总理聚精会神地听着各种不同的意见，特别是分歧较大的意见。经过四天的学习、讨论、发言，周总理于4月25日上午，做了长达两万字的总结报告，主要讲了防洪、水土保持、泥沙控制、库区移民、大坝高程、综合利用、工程技术方针等12个方面的问题。

　　在这次会上，周总理提出了三门峡工程以防洪为主，其他为辅的建设方针，强调指出要确保西安，确保下游，全盘考虑上下游的利益，适当降低大坝蓄水的高程。总理要求各有关部门全面规划，各方配合，依靠群众，改变面貌。他满怀信心地鼓励大家，不久的将来，黄河流域的面貌一定会改变！

　　现场会也同工地的情景一样，开得热烈活跃。人们在听完国务院副总理彭德怀和国务院秘书长习仲勋的讲话后，掌声如潮。

　　这次会议一直开了三天多，现场取得了重大成果。会议确定了三门峡工程的目标应以防洪为主、其他为辅，先防洪、后综合利用，确保西安、确保下游为设计原则；确定了三门峡工程分期修筑，分期抬高水位，分期运用和降低泄水孔底槛高程的设计方案。

　　三门峡建设者没有辜负周总理的期望，1958年11月，这些治黄英雄们在河水超过设计流量一倍的情况下，以他们的大智大勇，创造了世界截流史上的奇迹。1959年7月，大坝已浇筑到海拔310米高程，提前一年起到了部分拦洪作用。

　　为了研究确定三门峡水利枢纽的蓄水发电等问题，周总理在日理万机的繁忙之中，于1959年10月12日晚，再次到三门峡视察。随同前来的有水电部、石油部、农业部、黄委会和秦、晋、豫等省的负责同志。总理下了火车，刚到下榻的三门峡市交际处，不顾长途跋涉的疲劳，马上召集会议。

　　1961年10月8日，周总理陪同尼泊尔国王马亨德拉及王后、公主等来到三门峡。这是总理第三次来三门峡视察，随同前来的还有国务院副总理陈毅等同志。

◆ 黄河奇迹

人间几度春,黑发红颜都已经是白发苍苍。当很多事都已被遗忘,唯家国情怀与赤子之心,依然在他们的岁月中静静流淌。

1958年11月25日,三门峡大坝截流成功,横锁黄龙;1959年大战"龙宫",创造了混凝土年浇筑量超百万方的记录;1960年底,万里黄河第一坝巍然耸立,比原定工期提前两年完成大坝建设任务。大诗人贺敬之激情难抑:"责令李白改诗句:黄河之水手中来!"

三门峡工程截流　　　　　　　　　　三门峡工程清淤

三门峡水利枢纽工程创造了数不清的"共和国第一",记录着三门峡工程无限的荣光,向世界充分展示了新中国水电建设的"奇迹"。

她是新中国成立后在黄河上建设的第一座大型水利工程;

是国家"一五"期间安排的156个重点项目中唯一的水利工程项目;

第一个采用机械化施工;

第一个在大江大河上进行立堵进占截流;

第一个安装14.5万千瓦大型水轮发电机组;

第一个混凝土年浇筑量超过100万立方米;

首创"蓄清排浑,调水调沙"的水库运行方式,取得的经验也为三峡及小浪底水利枢纽广泛采用;

《人民日报》第一次为一个工程发表社论,号召大家来支援三门峡;

……

三门峡水利枢纽工程的兴建,始终受到党和国家领导人的关怀。1960年4月23日,国家主席刘少奇视察三门峡工程;1961年3月27日,全国人大常委会委员长朱德视察三门峡工程。此外,董必武、邓小平、李先念、彭真、陈云、陈毅、李富春、聂荣臻、彭德怀、邓颖超、罗荣桓、陶铸、郭沫若、班禅额尔德尼·确吉坚赞、帕巴拉·格列朗杰、习仲勋等党和国家领导人也都曾来此视察，对工程建设和发展极为关注。1959 年 7 月 5 日，郭沫若视察后写诗八章，其中写道："鬼斧神工作天险，人工民斧险为夷；三门峡上英雄汉，动地惊天大史诗。"

　　除党和国家领导人之外，许多社会名人也曾来三门峡水利枢纽工程参观考察，如吴玉章、钱学森、荣毅仁、田汉、贺敬之、郭小川、何其芳、吴作人、魏巍、碧野、李准等。他们中的作家、诗人创作了大量歌颂三门峡工程及其建设者的文学作品，其中贺敬之创作的诗歌《三门峡歌》最为著名，影响久远。

　　建坝育人，桃李满天下。黄河三门峡工程的建设，锻炼、造就了一支能打硬仗的水利水电工程施工队伍，总数近两万人。经历工程洗礼而成长起来的领导干部、高级工程师近千人。三门峡施工的高峰期过后，建设者们西上南下，组成了几个新的工程局，足迹遍布全国 20 多个省、市、自治区，先后建设了盐锅峡、刘家峡、龚嘴等 18 座大型水库和水电站，为新中国建设立下赫赫"战功"。三门峡工程因此被誉为"新中国水电建设的摇篮"。

　　三门峡市，是随着三门峡大坝的兴建而崛起的一座新兴城市。三门峡大坝建成后，每年冬春季节，水库落闸蓄水，形成长达 20 余千米、宽 300 至 4000 米、面积 3 万亩以上的辽阔水面，高峡平湖，蔚为壮观。每年的 10 月底到 3 月初，就会有数以万计的白天鹅，从西伯利亚飞来越冬。三门峡因而有了"天鹅之城""黄河明珠"的美誉。大坝带来了湿地，湿地引来了天鹅，天鹅美丽了三门峡。2017 年 11 月 26 日，央视《魅力中国城》

黄河三门峡水利枢纽工程

"十强"城市竞演录制，三门峡市成功入围"十佳魅力中国城市"。

　　新中国的水电事业也从三门峡出发，一路前行。

　　有诗赞道：

　　　　　三门锁罢出沧海，大禹孜孜履新苔。
　　　　　春风秋月岂等闲，五洲踏遍看花开。

　　这支新中国的水电大军如何开启其国际业务之路，且看下回分解。

参 考 文 献

[1]　袁小荣，侯波 .《毛泽东离京巡视纪实 1949—1976》。
[2]　顾丰年 .《周恩来总理与三门峡工程》。
[3]　张学亮 .《壮丽篇章：黄河小浪底水利枢纽工程成功截流》。

第二回
首次出征渡重洋　无私援建几内亚

上回说道，三门峡大坝在几年内迅速建成。未及喘息，这支队伍便接到了一项重大的援外任务。

◆ 走出国门，建造金康

1964 年，中国人民刚刚走出三年自然灾害的困境，黄河三门峡工程局（水电十一局前身）接到水电部水电总局一项援外任务。根据 1961 年 9 月 18 日签订的《中几经济技术合作协定书》附件第八项规定：几内亚政府委托中国政府帮助建造金康水电站。该工程由北京勘测设计院勘察设计，黄河三门峡工程局施工。

截至当时，中国人修建水电站历史并不长，虽然在苏联撕毁合同撤走专家的极端困难条件下，依靠自己的力量建成了大型的三门峡水利枢纽工程，可要派出中国水电队伍走出国门给外国人建造水电站，还是有史以来第一次，需要做大量准备工作。比如，这支队伍在人员选拔，带队人选审定报批，后勤物资供应保障体系的建立，各类专业技术人员配备筛选等方面，都要求技术过硬，一专多能。

经过严格挑选，确定由黄河三门峡工程局技术处处长崔克良担任中国专家组组长，副处长杨春桂为专家组副组长，王政田、徐德为秘书。由工程师、科队长技术员、工人技术骨干、物供人员、财会、医务、司机、管理人员、炊事员等 240 余人完成组建。国家在非常困难的情况下，为每名出国人员配备了全套行装：专门在北京订做两套西装、领带、皮鞋、手提箱，穿着非常讲究。出国前，还对他们进行了外交礼仪有关注意事项的培训。他们乘坐飞机由北京经莫斯科、捷克、阿尔及利亚、马里，行程一万公里，到达几内亚首都科纳克里，又坐汽车行驶 380 公里，终于抵达金康水电站工地。

崔克良，1924 年出生，河南省温县人，1945 年 6 月参加革命工作，1957 年调入黄河三门峡工程局工作，先后担任三门峡工程局技安处副处长、技术处处长等职，1977 年 8 月至 1985 年 1 月任水电十一工程局党委书记，1986 年离休。

"那时，我正在福建省福州市一行政单位工作。记得有一天从《人民日报》上看到一篇《大家来支援三门峡啊！》的社论，心情非常激动，下班回到家就与爱人李月梅商量报名回河南老家参加三门峡大坝建设的事。"崔克良回忆起当年建设黄河三门峡大坝时的情景，仍历历在目。

两个月后，他和全家人来到三门峡。作为建设三门峡大坝的一分子，他感到非常光荣，无论工作还是生活上，都劲头十足，充满激情。

虽然说起来是三门峡人，其实他们大都是在"全国支持三门峡时期"从全国各地来三门峡的。有上面派来的、调来的，有军队转业来的，还有学校毕业分来的……只要对三门峡做过贡献，就通称为"三门峡人"。不管他们以后走到哪里，都是"三门峡人"。

出国前，时任水电部部长钱正英向崔克良安排任务，时任国家外经委主任方毅亲自交待工作，大意是说："几内亚很穷，去那里困难会很多，我们尽国际主义义务，不但要造好水电站，还要同几内亚国家和人民搞好关系，树立中国人在国际上的形象，都很重要，希望你们把工作做好。"

崔克良带队到了金康工地之后，见到了先期到达的杨春桂和北京勘测设计院的一位副院长，相互通报设计施工方面的问题后便开始工作。

金康水电站周围是一片荒漠，仅有一条小河和一个瀑布。专家组到位后，马上安营扎寨，开始"三通一平"，即通路、通水、通电和平整场地。在当地人民协助下，按中国"千打垒"的方式动手建营地、宿舍、食堂和办公活动场所，很快就把20多栋土坯平房建起来了，有了安身立脚之地。虽然是土坯墙、石棉瓦、木门窗，但室内非常清洁、舒适、美观。没有专门的办公室，宿舍兼做办公室，就这样开始了异国他乡的创业生涯。

援建的几内亚金康水电站

崔克良对大家讲："我是专家组长，而非专家，完成任务要靠大家。援外人员代表国家来到异国他乡创业，要像在自己家里一样干好各项工作，圆满完成组织上交给的任务。"

当时困难重重。首先是语言不通，和几内亚人交流时翻译少，只能下决心"现学现卖"。其次是饮食不适应，只能靠国内运来的咸菜、酱菜之类维持生活，而且有时还供应不上。根据土质、气候条件，中国专家组提出自己动手种菜的设想。在赵明惠等人带动下，利用从国内邮寄过来的蔬菜种子，开始了开荒种菜，且试种成功，白菜、萝卜、大葱、青菜、西红柿都长势喜人。

因援外人员绝大多数来自农村，耕田种菜并不陌生，他们把大部分业余时间都用在了种菜上，差不多国内有的品种，他们都种，基本满足了项目职工吃新鲜蔬菜的需求。当地人看到中国人吃新鲜菜，也来参观、品尝、学习。特别是当西瓜试种成功后，当地官员纷纷前来参观，说中国人在他们那里创造了"奇迹"。津津有味地吃完甘甜的西瓜，他们临走时还要带上几个赠送亲友，宣传非洲也能种西瓜。

几内亚人信仰伊斯兰教，不喂猪，不吃猪肉，所以连猪肉也吃不上。当地农业仍处在原始的刀耕火种时代，非常落后，百姓多靠吃芒果、桔子、香蕉等水果充饥。平时，专家组的滕津蒲大夫不但给职工防病、治病，而且担起了养猪、阉猪、杀猪的任务，成了"猪倌"。炊事班陈长胜也为养猪帮了大忙，使大家得以吃上新鲜猪肉。后来饲养规模扩大，存栏达20多头，每过几天就可以杀一头改善生活。当地人不禁啧啧称赞："中国专家什么都会干！"

自始至终，中国专家组成员表现都非常出色，没有一个违犯受援国法律和专家组纪律的。虽然每人每月只有40元零用补贴，但没有人因家庭困难而要求提前回国的。对此，几方十分赞赏，称中国工地为模范工地，专家组也被中国驻几内亚大使馆评为先进专家组，受到表扬。

崔克良（中）陪同几内亚总统艾哈迈德·塞古·杜尔（右一）视察金康水电站

援建过程中，后勤保障是非常重要的一环。针对运输战线长、供应面宽、物资种类繁多，其中95%以上物资都要靠从国内航运到几内亚等特点，项目建立了相应的保障体系。水电部水电总局有援外处，工程局也设有援外处，处内设机电设备科和材料科。由于上海、天津、广州和香港到几内亚科纳克里港行程数万里，每次航程要两个多月才能到达，工程局就专门在科纳克里港设立了物资转运站，由马建功同志负责。

国内先后运送100多部解放牌汽车，100多部施工机械以及钢材、木材、水泥等材料约10万吨，总材料费达三四千万元。特别是急需品，如工器具、机械零部件等，几内亚这边一来电报，就赶快用飞机航运过去，数量虽不多，但次数却不少，有力地保障了项目建设需要。这方面，设备科科长徐树泽，材料科长毕庆龙、张永胜等人做了突出的贡献。生活必需品，小则小米大豆、油盐酱醋，大则成套设备，都能保证及时供应，给施工带来很大帮助。

当时，工程局援外处还有专门负责做出国职工家属工作的人员。其中，李月梅、郝秀艳负责每月把工资和外交部信使队转来的家书送到援外职工家属手中，然后把亲人回信及要捎的衣物等转送给国外职工。她们几乎每天都会走家串户为职工家属排忧解难，还为他们购粮买煤，哪家老人、小孩生病，就马上用架子车送到医院就诊，病重时还要连夜守候。金康水电站建设期间，援外职工家属共出生21个婴儿。由于工作繁忙，李月梅很少能照顾自己的家，撇下70多岁老母，却处处关心别人，成了家属的贴心人。这在精神上，给了国外职工很大支持和鼓舞，解除了他们的后顾之忧。

在中国驻几内亚大使馆党委领导下，中国专家组按照施工要求，制订详尽施工方案，明确杨春桂负责全面技术工作，刘祥吾负责现场监理，下设土建队、机电队和安装队。各队负责人是：土建队赵福江、刘景山，机电队王执信，安装队王风亭，汽车组钟义发，施工技术组曲世江，材料组张守诚。同时，项目从当地招聘了100多名工人参加建设。各种任务相互衔接，一环套一环地严把质量关，项目施工稳步向前推进。

这期间，几内亚总统两次到工地参观。时任中国驻几内亚大使柴泽民陪同皮塔区长数次视察工地。时任水电部水电总局局长朱国华、时任水电十一局副局长郝占风都亲临工地进行慰问，国内文艺团体赴工地进行演出，援几职工备受鼓舞，对祖国亲人的关怀纷纷表示感谢。

1966年6月9日，金康水电站提前完工。专家对工程质量做全面检查鉴定后，移交签字仪式顺利举行。该工程有效库容274万立方米，设计水头89米，装机4×800千瓦机组，发电量543万千瓦小时。可供几内亚皮塔、拉具、达拉巴和马木四个城市之用。主要建筑有混凝土重力坝一座，高21米，坝顶长235米，引水管道1740米，钢管直径1米。调压塔高28米。厂房宽14米，长56米。

时任几内亚总统艾哈迈德·塞古·杜尔和时任中国外交部副部长刘晓出席交接验收大会。杜尔总统非常激动，称赞中国专家的贡献，并连声高喊"毛主席万岁！"和"中国人好"。随后，数千人共同高喊："中几友谊万古常青！中几人民友谊万岁！"

1966年9月，中国专家陆续撤回祖国。崔克良、徐德和柴泽民大使途径法国巴黎时，时任中国驻

援建的几内亚金康水电站现状

法国大使黄镇说："在几内亚建电站影响很大，你们为祖国争了光。"

徐德说："几内亚对我们也非常友好。每逢重大节日，他们国家一些领导人都会到工地上问候、宴请，还组织庆祝活动。每当几内亚领导人竖起大拇指称赞我们时，心底就会涌起民族自豪感。"

实践证明，工程局水电工人是一支艰苦奋斗、战斗力很强的一支队伍。他们的创业精神是中华民族的骄傲。

毛主席说过，是非洲朋友把中国抬进联合国的，这和中国专家组在非洲的行动有着紧密的联系。他们默默无闻，辛勤劳动，无私奉献，创造业绩，是立了功的，值得浓墨重笔去书写。崔克良有感而发，提笔写了一首打油诗：

万里黄河第一坝，党叫干啥干好啥。两次飞往几内亚，专家组长非专家。团结群众一起干，搞好工作靠大家。立足黄河三门峡，建设改建全参加。国内国外搞水电，毕生精力献中华。

◆ 重回几内亚，挑战丁基索

1966 年，中国援助几内亚第一个水电站——金康水电站工程完工不久，中国和几内亚共和国政府又签订了一份《中几经济技术合作协定议定书》，几内亚共和国政府委托中国再帮助修建一座丁基索水电站。由于水电十一局在金康水电站建设中表现出色，不仅工程质量优良，而且比原定工期提前完工，也没有发生任何事故，因此，上级又将建设丁基索水电站这一光荣任务交给了水电十一局。工程仍由水电部北京勘测设计院设计。当时，北京勘测设计院已经迁到了三门峡的大安，和水电十一局合作非常默契。

设计完成后，从 1972 年初开始，中国陆续派遣人员赴几内亚。受派遣去几内亚的职工都是经过组织严格挑选的，政治、思想上成熟坚定，觉悟也比较高，而且技术精湛、能力突出。援外项目是执行毛主席外交政策的一个重要体现，能参加这一项目，大家心里都非常高兴，都想把项目做成一个精品项目。

丁基索水电站距几内亚首都科纳克里约 440 千米，属热带雨林地区，气候炎热，干湿季分明。雨季期间，几乎每天下午两三点后都要下一段时间的雨，而且蚊虫特别多。尽管他们去之前就已经想到了这些困难，但还是防不胜防，一旦被蚊子叮咬，就可能感染疟疾，或导致虐疾发作。有的职工甚至连吃饭，也会躲到蚊帐里吃。但是，当时用的都是尼龙蚊帐，有一种蚊子能够从蚊帐孔隙中钻进去，有些人至今胳膊上还留有蚊子咬过的疤痕。为了预防蚊虫叮咬，他们让后去的职工捎去一些清凉油。当地人看到这个东西，觉得十分新奇，也想试一试。试完后，连夸好用。于是，他们就给当地人送了一些，这就是"清凉油外交"。

援建的几内亚丁基索水电站

1973 年 1 月，中方职工人数达到最高峰，超过 130 人，其中主力是水电十一局职工，超过 100 人。由于中方职工数量无法满足施工需要，项目从当地招募了许多工人，高峰期有七八百人，平时也有 400 多人。当时国内也很困难，但依旧义无反顾地慷慨援助几内亚。大家为着同一个使命，走到了一起，就必须团结合作，共同完成任务。因此，专家组很注意团结几内亚的工人，像对待阶级弟兄一样对待他们，尊重他们的生活习惯，他们对专家组也非常尊重，毛主席的国际主义思想在这里得到了充分体现。

中几工人之间的关系一直很融洽，节日期间还互相拜访、问候。当地有一个节日，也就是伊斯兰的传统斋月，要持续一个月。其间，当地工人在整个白天都不能饮食。专家组就有意把工作安排轻一点、短一点，以此来照顾他们。几内亚社会各界对中国人都非常友好。如果中国人遇到当地武装人员拦车，只要在车上挥一挥中国国旗，武装人员马上就放行。几内亚的政府官员对专家组也很热情友好，专家组组长可以直接面见他们的副总统，汇报工作。

当时，当地人对中国还不太了解，特别理解不了中国人在外面一待就是好几年不回家。水电站所在省的女省长就曾动情地问道："你们一出来就是两年多，家里的妻子怎么办呢？"她话音刚落，大家都禁不住流下了眼泪。

在丁基索水电站项目，生活条件是比较艰苦的，各种东西都缺，连一条内裤破了，都是自己缝补。国内每年给职工发两身工作服，但当地天气太热，工作服一会儿就被汗水浸透了，每天都要洗，因此坏得特别快。大家只好给破了的地方打补丁，时间一长，全都穿着补丁摞补丁的衣服，被戏称为"叫花服"。当地人有时会很好奇地问他们在中国是否也穿成这个样子，弄得他们十分尴尬。

除了穿的，粮食、罐头等吃的都是从香港转运过去的，数量十分有限。他们就学第一批援建人员，自己种植蔬菜、瓜果等。几内亚的土地长期没有开垦种植，非常肥沃，种出来的蔬菜、瓜果等收成都不错。当地的官员来了，他们就用这些东西招待。吃到又沙又甜的大西瓜，官员们感到特别新奇，直夸中国人了不起。

丁基索水电站施工期间，正值文化大革命，精神文化生活方面也不太充实。工作之余，职工们就是打牌、下棋或种菜。项目从国内带过去一部电影放映机，每星期都要到中国驻几内亚大使馆去调换影片，但换来换去也就是《五朵金花》《地道战》《东方红》《冰山上的来客》等几部片子，有的都看过不下二十次，最后就连当地人也都能叫出金花——古兰丹姆。

援建的伊拉克摩苏尔水电站工程

由于这是一个援建工程，国内非常支持，施工也很顺利，没有出现任何质量、安全问题，当地政府和国内都给予了高度评价。几方派有驻工地代表，帮助协调解决各种问题，为推进项目顺利实施发挥了重要作用。

1974 年 6 月底，工程结束，施工人员陆续回国。就这样，水电十一局人在短短的五六年时间内参与援建了两座水电站，为几内亚人民留下两颗璀璨的明珠，为当地人民创造了实实在在的福祉，被永远载入中几友谊的史册。后来，金康水电站的图案还被印上了几内亚 5000 法郎货币的背面，中几友谊之深，该工程之于几内亚的重要性，由此可见一斑。

援建的埃塞俄比亚阿巴—萨姆尔水电站工程

在此前后，水电十一局还分别参与援建了阿尔巴尼亚毛泽东水电站（现更名为"伐乌代耶水电站"）、毛里塔尼亚黑格尔灌溉工程、伊拉克摩苏尔水电站工程和苏里南国家电视台发射设备项目与科摩罗电视台发射设备项目，以及埃塞俄比亚阿巴—萨姆尔水电站修复项目等。

中国的对外援助满足了受援国的发展需要，帮助受援国提高了自主发展能力，奠定了与广大发展中国家长期友好合作的坚实基础。这正是：

重洋万里罔阻隔，患难之交炳竹帛。
家国殷殷赤子心，友邦常念功自卓。

援建经历，为水电十一局发展打开了最初的国际视窗，也为十一局参与国际化运作探索出了一条道路。欲知后事如何，且看下回分解。

参 考 文 献

[1] 崔克文.《三门峡人在几内亚——中国援建金康水电站纪实》.选自《周恩来在三门峡》。

[2] 马福海，刘祥吾，张守诚，龚余周.《难忘丁基索》，选自《周恩来在三门峡》。

[3] 徐洪波.《心与这座城市连在一起》，选自《三门峡日报》。

第三回
十一局直面菲迪克　小浪底练就出海人

对于小浪底工程，十一局人有着特殊的情感。三门峡大坝建设结束后，母亲河上的又一项伟业就在自己家门口兴建，这些黄河儿女怎甘心做旁观者？

孟津，扼据古都洛阳北部要津，中国历史上 13 次大的统一战争有 9 次在孟津渡河，孟津被称为黄河第一要津。《诗经·关雎》：关关雎鸠，在河之洲。吟咏之"河洲"，即为孟津境内之铁谢黄河鸟岛。

孟津县西北部，中条山脉与秦岭崤山夹峙的中游，是豫西峡谷。千古黄河流过这里，奔向黄河上的最后一道峡谷——小浪底。就在这里，小浪底工程，这座治黄史上最伟大的工程正在崛起。同时，小浪底也是新中国水利史上的一道分水岭。小浪底的春风送来了全球的关注，也带来了中国特色的市场经济与国际惯例接轨的撞击。数以万计的建设者，在小浪底宽广的怀抱中，带着坚毅和不屈的民族精神，走向成熟、走向未来、走向世界的角角落落。

小浪底工程，是我国首次尝试与国际工程管理的全方位接轨。工程引进了11.09 亿美元的国际贷款，按照世行规定，必须进行国际招标。结果由意大利英波吉罗、德国旭普林、法国杜美兹公司三家成为主体承建商。这些公司又将工程以工程分包和劳务分包的形式，给其他的外国公司和中国公司，同时雇佣大量中国工人参与工程建设。

1991 年，小浪底前期工程开工，十一局承担了近 1/3 的工程，并为前期最终实现"三年任务两年完成"的目标，立下了汗马功劳。1994 年，十一局与欧洲多家著名承包商组成中德意联营体（CGIC）中标承建泄洪工程（Ⅱ标）。至此，十一局已全方位地进入市场。

到此时，十一局在小浪底工作可谓十分顺利，前途仿佛一片光明，大有作为。

如果要写小说，为了跌宕起伏的

小浪底工程十一局职工进场

故事情节，这个时候该安排一组对立面角色出场了。

历史往往比小说更加曲折和精彩。

事实上，此时，小浪底工程对中国水电建设者、对水电十一局人来说，一切不顺利才刚刚开始。

◆ 艰难谈判

中华民族是一个长于思辨、善于筹谋的智慧民族，翻开中国历史，不管是展喜巧言退齐军、郑庄公智克共叔段、还是《孙子兵法》《鬼谷子》，中国人在治国理政、外交谈判及应对危难等方面都有着极强的智慧与谋略。

1996年5月下旬，中德意联营体采取邀请招标方式，邀请水电五局、七局、八局、十一局、十四局和陕工局等多家中国水电施工企业参与进水口混凝土工程劳务分包的投标。十一局在对招标书进行了认真细致地分析研究后，于1996年6月11日正式向中德意联营体递交了投标书。

在小浪底工程和国外著名企业谈判的过程中，水电十一局人坚持平等互利、真诚守信的原则，敢于运用"刀尖上的艺术"，善于运用沟通谋略，以剑抵剑、针锋相对。

十一局在标书报出后，一个多月没有音讯。

1996年7月13日，时任十一局局长段子印来到小浪底。他带着全局职工的重托，四次走进水利部副部长兼小浪底建管局局长张基尧同志的办公室，详细汇报了工程的进展、投标竞争的激烈程度、外商的心态、发展趋势等。在拜见业主和监理单位的同时，段子印先后三次与II标联营体现场经理克劳斯先生交换意见，郑重地向克劳斯先生指出了工程的紧迫性（当时进水口工期已拖了一年多）和重要性。经过近一周的穿梭活动，取得了业主和监理单位的支持，激发了II标联营体的紧迫感。

8月3日，中德意联营体执行董事尤诺维奇来到小浪底，双方进行了两轮谈判，谈判的焦点是报价问题，外商认为十一局的报价比较高，与其他局报价相差比较大，外商不能接受。在这种情况下，十一局深知，不降价就难以中标。于是随机应变，8月6日，在段子印亲自主持下对进水口报价做了进一步测算，最后一下子砍去了4046万元，从最初报价1.19亿元降到了7854万元，8月8日，十一局把这个报价报给了II标联营体。

8月9日，双方开始了实质性艰难谈判。

一开场尤诺维奇就摆出了进攻的架势，先声夺人："段子印先生，我是非常欣赏贵局的第二次报价，可惜的是这个价仍高了一倍，因为你也知道投标时的人工费是3900万元，希望你能把价格降至标底，否则坐在这里签合同的可能不是十一局。"

段子印平静地开口道："尤诺维奇先生，咱们是老朋友了，想必你对我是了解的，我向来都是实事求是的，从 1.19 亿元降到了 7854 万元，就说明我并不想讨价还价。满意的话，你可以把进水口工程分包给最低报价者，这并不影响我们的伙伴关系。"

尤诺维奇见无机可乘，便说："水电七局在出口就做了几次让步，我真诚希望段先生你也灵活一点。"

段子印据理力争："出口和进口是有极大差异的，就混凝土而言，出口 60 万 m^3，报了 3000 万元；而进口 120 万 m^3，就应该是 6000 万元；再说钢筋比出口多 3 万吨，每吨按人工费 500 元计算，就又多出了 1500 万元，这就 7500 万元了，若再考虑进口技术上的复杂程度，你想我的报价到底是高还是低呢？"

外商见十一局无丝毫退让的迹象，便提出休会。

8 月 11 日，双方又一次坐在了谈判桌前。一开始各自都转着弯进一步强调自己在价格方面的正确性，僵持不下，最后尤诺维奇无可奈何地两手一摊："段先生，和你谈判实在头痛，我走遍几十个国家，第一次遇到像你这么强硬的对手，实际上你我之间好像不是在谈判，而是你拿着手枪顶着我的脑袋，一定让我答应让你来干，并且还必须按照你的意愿去干。"

段子印微微一笑："你的话言重了，你应该理解这是我局愿意替联营体分忧，如果我们不是伙伴，7854 万元我还不干呢！再说降 300 万元、200 万对你我又有多大意义呢？"

尤诺维奇："话是这么说，现在我的脑子里就在转，怎么回去向其他伙伴交差呢？"

段子印听到尤诺维奇要走，心里很着急，他清楚十一局已有 500 多名职工处于待命状态，就等着进水口分包合同的签定呢！但这一情况又不可向外商表露出来，便随机应变道："你马上要走，最好咱们现在就敲定。我的人不能再等，因为十一局在三峡中了一个较大的项目，我可能得把主力拉过去。当然你把这个事敲定了，我就会把主力留下来，那边另想办法。"

尤诺维奇听到此话，先是一愣，而后自信地说："段先生，你不用担心，我现在就投你一票，回去后给其他伙伴通通气。"

随后，尤诺维奇答应一周后给十一局回音。事情至此，应该说十一局中标已是胜出在望了，但段子印却忧心忡忡，他断定尤诺维奇可能要反悔。果不出所料，直到 8 月 31 日仍不见外商的回音。

9 月 1 日，双方又一次分坐在谈判桌的两边，但和上次不同的是尤诺维奇的身边除了坐着现场经理克劳斯外，还坐着欧洲所有伙伴的代表。

尤诺维奇开门见山："今天我们再来进一步讨论一下进水口的问题，我回欧洲后向伙伴们通报了我和段先生的谈判结果，伙伴们对价格都不满意，焦点仍是原始标价和十一局报价相差太多，希望段先生体谅。"

段子印表现出大将风度："尤诺维奇先生，很高兴在这么短的时间我们能再次见面，上次我们的谈判虽没有正式结果，但基本上相互都沟通了。你说过回去和伙伴们商量，既然是商量当然就允许伙伴们有不同看法。不过，我当时就说过我这个价压到了极限，这段时间我们经过进一步测算，越来越感到风险大，尤诺维奇先生在向伙伴们通报价格的同时，也许通报了进水口的复杂程度，希望伙伴们有一个科学（客观）的认识。"

尤诺维奇："上一次你已经谈过降 300 万元、200 万元是可以的，我已代表你降了 300 万元，和伙伴们通气的时候谈的是 7500 万元，而不是 7854 万元"。

随后尤诺维奇请各伙伴公司发言，各家公司的发言均没有一点实质性东西，只是都感觉报价高，因为他们的参照体仍是联营体投标时的 3900 万元人工费。

大家发言后，段子印郑重地讲："伙伴们的看法挺一致，但我们不得不面对现实。请问，谁敢以 3900 万元的价格来分包呢？"伙伴们面面相觑，无一作答。

尤诺维奇见僵持不下，又转到另一关键问题——调差基数上。尤诺维奇提出调差基数换成其他年份，而不是招标书上的 1993 年。

段子印据理反驳，外商没能得逞。随后尤诺维奇又将话题转到调差分成问题上："由于联营体在人工费方面做的低，而给十一局的高，应该在调差后给予补偿。所以调差后，联营体得 80%，十一局得 20% 是恰当的。"

段子印当仁不让："顾名思义，劳务调差就是发给劳务的，如果侵占了劳务的利益，就是违反了中国的《劳动法》。应该说劳务调差费用全得给十一局，如果给尤诺维奇先生一点面子的话，把比例反过来我勉强同意。"这一轮谈判虽然没有实质性收获，但双方对各自的立场、观点都有进一步的了解。

9 月 3 日下午，双方就一些细节问题又进行了一轮谈判，但仍没有实质性的进展。由于尤诺维奇 9 月 4 日上午 10 点要走，双方约定 9 月 4 日 8 点继续商谈。

9 月 4 日上午 8 点，双方准时坐在了谈判桌前，在最后的两小时，尤诺维奇仍想做一次进攻的尝试："段先生，价格我们不谈了，但现在干活，能否从现在开始计算呢？过去的一些时间因为没有干活是空的，所以就不参与计算了。"

段子印略加思索后回答道："你的意思是还要把调差基数从 1993 年退到 1996 年吗？我再说一遍，我不同意。"

尤诺维奇无可奈何："那么我们接着讨论调差后的分成吧。我提出两个方案，第一是调差后 70% 留给联营体，30% 给十一局；第二是把你的价格提到 8000 万元，调差基数定为 1996 年。"

段子印镇静自若，不紧不慢地说："对于第一个方案，我们应该把比例反过来，不然就违反了《劳动法》；对于第二个方案，我认为你是把以前谈的全盘否定了，如果是这样，你可以把进水口交给其他公司去干，咱们这么多天的谈判一风吹算了。"话音刚落，尤诺维奇呼地站了起来，显然不耐烦地生气了。

谈判桌前的空气顿时紧张起来。尤诺维奇拿过一张白纸，写出了两个方案递给段局长。第一方案为：总价 7500 万元，劳务调差基数为 1993 年，调差后各得

50%；第二方案为：总价 8000 万元，劳务调差基数是 1996 年，调差后全归十一局。这时候若再僵持下去，谈判就可能功亏一篑。此外，外商的第一方案与我方预想极为接近。于是段子印果断地在第一方案上画了一个圈，而后又有力地在第二方案上打了一个叉，随着这一笔落下，进水口劳务分包合同谈判终于画上了一个圆满的句号。

9 月 4 日，十一局人凭着坚韧不拔的勇气和智慧，以 7500 万元劳务费中标进水口混凝土浇筑工程。

喜讯传来，全局欢腾。参与小浪底主体工程建设，不仅使十一局获得自 1987 年步入市场以来投标工作中的最大胜利，而且创造了一个绝好的锻炼队伍的机会。十一局人立下了铮铮誓言：全力以赴干好进水口工程，向党和人民交上一份合格的答卷。

于是，短短一周时间，一千多名精兵强将进军小浪底，形成了会战进水口的态势。

在这个大融合的天地中，沿着黄河走进来的十一局人以其从母体中承继的特有的大度、智慧和理性，置身于一个充满挑战与机遇的世界。

小浪底工程签字仪式

◆ 失灵的传统

在这个群雄竞争的世界舞台上，全新的施工技术和国际管理模式给中国人留下了深刻的影响。据统计，工程共有来自 51 个国家的 700 多名外商，还有上万名中国建设者，是名副其实的"小联合国""地球村"。

如此多的国家参与一项工程，这在世界建筑史上也罕见。在错综复杂的管理关系下，产生了诸多的管理层级和层次，有中方-外方-中方，中方-外方-外方，也有中方-外方-中方-外方……

就拿中方 外方-中方这种来说，上层是中方业主组成的管理监督机构，对工程行使决策权。中间是以外商为主的承包商，是施工的承包方。基层是中方分包商，或从外国公司那里成块分包工程，或单纯为外商提供劳务。

在小浪底项目，什么是权威？不是领导、不是专家、更不是项目经理。在这里，唯一绝对的权威、唯一的准则就是合同——国际通用的菲迪克条款。谁违反，谁就会受处罚，不论是谁。在这样一种情况下，由于中外管理理念的不同，于是，就发生了一些让中国工人无法理解和接受的故事……

人民日报就曾记录过这样一些事情：

4颗钉子＝28万元

一名中国工人在施工中掉了4颗钉子，这在中国人看来，是小事一桩。但外方管理人员立即派人拍照留证，要求中方赔偿28万元。理由是：这里有一万个工作面，一个工作面掉了4颗钉子，就是4万颗钉子。钉子经过了运输、存储和管理等各种环节，实际成本高出其原价的32倍。

清理清洁＝200万元

一单位在导流洞开挖中，收到外方信函："导流洞存在淤泥和积水，按照合同要求，限期清理干净。"该施工单位不以为然：挖洞怎么可能没淤泥和积水？几天后，外方派来90名工人来帮助清理。干完后，外方说，这些人的工作费用为200万元，由该单位支付。

辛苦9个月＝倒贴300万

一个单位辛辛苦苦干了9个月，却被外方索赔5700万元。而全部的劳务费用只有5400万元，等于说分文未挣还倒贴了300万元。

在小浪底，没有哪个施工队伍不曾收到过索赔信函。最初很多中国工人没有索赔意识，对这类索赔事件不理解、想不通，甚至有人跑到外方营地抗议。可是，低报价、高索赔，这是国际工程承包的惯用做法。要适应国际工程建设的管理理念，就必须要与国际接轨，按国际惯例办事。

人性都是懒惰的，正是在外方的这种管理模式下，中方不得不适应，不得不改变。要说，小浪底工程带给中国人最重要的收获，不是资金和技术，而是提前与国际惯例接轨的"方式"和"观念"，其间的碰撞和警醒，对中国建筑业来说是一笔难得的财富。

作为参建大军其中一支建设队伍，水电十一局同样面临着各种各样的"不如意"。

◆ 君子之风遇见国际规范

国内工程中，有动辄向业主"明目张胆"索赔的吗？有以开会迟到等"可笑"又"可气"的理由提出索赔的吗？在当时的中国是没有的。

而在小浪底，那些在国际市场上闯荡了几十年甚至上百年的外商们已经或正在这样做着。深谙国际规则和合同之道的外商也毫不掩饰地说，合同就是"圣经"，索赔就是"聚宝盆"。外方从项目经理到一名普通工长，无不把合同烂熟于心，随时随地都可以拿起这个"武器"来保护自己，进攻别人。

而对早已习惯了以行政命令代替合同约束的国内施工企业来说，薄薄的几页合同一签便被遗忘在保险柜里，从此便是合同内容以外的交涉与扯皮；长期以来，国内大部分施工企业干部和职工心目中占第一位的是生产，合同似乎是可有可无的事情。在外国人拿起合同武器进攻的时候，中国的企业连保护自己的利益都显得很吃力，还谈得上运用合同去还击吗？

来自英国的二标工程师罗斯福德就曾这样说："我们是合同工程师，你们是施工工程师。"

十一局自和外商接触以来，照样遇到了许多"不明不白"的索赔，仅 1996 年 9 月 17 日至 11 月 14 日，作为分包商的十一局就接到外方 39 个索赔文件，最多一天就达 15 个。

与十一局签订劳务分包合同的，是以德国旭普林公司为主办公司的小浪底二标联营体。旭普林公司是一个在国际上有着相当知名度的公司，一向以索赔而著称。面对在国际水电市场初出茅庐的中国水电施工队伍，他们当然不会放过这大好的机会。

十一局进点不到一个星期，他们便就现场丢失材料一事向这群黄皮肤黑眼睛的中国水电工人发出了第一封反索赔函。而后，他们又抓住某些职工合同意识不强等薄弱环节，发出了一封又一封的反索赔函……

有一次，由于外商塔吊损坏造成十一局误工（按合同规定由外方提供设备），在十一局向外方提出索赔时，外方以没有备忘录（外方现场工程师签字的书面证据）而断然驳回。十一局人员在气愤之余，也悟出了口头是产生不了法律效力的，在国际市场上，泱泱大国的君子之风是抗不过国际规范的——传统习惯在这里受到了无情的质问。

难道就这样听任自己的血汗钱一分分地装入外商的腰包？

小浪底工程现场的中外员工

望着一封接一封的反索赔函，十一局职工很快就从惊愕、气愤和无奈中挣脱出来。教训使十一局人的思维发生了飞跃，他们亦拿起了最有力的武器，进行施工索赔。

不会就学，不懂就问，合同部 6 名年轻人买来了《中国合同大全》《国际工程施工索赔》《菲迪克条款》等一大摞书籍，把外商的索赔函拿出来，在施工现场对照合同逐字逐句分析外商提出索赔的原因、依据，索赔金额的计算办法以及反驳的理由、方法等。

又一封索赔函翩然而至。职工进行混凝土振捣时，把外商放置在混凝土中用来温控的温度计振碎了许多支，事情发生后，职工们一个个都捏了一把汗，不知道外商借此又要索赔多少钱。合同部的年轻人此时则显得镇静了许多，他们参照合同与现场，向外商回函据理反驳：①放置在混凝土中的温度计既没有做任何标记，又没有事先告知分包商；②分包合同明确规定，现场温控的仪表管理由承包商负责。因此，该事件的发生，后果应由承包商承担，十一局没有责任。函件发出后，外商对此事再也没有提及。

牛刀小试，职工们一个个兴奋不已，索赔并不是想象中的那样神秘可怕。

◆ 转守为攻

随着时间的推移，渐渐懂得了怎样进行索赔的十一局人，在稍稍喘气的同时，亦开始小心翼翼地向外商投去了"挑剔"的眼光。

整建制的中国水电队伍进入小浪底，目的只有一个，就是抢回滞后的工期，确保九七截流。随着工程进度一天天加快，与之形成鲜明对比的是，负责提供工程图纸、设备、材料的外商则日益显得捉襟见肘，往往是一个月过去了好几天，图纸才姗姗来迟，亦或是几个仓号一起等待混凝土浇筑。

图纸、设备、材料跟不上，不但制约着工程进度，并屡屡造成人员窝工，而这些情况在合同中是不允许的。十一局人开始向外商发出索赔。

1996 年，10 月 29 日至 11 月 4 日，外方没按合同规定提供模板和支架，造成误工 10 天，十一局按合同从劳务工资、管理费两方面索赔 108885 元，并要求延长合同工期 10 天。

按照合同规定，工程款每月结算一次，结算时间在业主支付承包商后的 7 天之内，而实际上外商支付十一局工程款的时间总是拖后十余天。十一局依据合同，就拖欠工程款发生的利息、追加利息以及管理费，向外商提出索赔，表明工程款的拖延，造成了工人积极性下降，生产效率降低。

冬季，刚刚浇筑的混凝土需要保温，而保温用的乙烷泡沫却屡屡丢失，外商据此向十一局提出反索赔，索赔金额一笔就是 12 万元。对于此，我方在加强自我教育的同时，拍摄了大量外商把乙烷泡沫用于覆盖设备、在住地乱堆乱放以及社会闲杂人员进出工地的照片，以此向外商复函反驳，表明乙烷泡沫的丢失外商应负一定责任。此项索赔最终不了了之。

进水口导墙施工中，外商推土机把一根电缆压断，造成整个导墙停电，全面停止施工。为防范外商反索赔，十一局当天就把当时发生的情况写成备忘录，第二天一早就派人送给了承包商。事情过去一个月，意料之中的索赔函飞到了十一局，说十一局指挥人员失误，致使电缆压断，近万元损失费用由贵局承担。十一局当即回函反驳：①事件发生的日期你们搞错了，推土机的型号也不对，正确日期、正确型号敬请查阅某月某日我们送给你们的备忘录；②按照合同规定，你们的设备我方人员没有指挥权。此函一发，外商当即哑口无言。

为了掌握索赔的第一手资料，十一局制定了施工日报表、仓号人员统计表等，一天中哪台设备坏了、哪些材料供应不上、哪个仓号有多少人都在干些什么，表中都显示得清清楚楚。同时，负责索赔工作的十一局小浪底施工局合同部还配备了两台电脑与一部照相机，索赔函件全部由电脑打印储存，工地上外商浇筑机因操作失误把模板损坏、外商把材料随便用来保护电缆和塔吊，以及浇筑机维修造成人员窝工等等，十一局都拍有照片证明，并写有备忘录。

自 1996 年 9 月 16 日至 1998 年 7 月 31 日，十一局向承包商小浪底二标联营体发函 1184 封，索赔金额 2100 万元；小浪底二标联营体向分包商十一局发函 1383 封，索赔金额 640 多万元。其中十一局向外商发出的索赔函一天最多时达到了 27 封，外商向十一局发出的索赔函一天也多达十几封。

十一局相继出台各种现场管理办法，强化合同管理和现场文明施工。为了加强劳动纪律，三个夜班睡觉的合同工被当场辞退；建立日报表制度，派专人负责此项工作；质量控制、安全管理、施工工艺严格按照美国（国际通用）和中国两个规范执行……

尽管这些管理办法在当时尚未触及深处，尚显粗糙，尽管这样那样的客观因素制约着它的实施，但十一局人可以自豪地说——我们已经很快地起步了。

小浪底工程发电塔实现预期目标后干部职工合影

"有理、有利、有节"的保护和反击使外商猛然间意识到他们运用自如的合同也开始被中国人重视和运用了。

小浪底工程施工场面

面对频频的索赔函和如此巨额的索赔款,小浪底二标的承包商们首先坐不住了,主动提出双方就索赔问题进行谈判。谈判达成的最重要一条协议,就是退回在每月的工程款结算时,承包商单方面陆续扣下十一局的 152 万元的反索赔款。在国际工程中以索赔著称的德国旭普林公司两年来没有从十一局人手中拿到一分索赔款。

辛苦付出,终有回报。

1997 年 10 月 20 日,中央电视台《新闻联播》一条新闻引人注目:

小浪底主体工程之一进水口塔群,曾由于种种原因延误了 14 个月的工期,中国水利水电第十一工程局的建设者进点施工以来,经过 13 个月日日夜夜的艰苦拼搏,不但抢回了拖后的 14 个月工期,而且使进水口塔群提前 10 天达到了高标准高质量的截流目标……

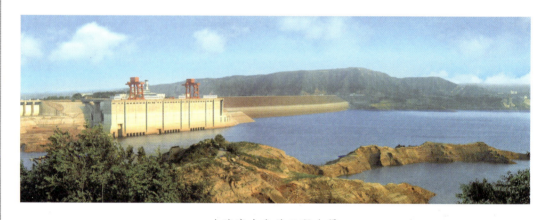

小浪底水电站工程全景

有诗赞道:

大禹有方为古训,千秋伟业看今贤。
天赐桓枢挽太行,一峡横锁贮金盘。
中外交融移山海,思维碰撞竞扬帆。
百学须先立宏志,走出国门贯长天。

小浪底工程是个绝好的国际型人才"培训基地",十一局一批熟悉国际工程——

经营管理的干部和各类专业技术人才逐渐成长起来。这些本事，到国外管用吗？且看下回分解。

参 考 文 献

［1］ 高留发，袁玉龙.《小浪底枢纽工程进水口分包合同谈判始末》。
［2］ 赵新华.《黄河涛头放眼去》。
［3］ 尤黎明.《让企业精神重铸荣光》。
［4］ 李文洪，刘佰洋.《小浪底水利枢纽下闸蓄水，开始发挥重大效益》。
［5］ 窦伟.《塔群巍巍》。
［6］ 贾红伟.《较量，在索赔与反索赔之间》。

第二章

走遍亚细亚

第四回
尼泊尔国初试牛刀　巴格曼迪铭记英魂

20 世纪 80 年代后期，国家指令性计划任务逐步结束，十一局面临历史性抉择。时任十一局局长兼党委书记段子印提出"一业为主，多种经营，立足河南，面向全国，积极开拓国外建筑市场"的发展战略，将目光投向国际工程竞争性投标，十一局从此站到历史新起点。1988 年，十一局对外公司组建成立，首先与河南国际经济技术合作公司（以下简称河南国际）合作走向国际市场。

◆ 种子破土发芽

1988 年 3 月，十一局派遣由时任十一局总工程师李武纶为组长、高级工程师王开义和尹保卫为组员的考察组考察泰国渭沙白水利工程合作项目。5 月 14 日，他们结束考察，离开曼谷，于当地时间下午 2 点多钟到达尼泊尔首都加德满都。当时，尼泊尔工程项目较多，比较急的是巴巴依灌溉工程。该工程已通过资格审查，马上开始投标。

初到尼泊尔，他们对当地社会、政治、经济、宗教信仰、法律法规、金融保险、交通运输、人力资源、材料设备、节假日等情况并不了解。在尼泊尔做过援外项目的河南国际，为他们编标提供了一些资料。

有了基础资料，考虑该工程四年工期，三人商定好劳动力、主要材料、主要设备、进口关税等方面编标的原则和基础价格后，向河南国际作了汇报。河南国际提出了一些建议，对提高编标质量和水平给予了很大的帮助。

巴巴依水利灌溉工程是世界银行贷款项目，竞争十分激烈，最后由其他中国公司中标。虽然没有中标，但十一局积累了经验，了解了国际市场行情，掌握了世界银行贷款项目编标的方法和技巧，收集了大量信息资料，为今后进入尼泊尔市场播下了种子，也为十一局开拓国际市场奠定了基础。

8 月，巴基斯坦加姆劳灌溉渠道改造工程通过资格预审，开始投标。11 日，李武纶和尹保卫出发前往卡拉奇编标，王开义留在尼泊尔帮助河南国际做造纸厂技术方案。

两人从巴基斯坦返回尼泊尔后，10 月初收到尼泊尔巴格曼迪灌溉项目资格预审通过的消息。10 月 20 日，在加德满都巴格曼迪灌溉项目办公室购买了标书，经十一局同河南国际协商，在尼泊尔完成基础工作后，三人决定回国编制标书。

10月25日，李武纶、王开义和尹保卫离开加德满都，经泰国曼谷回国，于10月27日抵达北京。在三门峡，他们向十一局主要领导汇报了在国外的工作情况，并就尼泊尔巴格曼迪灌溉项目投标做了安排和分工。

考察组在尼泊尔考察

原定开标时间是11月27日，因当时购买标书时间晚了几天，又在回国途中耽误几天，所以编标时间很紧。根据河南国际要求，11月17日需要完成标书打印、装订工作，18日将标书送到郑州河南国际签字盖章，22日投标文件送达尼泊尔加德满都。

编标时间不到20天，可谓迫在眉睫。好在他们已做了一些基础工作，又积累了一定国际编标的工作经验，十一局还有一批经验丰富的技术经济专家。参与工作的同志不辞辛苦、加班加点，在大家的共同努力下，终于按期保质完成了编标工作。

因尼泊尔政府大选改组，开标时间推迟到1989年1月7日。开标后，河南国际名列前茅。经各方努力，2月21日，河南国际收到中标通知书，并通知十一局。经局领导研究决定，由张定波任项目经理，组建去巴格曼迪灌溉项目的施工队伍。

作为十一局通过参与国际竞争性投标中标的第一个国际项目，巴格曼迪灌溉项目有着里程碑的意义，为十一局开拓国际市场，走向国际，做强做大，创造了条件，奠定了基础。

◆ 家书传递乡音

1989年11月，有一位青年坐上了一架飞往尼泊尔的航班。

当时的他，三十岁出头，风华正茂。在那个出国并不容易的年代，得知自己被领导选中去海外工作，他既激动，又自豪，更是在心里对这座神秘国度产生了成百上千种设想。当他走出加德满都机场简陋的航站楼，一股湿润的暖意扑面而来。此时的三门峡已然寒意袭人，而这里竟还是"人间四月天"。

"尼泊尔山水风光好，离中国很近，但经济、公共设施落后，比较贫穷。"这就是他对尼泊尔的最初印象。

他的名字叫武富光。

飞机一着陆，他来不及稍事休整，就一路风尘仆仆地赶往巴格曼迪灌溉项目工地。

在工地待了没多久，初到异国的新鲜感就被艰苦的生活和工作条件取代了。他只能通过全身心投入工作，来打发烦闷的情绪。回忆起当时的情形，他仍旧唏嘘不已：

"当时通信还不像现在这么发达，有网络，有微信。手机只有大款才有，就是那种大哥大。就算是有手机，尼泊尔也没信号，根本用不了。没有电话怎么办呢？只能通信。通信有两种方式，一种是寄国际长途邮件，一种是我们把信写好，贴上从国内带来的邮票，谁去加德满都，就把信带到大使馆经参处。那里有一个办公室，专门负责把这些信集中起来。哪个项目有人回国，就把这些信捎到国内。信捎到国内之后，带信的人的第一件事就是把信放到信筒里。等信放到信筒里，那就很快了，但最快也得十几二十天。虽然这种通信方式是最快的途径，但得有人经常回国才行。如果信到了经参处，没人回国，那就只能放在那里。要是从尼泊尔邮寄国际长途邮件，时间会更长。等家人反馈回来，快则20天，多则一个月甚至40天。要是有急事，也可能就被耽误了。我们当时就是这样的通信方式，没有别的办法。"

尼泊尔巴格曼迪灌溉项目职工

尽管条件艰苦，但项目职工吃苦耐劳、互相支持、团结协作的精神传统却丝毫没有因此而减弱。前期土建施工阶段，经常伴随闸门埋件安装作业，也就是安装作业和土建作业经常交替、穿插进行。武富光当时除了负责土建施工技术，还负责土建组的作业组织安排。安装组由赵坤祥负责，他是安装分局的技术精英，为人耿直。两个作业组经常因工作面赶在一起而纠结，但经过沟通，大家都能顾全大局，协调安排，相互理解，合作融洽，结下了深厚的工作情谊。

由于工作需要，武富光在项目上一呆就是30个月，这期间写了多少信，收到多少信，他自己都记不清了。到了后期，他脑子里想得最多的一件事就是早点回家。30个月后，他圆满完成任务，带着对尼泊尔刻骨铭心的回忆，终于坐上了飞往祖国的航班。

◆ 丰碑铭记英魂

时光荏苒，巴格曼迪拦水闸已经稳稳地矗立了20多年，巴格曼迪河还在一如既往地淙淙流淌，仿佛诉说着一个又一个遥远的故事。有些故事是浸泡在汗水里的身躯，有些故事是加了少许糖的咖啡，有些故事则是不堪回首又难以忘怀的凄怆与悲壮。

1993年6月30日，巴格曼迪灌溉工程已胜利完工，具备了发挥防洪、灌溉效益的条件。7月19日，第一次洪峰顺利通过泄洪闸门之后，业主要求项目人员继续坚守岗位，确保度汛安全。7月20日，突逢大雨。当晚8时30分，奉命担任提门任务的职工按时把全部闸门开启到最大限度。随后，人员全部撤回中央控制室。此时，雨越下越大，水位越涨越高，洪峰漫过闸墩，浪头直打机架桥，中控室一层也被淹没，情况万分危急。在党支部及项目经理部领导同志的统一安排组织下，职工有序地进行撤退。但由于室外一片汪洋，峰高流急，撤退工作十分困难。

在这生与死的关头，大家沉着冷静，互相勉励，互相关心，把个人生死置之度外，一心想的是让其他同胞尽快脱离险境。职工们一个一个地攀着绳子，从中控室二层窗户中跳出，但人员未及撤出一半，中控室就被巨大峰浪冲倒，未撤出的人员全部落水，导致七名职工不幸遇难。噩耗传来，全局上下，一片震惊，无比悲痛。全局广大干部、职工，纷纷以各种不同的方式，表达了对七名遇难职工的沉痛哀悼，表达了对七名职工遗属的深切同情和慰问。

7月29日，河南省人民政府向十一局发来慰问信，慰问信说：

惊悉尼泊尔境内遭遇百年不遇的洪灾，给我在尼工作人员生命财产造成了重大损失。对此，省人民政府十分关心，特向在尼工作的全体人员表示亲切的慰问，对遇难的同志表示沉痛哀悼。

灾害发生后，你们不顾个人安危，以国家和民族的利益为重，坚守岗位，团结互助，经过艰苦奋战，减少了灾害损失，充分体现出你们是一个团结战斗的集体，不愧是中原人民的优秀儿女，全省人民关注你们，感谢你们的努力工作和无私奉献。

这次灾害造成的损失是严重的，灾害后的工作更加繁重，希望你们在大灾面前化悲痛为力量，在我驻尼使馆领导下，团结一致，振奋精神，采取切实措施努力工作，战胜灾害。

8月14日上午，天沉沉，雨绵绵，人泣泣。十一局礼堂，花圈布满四周，青松簇拥着英灵遗像，一幅"为局振兴忘我工作垂青史，因公殉职一生奉献留英名"挽幛悬挂两侧，哀乐低回，泣声如咽，"哀迎方淑清、谢建忠、蒋同军、王占文、杜佳君、师益民、王德英同志安回家园"接灵仪式在庄重肃穆的氛围中举行。

8时许，来自十一局和二级单位的职工代表冒雨前来接灵。8时30分后，七名遇难职工的亲属由一辆辆小车送至接灵场。9时左右，七名遇难职工的英灵在局领导护送下，在广大职工、亲属的期盼中，终于回到了自己的家园。

9时7分，接灵仪式开始，由时任十一局党委常委孙玉民主持。在哀乐声中，大家怀着极其沉痛、悲伤的心情，向英灵默哀3分钟。在无比沉痛的气氛中，时任十一局党委副书记许明如致迎灵辞。迎灵辞字字渗透着局领导和全局职工及其亲属对遇难亲人的无限哀悼，句句饱含着每一个生者对英灵的衷心祝愿，生离死别之情让人心碎肠断。

随着迎灵辞的泣述，默默地望着英灵的遗像，英灵们生前的音容笑貌历历在目。为了祖国的水电事业，他们刻苦学习，勤奋工作，忠于职守，然而，壮志未酬，无情的洪水夺去了他们宝贵的生命。骨肉之情，同胞之爱，谁也无法接受这突发的既成事实的噩耗。一个个花圈，一副副挽联，一朵朵白花，寄托着全局职工和亲属对他们无尽的哀思。

9时37分，七名遇难职工的骨灰盒由其亲属捧回家。

8月17日上午，十一局在局礼堂为七名遇难职工举行追悼会。会上，许明如致悼词。他说，七名遇难职工无愧于党和人民，无愧于十一局全局职工的重托和期望。他们永远是十一局党员、干部和广大职工学习的榜样。

在这场生与死的搏斗中，方淑清、谢建忠、蒋同军、王占文、杜佳君、师益民、王德英七名职工至始至终表现出了英勇顽强、不怕牺牲的气概。谢建忠牢记自己是共产党员、支部书记，当同志们劝他先回去时，他说："这是啥时候，我是支部书记，怎么能离开这里！"他在危急关头临危不乱，把绳子拴在自己胳膊上当支点，让大家攀住绳子撤退，直至精疲力竭，被洪水冲走，壮烈牺牲。年轻的共产党员王德英，得知领导宣布的值班名单上没有他的名字时，他站出来喊道："还有我！"。就这样，他主动请命，坚守在值班岗位上。后来，当洪水越涨越高，不能继续在岗位上执行值班任务时，他又不顾生命危险，毅然参加了人员撤退工作。

面对滚滚洪峰，七名职工顽强地与洪水搏斗，与死神抗争，直至生命的最后一刻。他们永远地离开了，这不仅是对他们各自家庭、亲人的巨大打击，也是十一局的巨大损失。他们毕生献身于水利水电建设，生前都是所在单位各自专业和工程的业务技术骨干。尤为可贵的是，当十一局承接了海外施工任务以后，他们为了十一局的生存和发展，为了开拓十一局水利水电建设的国际市场，毅然响应组织的召唤，告别自己的亲人，在异国他乡投入了新的战斗，冒酷暑，战高温，加班加点，日夜奋战，出色地完成任务，以优异的成绩，为祖国，为十一局赢得了良好的国际信誉。当工程遭到特大洪灾袭击，生命面临威胁的危急关头，他们置个人安危于不顾，把生的希望让给别人，充分表现了一名共产党员和中国工人无私无畏的英雄本色。

这种无私无畏的英雄本色也在项目其他职工身上鲜明地体现着。为了同胞的生命，为了项目的财产，他们丝毫没有退缩。洪水发生前，时任项目总会计师王永生和出纳张成正在办公室做竣工资料。得知洪水发生时，王永生和张成赶紧将重要的账务资料装入皮箱，紧急撤离。这时，洪水已经没过膝盖，两人拖着皮箱艰难地往前走，而水位还在迅速上涨。他们爬到一辆吉普车的车顶躲避洪水，但洪水越来越大，不断冲击着吉普车，车辆随时有被冲走的危险。紧急之下，他们跳下汽车，向附近的一棵大树游去，在树上坚持了八九个小时，直至洪水消退。

尼泊尔巴格曼迪灌溉工程

洪水发生 16 个多月后，也就是 1994 年 12 月，巴格曼迪复建工作正在紧锣密鼓地进行。当时，项目所需的闸门由国内制作，负责施工的安装分局组织了一个车队把闸门从西藏运到中尼海关关口。当月 6 日，其中一辆卡车在快到关口的途中遭遇险情，司机苏增春为了保住车和货物，一直坚持着控制车辆，最后连车带人一起掉下了悬崖，献出了宝贵的生命。

后来，"巴格曼迪，八个兄弟"，就成了一句沉重的谐音，在十一局职工中间口耳相传，直到现在。

1997 年 6 月 30 日，十一局在巴格曼迪河畔立了两座分别镌刻着中文和英文的纪念碑，碑文写道：

公元一九九三年七月二十日，七名中国工程技术人员在特大洪水中为巴格曼迪灌溉工程献出了宝贵生命；公元一九九四年十二月六日，一名中国工程技术人员在设备运输途中长眠于喜马拉雅山麓。在工程竣工之际，谨立此碑以示纪念。他们的英名是：

方淑清　谢建忠　蒋同军　王德英

师益民　王占文　杜佳君　苏增春

如今，20 多年过去了，这两座纪念碑还在巴格曼迪河畔矗立着。从这八个兄弟与这个世界告别的巴格曼迪灌溉项目算起，十一局的海外事业走过了 30 年的征程。30 年间，从喜马拉雅南麓的尼泊尔白手起家，到现在的亚非拉遍地开花；从几百万美元的小项目，到百亿规模的大项目，几多坎坷，几多起伏，十一局人的脚步从未有过半刻的停歇。

有诗赞道：

家书一封抵万金，珠峰冰雪映我心。

惊涛骇浪何所惧，巴江流照水电魂。

喜马拉雅山再高，也遮不住水电十一局人的双眼，反而使他们站得更高，看得更远。遥望东南方的印度尼西亚，他们远渡重洋，踏海扬帆，开启了一段刻骨铭心的传奇之旅。且看下回分解。

参 考 文 献

尹保卫. 《出海逐浪——记尼泊尔巴格曼迪灌溉工程中标前后》。

第五回

数控模型首开先河　气升清淤大显神威

当十一局人重振旗鼓着手巴格曼迪工程复建工作的时候，1994 年 10 月，后方人员抢抓机遇、精心筹备，投标印尼最大的水利枢纽——雅迪鲁霍大坝修复工程。1995 年 6 月 28 日，中国水电脱颖而出，不负众望拿到了该项目，这也是水电十一局在印尼中标施工的第一个工程。

在首次独立投标海外项目遭到创伤的情况下，雅迪鲁霍工程中标的消息无疑鼓舞了士气，振奋了十一局人走出去的信心。按照印尼规定，中国水电总公司（CWHEC）与当地瓦司开塔公司（WJP）组成联合体共同投标，当地公司股份为30％，中国水电总公司（CWHEC）股份为 70％，为主办公司。

重任在肩，十一局人远渡重洋、踏海扬帆，征战印度尼西亚市场。

◆ 遇挫

印尼是全世界人口最多的穆斯林国家，与国内建设环境不同，中方员工和印尼员工在价值观、风俗文化、宗教信仰、工作和生活习惯等方面存在着很大的差异，习惯了国内市场和规则的十一局人，第一次在印尼干工程，感觉到各种"水土不服"。

印尼是个慢节奏的国家，办事效率非常低，各项手续办理拖沓，筹备好的进场计划，被大大拖延。印尼对中国大陆来的人员严加限制。1995 年 6 月 3 日，王学鲁等第一批 3 名人员到达印尼，参加合同谈判，中标后 7 月份，第二批 2 名人员进入印尼。8 月 3 日项目开工，所需的 15 名人员因证件等原因，直到 1995 年 11 月 3 日才到达印尼。

雅迪鲁霍项目前期人员合影

和人员相比，中方设备的进场拖得更久。因为办理进入印尼的手续和等船期，一直到 1996 年 2 月 13 日，所需设备才运抵现场。

原计划 3 个月的进场变成了 6 个多月。

1995 年 11 月初，联合体第一次管委会在印尼召开，时任水电十一局局长段子印主持了这次会议。期间，段子印局长先后会见了业主、伙伴公司的领导和代理人，倾听了他们的意见和要求。

回国后，在 12 月 10 日召开的局务会上，段子印局长对印尼工程的进展表示忧虑。深思熟虑之下，提出让副局长王学鲁前往印尼，担任该项目总经理职务，这一提议被当即通过。

重任在肩，道阻且长。从 1995 年 12 月 11 日开始办理，直到 1996 年 4 月初，王学鲁的短期签证才算办妥。

等待过程中，王学鲁凭借丰富的施工经验和对印尼市场的了解，用计算机编制了雅迪鲁霍工程的总进度计划、成本控制计划和资金运作计划。这三个计划链接起来，成为一个施工管理的动态模型。通过模型的演算，基本掌握了该工程的所有最关键因素，甚至清楚地看到了该工程的前景。

这在十一局，开创了用数字模型控制工程成本的先河。

◆ 首战

困难千头万绪，首先要把职工的精神状态提起来，后续工作才能一鼓作气。4 月份，再次抵达印尼的王学鲁组织召开了项目部全体员工会议。会议上提出了在当前面临的形势下，所要达到的近期目标和长远目标。

近期目标，就是把十一局在印尼的第一个项目干好，把雅迪鲁霍工程的进度赶上去，把耽误的时间抢回来，这样才能实现在印尼站住脚的长远目标。

"我们面临的困难只是暂时的，是能够克服的；我们的工程很有赚头，关键是工期要上去；我们有足够的资金来买工期，只要工期上去了，信誉就有了，结算款也多了，一切都迎刃而解了。"时隔二十多年，当时动员大会上的讲话，很多人还记忆犹新。

关键点把住了，大家的思路就清晰了，劲儿往哪里使也明确了，士气大受鼓舞。

按照计划，5 月 17 日是试填第一笼水下石料的日期，也是第一个重大节点，必须要按期完成。达到这个目标，有两个关键。一是浮吊制作，二是石料试验和采购，节点都在 5 月初。

尤其浮吊的制作，是重中之重。如果浮吊使用成功，水下作业就基本成功了，如果浮吊使用失败，那么雅迪鲁霍工程就失败了。这一点，大家心知肚明。

可是现实是，浮吊还在分包商约瑟夫手中不慌不忙地组装着，石料的爆破试验还没有进行一次。

不能依靠别人，不行就自己干！

现场经理、高级机械工程师刘庆福临时受命，制作浮吊。项目部对浮吊的结构进行计算分析，确定加固方案，自主买材料，自主组织施工。

5 吨浮吊如果成功了，便是工程上的一大发明，但也是一次冒险。从未涉足水下施工的十一局人，没有经验，没有理论，仅根据最基本的浮力知识和黄河上来往摆渡的小双体船，就构思出了浮吊的模式，并击败了巴基斯坦工程师提出的船上塔吊的方案。

刘庆福和同事们潜心研究，夜以继日盯在浮吊上，不做出个名堂决不罢休，终于在 5 月 7 日完成浮吊的制作任务，顺利地通过了试负荷，并移动到施工水域。

第一个关键点算是攻克了。

石料试验及采购任务，交给了工程师李学仁。当地的山和地甚至道路都是私人的，如果载重量过大，就容易卡壳。项目部依托当地公司，多次进行沟通协商，问题很快得到了解决。当时已是水电十一局总经理的王学鲁与项目经理刘祥吾也几上石料场，多次同供应商洽谈。5 月初，在单价可控的范围内，第一车石料运到了码头。同时，码头的整修、80 吨和 40 吨运输船的

雅迪鲁霍工程十一局自主研发的 5 吨浮吊

整理和验收，一系列的内业工作也都在有序地进行着。

5 月 17 日下午 3 点，随着第一笼石料缓缓落入水中，水下石料试填工作正式开始，节点目标按期实现。

第一仗，圆满收官，项目职工半年多的辛勤和汗水得到回报。

◆ 攻关

水电十一局人走出国门，最不怕的就是主动适应、攻克难题。雅迪鲁霍大坝修复工程，包含大量水下施工技术难点，这是十一局人之前没有遇到过的。

前期进场的技术人员，还未来得及休整身体和心态，就火速投入到课题攻关中。

王伟任上游工区主任，负责大坝上游施工，主要任务就是带领工人做好水下清淤、边坡石料填筑、表面大石填筑、混凝土块预制和堆砌工作。

第一个工序水下清淤，需要对上游水下及以上坝坡进行淤泥清理，为填筑石料和摆放混凝土块提供粗糙的基础面，以保证其稳定性。但此次清淤面积大，足有 4500m³，而且水下地形复杂，水域平均深度达到 40m。

经过专家组反复讨论，项目部最终提出采用气升式吸泥法施工方案。演示试验后，方案得到业主工程师和咨询工程师的一致批准。

1995 年 12 月 21 日，水下清淤工作正式开始，因方案合理，效果明显，加上项目部人员夜以继日工作，原 6 个月的工期仅用了不到 2 个月就全部完成。经国内运来的美国产 SJT－5 型水下电视监视系统检查，工程质量高标准通过验收。此方案后来还被伙伴公司大量推广应用。

水下混凝土块填筑是大坝修复工程的重点施工内容，摆砌高度 23m，水下摆放工程量 6439m³。

此时正好赶上水库水位上涨，而参与的人员都没有水下施工经验。问题和施工方案没解决之前，面对如此情况，很多人都有担心和恐惧。

项目部在没有任何经验的前提下，大胆创新，制定施工方案，逐项解决了水下照明、水下监控系统和水上浮吊问题。但是水下混凝土块要由潜水员一块块摆放，必须依靠潜水作业，当务之急，需要最快时间组建一支潜水队伍。

国内团队习水性的人不多，而潜水作业任务又十分艰险。印尼当地的潜水技术相对发达，伙伴公司协助为中方提供了 15 名印尼潜水员。

这时职工白家新自告奋勇，带领另外 2 名中方潜水员宋相利、崔正瑞和印尼 15 名潜水员联合组成了潜水队伍，立即投入了水下作业。

潜水作业比想象中更加危险。每套潜水装备三十多斤，潜水员每次在三四十米的水下工作半个多小时，就必须停止作业。由于是深潜，潜水员上来时，隔两三米就要停留，上来后必须要进到氧舱里加氧。有一次因为监控系统信号的原因，造成出水有些快，白家新直接进了两次高压氧舱。

中方的 3 名潜水员，都曾服役于南海舰队，很有经验，但是在那种情况下，谁也不能保证每次执行任务都是万无一失。

雅迪鲁霍项目管理人员通过水下
监控系统监测水下施工

"我们的工作是往水下放置混凝土块，最深潜水四十多米，当时一块工作的只有 3 名中方潜水员，我全部都还记得名字。"宋相利后来回忆起来也是感触颇深："每次换上潜水鞋的时候心里也会不安，毕竟对于我们来说，每次下水还能不能安全上来谁也说不准，但是当时公司在海外的根基还不稳定，我们都想全力以赴地把这个项目做好。"

身在异国他乡，即使很多人都不知道他们的付出，但是这并不妨碍他们在与自然的搏击中书写自己的人格力量，在与身体极限的抗争中实践着伟大的壮举。他们是平凡的，但是精神却是伟大的。

在完善的施工程序、科学的技术方案及良好的组织实施下，水下施工团队创造了连续作业 2260 次无人身、设备事故的记录。1997 年 6 月，历经 11 个月，水下施工圆满完成。

◆ 转机

1996 年 6 月 15 日，对项目部来说，是个难忘的日子。

这一天，业主、工程师和承包商代表对核定的工程量签了字。

签字的工程量比招标时的工程量多了 50%，尤其是下游的工程量从原来的 39200 方增加到 79000 方。而项目部的主要利润都来源于下游石料填筑，下游的每一方石料都可以为联合体创出 7~8 美元的利润，施工利润增加了一大块。

由于工程量增多，施工工期也需要顺延。起初下游工期为 11 个月，延为 22 个月，完工日期从 1997 年 4 月 29 日延至 1998 年 3 月 29 日。这样一来，项目部就可以增提水上设备的折旧费用。

这次工程量的增加，对项目部是相当有利的。

前期被耽误，要赶上合同工期的要求，必须将原计划的单班作业改为两班作业。

经过动员筹备，1996 年 6 月 19 日，两班作业开始了。印尼的工作时间是每天 7 小时，早晨 6 点到中午 1 点是第一班，中午 12 点半到晚 7 点半是第二班，中间没有吃饭时间。每一班都由项目班子成员带班。

由于营地距工地有 15 公里，早上 5 点半，第一班带班领导乘车去工地。第一班下班，他们还要盯在工地，等第一班的人都走了，他们才离开工地。第二班的带班领导，早上不到 8 点就来到工地，中午 12 点开始和第二班工人一起工作，晚上 8 点多才回到营地。

那是一段干劲十足、热火朝天的日子。大家夜以继日，主动加班，兢兢业业，坚守岗位。两个班的总工长苏国路和王伟，悄悄展开了对手赛，你这一班填了 40 笼，我就填 41 笼，经常早上班晚下班。王伟班甚至在 7 月 4 日下午创出了一班 52 笼的新纪录。

这是一个什么样的纪录？

浮吊在 30 多米深的水下填筑石料，每次垂直往返就需要 7 分钟，加上挂钩、平移等动作，最快也要 8 分钟。52 笼需要 416 分钟，这实际是在 7 个小时里不停地工作。

两班作业以来，日填筑高峰强度达到了 207 方（92 笼）。平均日强度达到了 156 方，超过了计划 100~120 方。

水下填筑石料的顺利实施，大大振奋了职工的信心，坚定了大家战胜困难的勇气，为后续水下混凝土填筑施工提供了有利条件。

历史总是给予勇往无前的人以厚爱。

在参建员工的共同努力下，通过与当地公司的良好合作，1998 年 2 月，雅迪鲁霍大坝修复工程提前完工，创造了用数字模型控制工程成本的成功经验，也为公司赚到了海外业务又一桶金，极大地坚定了十一局人走出去的信心。

◆ 难忘

1998 年初，印尼爆发了金融危机，美元印尼盾汇率，从 1：2500 降到 1：10000，印尼盾贬值 4 倍左右。巨大冲击造成印尼社会动荡不安，暴动频发，严重威胁中方人员的人身及资产安全。身处这样的动乱局面，职工们内心非常恐慌，有些职工甚至想到了生命不保、归国无望。

生活虽然充满戏剧性，但患难之时更见真情可贵。

在其他国家大使馆纷纷关闭的时候，中国大使馆工作人员毅然坚守着岗位，守护自己的公民，与项目部保持定时联系，并反复嘱托安全事项。

身在异国，王伟和同事们第一次真真切切感受到了祖国的温暖和强大，祖国在用实际行动告诉大家：不管你们身在何处，祖国都会想方设法确保大家的安全。恐慌的氛围慢慢平静，大家悬着的一颗心有了着落。

令人感动的是，在那样紧急的关头，印度尼西亚当地群众自发组成护卫队，24小时守护在中方营地，陪着职工一起度过了那段难忘的时光。

来自祖国的安全感和印尼人民的关怀，让职工深受感动，甚至让很多人的思想得到了升华：我不是在为业绩而战，而是在为祖国的荣誉和印尼人民的福祉而战。

对王伟来说，难忘的事情还有更多。

1996 年 12 月 10 日，雅迪鲁霍
工程部分参建职工合影

众所周知，羽毛球是印尼的国球，羽毛球馆在印尼比比皆是，仅项目营地所在的普尔卡他市羽毛球馆就有 100 多家。机缘巧合，王伟有幸结识了羽毛球前世界冠军林水镜先生，并得到其亲身授教。那段时间，他的羽毛球水平突飞猛进，回国后在各级举办的羽毛球比赛中，接连多次获得不错的成绩。这与参建项目时的印尼经历以及遇到的印尼冠军师父是分不开的。

1997 年 7 月 1 日，香港回到祖国怀抱。受中国驻印尼大使馆的邀请，中方部分职工参加了在雅加达的香港回归庆祝仪式。国歌奏响那一刻，很多职工热泪盈眶，深藏心间对祖国深深的热爱洋溢而出。

宋相利还记得，1996 年 10 月，北京办事处组织他们一行 12 人在出国之前去天安门广场看了升国旗仪式。当时只顾上激动和好奇，并没有明白这样做的意义。但很多年后再回首，那一次观看升旗其实是一次昭示，也是对祖国庄严的承诺，告诉他们走出国门，代表的是祖国的形象，肩负着打造中国水电品牌的重任。经历了这个项目，他们对祖国的感情也更加厚重和深刻。

这些，都是参与印尼项目所带来的宝贵经历和财富。

印尼雅迪鲁霍工程，是十一局人走出海外描绘的重要篇章，所经历和所收获的，都让他们始终难以忘怀。

有诗赞道：

印国千岛荡胸襟，吾有风骨昭赤心。

身遏激流豪情在，踏海壮志年年新。

从雅迪鲁霍工程的圆满履约，可见一个时代里十一局人的大无畏精神，他们无私奉献、默默坚守的背后何曾没有对亲情的缺席和对家人的亏欠。这样的故事，参与伊拉姆水电站建设的李惠珍深有感触。且看下回分解。

参 考 文 献

[1]　王学鲁 .《雅迪鲁霍手记》，选自《奋进五十年》。

[2]　王伟 .《峥嵘岁月——忆印度尼西亚雅迪鲁霍大坝修复工程》。

第六回
路边偶遇成伙伴　室外守候得莫迪

当十一局人还沉浸在中标印度尼西亚雅迪鲁霍大坝修复工程的喜悦当中，又从南亚的尼泊尔传来捷报，伊拉姆水电站项目中标。接下来在尼泊尔陆续中标的几个项目使十一局人走过了一段艰苦卓绝、砥砺奋进的路程。

"我就觉得挺吃惊的，主持人在她婚礼上介绍的时候，说女儿的妈妈在她小的时候常年不在家，基本上都是爸爸在照顾她。听主持人说了这么两句，我心里很不舒服。女儿怎么能记到现在？她都25岁了！我那段时间，在国外断断续续待了6年，加上老出差，她就有这种印象。我也挺内疚的，所以现在我就帮她照顾孩子，来弥补她。"

这是十一局一位退休女职工在谈到工作和家庭关系时讲述的一段回忆和感受。

她叫李惠珍，时任十一局海外事业部副总经理。

她之所以要弥补女儿，归根结底，还得从她1994年第一次出国说起。

1994年，中国水利水电建设总公司获批对外经营权，组建成立尼泊尔经理部。11月，根据十一局安排，她和另外5名同伴启程前往加德满都。

因为没有坐过飞机，又是第一次出国，她当时感觉很新鲜。当飞机翻越喜马拉雅山，翻越珠穆朗玛峰的时候，她隔着舷窗好奇地往下俯瞰，雄奇壮观的景象深深地印入了她的脑海。可是，等真的到了那里以后，她发现尼泊尔是个十分落后的国家，心里难免有些失望。

一开始，她在经理部主要从事报价工作。过了大约一个月，时任经理部经理袁忠伟回国。临回国去机场前，他跟李惠珍几个人交代："你们去业主那里拿一封信，看看是什么东西。"

宋东升在准备合同谈判资料

他们拿到信一看，原来是关于巴格曼迪灌溉项目重建谈判的。但是，他们对合同和项目都不清楚，英语交际水平也有限。没有办法，就去另外一家中国企业借翻译人员，然后和业主、加拿大的工程师谈判。就这样硬着头皮学了一个星期，谈了两个星期，终于把重建工程谈了下来。

接下来要投的一个标，是伊拉姆水电站。

由于初到尼泊尔，人生地不熟，经理部经理又走了，李惠珍感到了很大的压力。有一次，她去一家中国公司，想看看人家是怎么开拓市场的，回来的时候已经傍晚。她站在路边等出租车，结果来了一辆小轿车，在她面前停了下来。从车上下来三个年轻的尼泊尔人。她当时有些害怕，因为那根本不是出租车。

虽然语言交流上有困难，但她能看出他们是想让自己上车。至于上还是不上，她心里很纠结，拿不定主意。后来，看他们比较真诚，就索性上了车。在她的一路指引下，四个人左拐右拐地来到了经理部。到了经理部，她的第一句话就是："翻译，赶快拿我们的画册给他们。"

不料，他们一看画册，好奇地问："你们是搞水电的？最近有个伊拉姆水电站要招标，你们要不要参与？"

"参与。"李惠珍当即回答，语气里难掩激动。

紧接着，李惠珍他们就着手做资审、投标，最终把项目拿了下来，后方也开始组织队伍来尼泊尔实施项目。事后，她才知道这三个人当中，一个是承包商，后来做了十一局的分包商，另外两个是弟兄俩，做了十一局在尼泊尔的伙伴，其中有一个直到现在都是。

虽然十一局拿到伊拉姆水电站的过程充满了戏剧性，就好像受到了上天特殊眷顾一样，但在项目具体实施过程中，尤其是前期，却异常地艰难。

刚开始，现场什么都没有，项目职工就住在当地人家里，底下是牛棚，上面就是用草搭的木板房，风一刮，里面全是沙子。吃的也是当地的咖喱饭，根本没有馒头、面条之类的中国食物。就是在这种情况下，他们抓紧时间盖营房。营房建好之后，条件就改善了不少。

除了生活条件比较艰苦之外，项目的地质条件也非常差，洞子开挖过程中，坍塌十分严重。由于尼泊尔属于低端市场，整体价格比较低，再加上塌方严重，眼看着亏损越来越多，还是打不通，前方和后方都很着急。

十一局派了多位地质专家到项目上调查、研究，商讨解决方案。经过努力，洞子终于实现贯通，而且运行得十分良好。其间，还派了一个很有能力的商务经理，叫常哲。他是从小浪底项目调过

尼泊尔伊拉姆水电站调节水池

去的，跟外国专家学到许多合同、索赔方面的知识。一到伊拉姆水电站项目，他就开始着手索赔工作。时任十一局国际工程部主任宋东升常驻尼泊尔，对这个项目很重视，和常哲一起做了许多索赔报告。通过索赔，项目转亏为盈，取得可观的经济效益。

就这样，在十一局国际工程史上，伊拉姆水电站项目创造了一个又一个第一：它是第一个工程索赔成功的项目，第一个设计变更成功的项目，第一个获得工程保险索赔的项目，第一个最终结算额是合同额近四倍的项目。

至今，很多人在谈起伊拉姆水电站项目时，还会经常说，如果这个项目当年没有扭转败局，真的很难想象现在十一局的国际工程会是个什么样子。

做完伊拉姆水电站的投标工作，李惠珍等人又投入到莫迪水电站的投标工作，而拿到莫迪水电站也带有一点戏剧性。

这个水电站，业主分了几个标段，虽然合同额不大，却是十一局在尼泊尔的第三个项目，所以李惠珍他们十分用心，压力也很大。

不料，等到其他的标都出标了，这边还迟迟不下。后来，他们就去找尼泊尔水资源与灌溉部长。他们早上九点多到达那里的时候，秘书说部长办公室有人，需要等候。后来，部长出来了，却说要急着去开会，开会时长不确定。于是，他们决定在那里等，从上午9点一直等到下午4点。

部长回来后，一看他们还在那里等，大概是被感动了，当即把他们叫进了办公室。听取完基本情况，部长说要是第一标没什么问题的话，一周内就会授标。后来，也确实是在一周内授的标，而那个部长也跟李惠珍成为了好朋友。

和伊拉姆水电站相比，莫迪水电站的实施，前期也是困难重重。

当时，武富光被派去负责项目的实施。提起刚到那个项目时面临的诸多困难，他不由得皱起了眉头："我们接手的时候，是当地一家叫SCC的建筑公司在做。他们以中国水利水电建设总公司的名义做标中了项目。过去了两年多，预付款花得也差不多了，但基坑还没有挖出来，业主就追究责任。之前，为了督促实施好这个项目，十一局派了三任项目总工程师作为常驻代表。根据他们的判断，如果再让这家当地公司干下去，我们的牌子很可能会被列入尼泊尔市场的黑名单。"

正是在这种情况下，十一局领导果断决定接过来，充分利用当地公司前期投入的设备、材料、人员等资源，把工程做下去，并选派武富光、程乐群、孙志新等6人组成项目部，对这个项目实施全面接管。

1998年11月初，武富光一行到达尼泊尔。一到尼泊尔，他们就采取了多项措施，努力控制扭转局面。

第一件事，就是接收SCC设备、现场材料、人员等资源。为提高当地员工积极性，给他们每人涨了一级工资，并把他们的一个副经理给吸收过来，聘他做了项目经理助理，协助做好项目结算、技术问题。

这个人，就是齐达华，现已成为十一局聘用的外籍高管职员。

齐达华当时还不会说中国话，但英语水平还不错，不仅为人很好，办事也很沉稳，既有技术头脑，又有商务头脑，武富光认为他是个可造之才。前期和业主业务往来，也让他参与。当时的商务经理程乐群是从技术干部转过来的，商务工作经验不足。就此来说，齐达华还帮助了他。

他们做的第二件事，就是解决资金问题。由于前期结算报表做得很不及时，项目资金周转十分困难。武富光就跟程乐群、齐达华二人商量，当务之急，是要把结算报上去，催促业主付款。不付款，项目急需的燃油、钢筋、水泥、砂石骨料等材料就订不了货，施工根本无法进行。

尼泊尔莫迪水电站项目中方职工合影

结算来不及怎么办？到苏莎里灌溉项目去借，但苏莎里灌溉项目当时刚刚启动资金，也十分困难。他们还想到了贷款，但贷款根本来不及，也不划算。

再一个就是找业主，而业主却说，就算账单批了，也没有钱。

于是，武富光带着程乐群、齐达华，跟业主沟通，并告诉业主，不管有没有钱，先把结算单批了再说。业主批完，他们就把批的账单复印下来，让业主签字并给供货商写明，钱一旦拿到，就立即支付材料款。就是用这种办法，项目解决了材料订货预付款的资金问题，并用从苏莎里灌溉项目借来的钱解决了砂石骨料和工人发工资的问题。

接下来是进度问题。该工程电站厂房由十一局承担施工。当时的进度十分被动，工期的压力很大。材料有了，抢进度就成了当务之急。

厂房基坑开挖已超出设计高程，砂砾石十分坚硬，怎么挖都挖不到岩石。咨询是韩国的，设计很保守，见不到岩石，老担心出问题。武富光和程乐群找韩国咨询商量，建议说，既然要保守，就保守到底，把厂房做成刚性的混凝土结构。后来，韩国咨询还真设计成了这样的结构，钢筋密密麻麻，混凝土特别厚，连屋顶都设计成了厚厚的现浇混凝土。

这样，底板就可以开始浇筑了。但另外一个问题又烧到了眉梢：雨季就快到了，如不加快混凝土浇筑的施工进度，雨季施工难度和成本费用会更大。

厂房四周墙体问题解决后，大家就商量着尽快做封顶，模板能满足，但没有足够的脚手架。如果用传统的方法，那就是"满堂红"，需要再买五六十吨脚手架，仅用一次，成本太高。当时，曾在国内项目上担任过中队长的现场经理孙志新，提出想用脚手架钢管拼装成拱架的方案解决材料不足问题，还画了模型图。武富光问他在拼装拱架时，能否保证每一个钢管和扣件都能亲自检查到位，没有松动的。他回答没有问题，可以保证。大家商量后认为，此方案可行。

稳妥起见，武富光安排毕业不久、刚到项目的大学生谢万朝对拱架结构的承载能力进行计算，看能否满足要求。第一次计算结果显示，安全系数为零。武富光随即检查了他的计算过程，发现受力分析计算简图缺少侧向墙体的水平反作用力，两边的墙体可都是一米多厚的钢筋混凝土，应该是很有利的。考虑到这一因素，谢万朝又算了一遍，结果十分乐观。尽管如此，咨询工程师还是提出了异议。武富光建议减少屋顶混凝土的厚度以减轻荷载重量，却遭到咨询工程师的拒绝。

为获得咨询批准，项目部又在施工方法上采取了一些措施，决定分两次浇筑肋梁和面板。肋梁浇筑完7天后，混凝土强度至少达到70％。这时再进行面板浇筑，安全系数就会大幅提高。即便这样，咨询和部分职工还是十分担心。武富光当时想，既然该考虑的都考虑到了，计算结果也是可以的，就下决心实施，工期和进度已经不允许再犹豫下去了。他当时也有一点背水一战的感觉，想着成功了，工期、进度就抢上去了。

由于项目部提前采取了多项有力措施，并多次跟业主、咨询沟通，业主、咨询认为风险小了，终于同意了施工，但拒绝签字，说要等到施工完成后才签。后来证明，这种做法效果很好，不仅扭转了工期上的被动局面，创造了较好的经济效益，而且赢得了业主和咨询的信任，树立了十一局良好的履约形象。后来，该施工工艺还获得了十一局科技进步奖。

尼泊尔莫迪水电站

就这样，十一局的市场开发人员和项目实施人员在喜马拉雅山南麓这个陌生的国度，一路摸着石头过河，有过迷途，却从未有过回头。从巴格曼迪灌溉工程，到伊拉姆水电站和莫迪水电站，白手起家，渐渐站稳了脚跟，打出了招牌。然而，大家心里很清楚，自己还在蹒跚学步，前面的路还很远、很长。

有一次开标，中国水电未中，李惠珍一肚子委屈。在尼泊尔工作的头三年里，她何尝没有想过放弃？尤其是在连投几个标都不中的时候，哭鼻子又何尝不是常有的事？后来，她静下心来一想，告诉自己，无论如何都要把工作做下去。

掐指算来，中标的项目仅占投标总数的五分之一左右。这个标完了，下一个标又要投，希望不断地产生，又不断地破灭，就像一场永远都打不完的战争。特别是开标的时候，对于她和同事们来说，这个时候是最揪心、最难熬的时刻。如果中国水电是第一标，和第二标差距不大，大家就高兴得不得了。反之，就沮丧得不得了，就会扪心自问："我们怎么投这么低？"。如果高很多，却不中，就更加沮丧，徒然看着漫长的辛苦和努力付诸东流。

苏莎里灌溉项目开标那天，夏丽娟和翻译去了开标现场。当时，中国水电是第一标，她心里直打鼓，忐忑不已。由于连续投了这么多标都没有中，大家压力都很大，都渴望着中标。在备标过程中，投入了大量心血，每一个价格都仔仔细细琢磨，标书也反反复复改了很多次。可是，在当时的尼泊尔，效率是一个令人心有余而力不足的东西。你想着尽快完成一件事情，客观条件却往往不允许。

尼泊尔苏莎里灌溉项目合同签字仪式

例如，由于电力严重短缺，经理部经常断电，而准备标书又离不开电脑和打印机这些电器。为尽快完成标书，经理部不得已在一家比较高档的酒店订了一间房，那里的电力供应还算比较稳定。再后来，又买了一台小型发电机自己发电，可还是解决不了问题。由于罢工频繁，罢工期间又实施交通管制，车辆无法上路，加油站根本去不成。就算是去成了，十有八九都没有油。

当时，参与竞标的有好几家印度公司，对中国水电构成巨大挑战。而且，由于投的是三期，前两期的承包商都有现成的机械、设备、人力等资源，他们参与竞标，也是不小的威胁。尽管如此，中国水电最终还是拿下了这个项目。

时任水电十一局局长王宗敏在尼泊尔
苏莎里灌溉项目检查指导工作

按理说，经过这么多次的失败和这么长时间的鏖战，终于等到了中标的那一刻，大家应该感到欢欣鼓舞才对，而事实却并非如此。比如夏丽娟和那名翻译，他们可以说是喜忧参半。喜，自然是因为付出有了回报；忧，则是因为中国水电主要是以低价取胜。价格低，就意味着钱不好挣。在开标现场，那名翻译不禁感慨地说："一个车队的钱就这样没有了。"

当时，正是因为苏莎里灌溉项目投得太低，差了百分之八，李惠珍得知消息后，泪水夺眶而出。时任十一局副局长兼国际工程部总经理宋东升也十分不解地问怎么会是这个结果，而且连问了好几遍。

苏莎里灌溉项目是当时中国水利水电建设总公司最大的海外项目，能否把它做好，事关重大。面对过于被动的价格，十一局没有更好的选择，只能在合同谈判中扭转局面。

不出所料，合同谈判异常艰难。

谈判由宋东升带队。他带着大家把标书吃透，把合同条款吃透，和业主一点一点谈。谈了快一个月的时候，形成一个长长的合同谈判会议纪要。这个纪要优先于合同，里面有很多条件都对我们有利。这个谈判非常有技巧性，把大合同拆分，把业主的风险说透，只要工期有影响，设备人员闲置，你就都得赔我。就这样，前前后后谈了20多条。

有了有利的合同条件，在项目实施过程中，项目部根据前期在尼泊尔积累的经验，创新思路，趋利避害，争取到很大主动权，创造了丰厚利润。

2000年，十一局在尼泊尔中标唐神公路项目，时任项目经理周跃峰和项目副经理汪云芳，也通过巧妙的商务手段，为项目创造了客观的经济效益。

2006年，十一局中标当时尼泊尔最大的水利灌溉工程——西克塔灌溉工程。同年1月17日，尼泊尔水资源与灌溉部部长和时任十一局党委书记王禹出席首仓混凝土浇筑奠基仪式。尼泊尔水资源与灌溉部部长将第一桶混凝土倒入泵中并按下启动开关，然后为奠基纪念碑揭幕。实施过程中，项目部克服困难，不断创新，各个预期节点目标均按预期计划实现。该项目的顺利履约，使中国水电赢得了业主和尼泊尔政府的充分认可和信任，进一步提高了中国水电在尼泊尔市场的良好声誉和口碑。

2007年，遵循中国水电集团的战略引领，十一局勇敢迎接国际竞争大潮，果断提出并坚定实施国际强局战略，确立了建设质量效益型国际强局的共同愿景，优先发展国际业务。围绕这一战略目标，十一局创新管理模式，加大市场开发力度，增强项目管控能力，较好地完成了各项经营任务，海外市场开发也走上了快车道。

作为十一局海外业务出海逐浪、白手起家的地方，尼泊尔也搭上了十一局海外业务大发展的这趟快车。市场开发和项目实施工作紧紧围绕建设质量效益型国际强局战略和优先发展海外业务战略，不松反紧，焕发出新的蓬勃生机。

2007年以来，先后中标和实施库里卡尼Ⅲ水电站项目、上塔马克西水电站项目、上马相迪A水电站项目、HDI220KV变电站项目、上博迪克西水电站等项目，为十一局海外业务培养了一大批高素质人才。

库里卡尼Ⅲ水电站项目前期施工过程中，遇到很多困难，一度进展缓慢，亏损较为严重。2012 年初，32 岁的张喜林接下了这颗烫手的山芋。接到这项任务时，他心里难免紧张。但是，此前在博茨瓦纳骆察尼项目担任商务经理期间积累起来的项目管理经验，刚刚在天津大学进修国际工程管理专业获取的专业学识，年轻人心中充溢的那股子拼劲和勇气，以及十一局领导给予的信任、鼓励和支持，使他最终毅然踏上了尼泊尔这座陌生的国度。

他没有想到，自己上午刚到项目部，当地工人中午就发起了罢工。这时，他获悉刚从中国访问回来的尼泊尔某政党主席就在项目属地一家宾馆内下榻，次日离开。他事先把工人罢工阻挠项目施工的照片打印出来，凌晨四点就和尼泊尔伙伴赶到了宾馆外面等候。主席的车队出发前 10 分钟左右，他们面见主席，并将照片拿给主席看，争取当地政府的支持。就这样，经过各方努力，罢工当天就宣告结束，项目恢复正常施工。这次"下马威"式的罢工，使张喜林不由得反思项目与当地工人、党派、工会、政府如何实现和谐相处这一重大问题。他带领项目职工认真琢磨，及时采取一系列行之有效的措施，很快就改善了外部关系和环境，施工生产也得以顺利推进。2013 年 7 月 29 日，引水隧洞主洞提前三天顺利贯通，为工程如期实现发电目标争取了宝贵时间。

2014 年 5 月 31 日，当地工会联合会第四次代表大会举行授奖仪式，中国水电作为唯一入选企业获得表彰。大会向库里卡尼Ⅲ水电站项目部颁发了证书，表彰了中国水电为当地社会做出的重要贡献，以及张喜林在项目建设中取得的良好成绩和对当地工会、工人的积极态度。

2018 年 4 月，库里卡尼Ⅲ水电站正式完工并移交给业主单位，进入为期一年的质保期。

2018 年 10 月 1 日，捷报再传。经过 6 年的不懈跟踪，十一局与尼泊尔电力局全资子公司——尼泊尔塔纳湖水电站有限公司在加德满都正式签署尼泊尔塔纳湖水电站项目合同，标志着十一局在尼泊尔区域市场又迈出了重要的一步。

有诗赞道：

> 高山之国多奇遇，天理昭昭更酬勤。
> 喜马拉雅接天处，大禹传人治水心。

虽然十一局海外业务相继取得良好业绩，但是十一局人并没有固步自封，而是瞄准了更广阔的市场空间。他们以高涨的热情，跋涉中东阿曼苏丹国，掀开了海外市政工程建设篇章的第一页。

<h1 style="text-align:center">参　考　文　献</h1>

[1]　宋东升 .《国外工程二三事》。

[2]　田源 .《水电十一局签约尼泊尔塔纳湖水电站项目》。

第七回
汇集中东开篇市政　众志成城风过天晴

在尼泊尔各个项目紧张施工的同时，2004 年 11 月 10 日，从中东阿曼国首都传来了新的中标消息。

清晨，古老、美丽、充满传奇色彩的马斯喀特市，煦日欲成霞。这座海上"丝绸之路"途经阿拉伯半岛的唯一港口城市，是波斯湾通向印度洋的要冲。

这一天，阿曼政府公共服务公司向中国水电集团发出了"马斯喀特污水系统项目"中标函，合同额高达 1.5 亿美元的城市排污收集系统成为了这里的首例，也是集团公司跻身中东海湾地区建筑市场的第一次。作为主要施工方，这里，也成为水电十一局走向中东海湾地区的战略要冲。

为什么要修建这样一个工程呢？马斯喀特市的建筑物依势而建，没有设置城市排水系统，更没有城市排污系统，城市污水一直由"黄包罐车"从家家户户中收集运输。

中标后没几天，国内三门峡市，天空晴朗、风和日丽。在一栋砖红色四层办公楼内，水电十一局领导班子正在讨论着阿曼项目人员组成。

其实，回过头来看，作为马后炮来分析，我们发现，阿曼项目作为水电十一局战略突围项目，很多十一局人哪怕当时已经做了最坏的打算，可谁也没有料到，这个项目会如此惊心动魄、蟠纡曲折，一个最初简单的项目竟然改变了一个企业的走向。

12 月 18 日，时任水电十一局副局长的张玉峰一行人抵达阿曼首都马斯喀特。走出机场，他们一下子感到了阿曼空气中的热情，与国内初冬的气候形成鲜明对比。从机场回项目部的高速公路两旁，到处是绿草茵茵、花团锦簇。放眼望去，别具一格的各色别墅和飞驰的各国名车，都显示着阿曼这个国家和人民的富足。

项目部的围墙上爬满了开着红蓝白花的刺玫和蔷薇，后院还有高大的椰枣树，空气中也弥漫着阵阵清香。傍晚时分，全城的清真寺里的高音喇叭都是吟颂古兰经的声音。

所有的一切，告诉这些异乡人，他们千真万确到了一个伊斯兰国家，他们在花香中入眠，梦里不知身是客。

原本以为亮丽的风景可能会给他们的施工带来便利，但接下来的施工之路却充满了坎坷和挑战。

工程干着干着就"变了味"，由原定的施工合同变成了一个名副其实的"三边工程"（边勘探、边设计、边施工）。

工程开工后，突如其来的合同变更、开工 NOC 无异议证明、地方居民的干扰，各种障碍接踵而来。仅办理 NOC 审批就要经历市政府、区政府、警察局等 14 个政府部门的施工许可，任何一个部门出现问题，全盘皆顿。还不包括更多非合同约定履行内容的政府指

阿曼项目部营地后面的城市景色

令、宗教制度。始料不及，气喘吁吁中让他们触及到更加严酷的真实。

当时任工区主任的申智勇在一篇回忆文章中用"折腾"来回忆那段历史，文中写道：

从到阿曼那一天一直持续到 2005 年 5 月，近半年时间，监理单位要我们施工单位从事测量和设计工作，让我们去每家每户测量地形，把测量结果交给他们，由他们来测量复核，再进行设计，我们再现场放样，他们再修改设计，再出图。后来大量施工工作面展开，他们出图不及，我们的很多技术人员也参与到监理单位进行设计。

业主单位让我们去水、电、气、绿化、通信、国防、交通等政府部门办理 NOC，就是不反对的意思吧。这些事情可把我们折腾苦了，关键是时间白白流失了，这在国内是标准的三边工程，不能想象国际工程会是这个样子。

反复的测量和设计一直持续到 2005 年 5 月，我们工区终于开工了，在我们之前一工区四月份先开工。我们心痛的是半年的施工时间没有了。沟槽开挖倒是顺利，紧接着的混凝土井内流道问题又反复试验了近一个月。我把这个时期称为第一个折腾期，那个时候，我们到底也不知道监理是认真还是他们自己心里也没有底，反正就是折腾的厉害。工程就是这样在和监理以及业主的反复碰撞中逐步开展起来。

长达五年的时间里，一个并不复杂的城市污水收集系统工程，项目部共办理各种 NOC 审批 200 余项，包括续延 NOC 所涉及经办部门的审批内容达到 2000 余次，平均每天都要通过一次政府部门审批程序。项目设计各类图纸 5500 张，设计变更图纸 7650 张，其中不包含政府指定的专业消防、供电等部门的设计，特别是入户连接的设计工作，变更 5400 余次。各种常用材料在当地建材市场上无法满足，不得不选择在其他多个国家进口采购。

阿曼采用的是欧美规范，与十一局熟悉的规范在习惯、理解方式和控制程度上

截然不同。致使在许多细小的问题上,业主与十一局各执己见,长久争执不下。工期受限,成本陡增,资金压力巨大,由此产生的精神压力无以言表。

监理工程师公开自己的无为态度和行为。他们不仅无法提供完整准确的施工图,无法满足开工前审批 NOC 的图纸要求,甚至首开先河的在招标图上加盖"施工图纸"印章后就提交给我们施工,这样的基本信息连施工放线都满足不了,更无法获得政府的 NOC 批准。

阿曼工程顶管施工

几番周折后,终于可以在都市五个行政区中不连贯的几个地方分段开工,但习惯的连续作业方式被"扰民因素"无情地否决了夜晚的施工。资源分散,管理困难,成本增大,更无法形成连续强有力的进攻势态。据统计,截至 2007 年 6 月份,工期已经过了 2/3,但工程师提供的能够满足施工需要的施工图纸不到 30%,施工图纸的供应方式、完整性和准确程度没有丝毫的改变。

阿曼石油储备丰富,但是当时建材市场匮乏,几乎所有物品全部依赖进口,项目所需材料从报单、生产、运输到现场的周期就超过四个月甚至半年以上,还经常出现拿着钱甚至高价也无法买到材料的局面。

一场浩浩荡荡的"巷战"转为"拉锯战",原本是要在城市的各个街道上大展宏图,拉开齐头并进、攻坚战之势,却不得不偃旗息鼓,窝工待命,更为要命的是窝火和随之而来的精神折磨。

◆ 心有猛虎,细嗅蔷薇

十一局职工最大的特点就是,干实事,敢做事,能成事,具有极强的行动力。

市政工程施工中,总会遇上许多不可预测的困难,这个时候考验团队的不仅是心态,是技术,更是一份临危不乱、把控大局的实力。

阿曼是一个大多信奉伊斯兰教的国度,是安定平和的国家之一,这里的社会治安状况极其良好,走在大街上会经常遇到素不相识的人抬起右手向你问候。在居民家门口施工暂放的工具、材料,他们绝对不会移动,他们的友好都写在灿烂的脸上。

但是,污水系统涉及千家万户的利益,必然会在一段时间内影响到居家住户的日常生活。作为建设方必须在施工的环节上一一考虑和落实,即便是有住户使用了"1855 年"的地板砖,也要想办法在颜色、形状、质地等方面恢复原貌。否则的话,维护自身权益的阿曼人有权向警察投诉。施工人员必须用无限的耐心、精细,一家一户、一公里一公里地完成施工。

为了加强现场安全管理，项目专门聘请了国外专家。由于是外聘人员，指挥时难免有人不遵守。张玉峰对这名外国专家说："你首先要每天监督我，如果我没有按照要求做，你只要罚我，项目的职工都会听你的。"

工区副队长许清至今仍然清楚地记得，他第一次看到项目经理自己罚自己。

由于当地地下设施的标注不明显，设施损坏带来的赔偿案件有增无减。挖断地下设施会带来很严重后果：警察要抓人，要几倍的罚款，对项目部人员扣押护照。

为了有效避免此类事件的发生，项目部印发文件，大致如下：

因十字路口地下设施繁多，开挖十字路口 10 米之内必须人工开挖，如果工区破坏一处地下设施，首先处罚项目经理张玉峰 40 元当地币，工区主任 20 元当地币，挖机司机 10 元当地币。

按照当时的汇率，1 元当地币换算人民币约 22 元人民币。

或许有的小伙子会问，罚了没？真罚了。由于项目领导以身作则、敢于担责，损坏地下设施的事件大幅减少。阿曼项目开启了外聘高级安全管理人员的属地化管理的先河，在之后的其他项目也得到了广泛应用。

阿曼很热。很多朋友会说，我们都体会过夏天高温热浪的威力。但是，中东地区的夏天，高温让人恐怖。

热到什么程度呢，给朋友们列一组数据。

2018 年 6 月 26 日，马斯喀特最高气温为 49.8℃，就是到了夜晚，这里的温度也能轻易超过 40℃。在长达 9 个月的热季中，平均气温都高达 40℃～50℃左右。

很多从国内到阿曼项目的职工，听说项目上很热，都会不屑一顾。到了阿曼之后，才发现，这天气根本不是热，是烫！

马斯喀特市一边是大海，一边是沙漠，置身在这"豆丁大"的绿洲中，就像坐在烙饼锅上，热起来的感觉如同"享受"密不透风的"桑拿浴"，有种"无处可逃"的感觉。

一些新到的职工穿着皮鞋走在现场炙热的沙土中，很容易就会造成鞋底和鞋跟"分家"。在现场，多少脸庞由白皙晒成了黝黑，多少人晕倒在施工现场。

所有的参建职工不仅见证了阿曼的"热度"，也将这些关于"无底皮鞋"的笑谈淡化在生活的每一部分，囊括在戏称为"高压锅里的生活"。

翟永平是新分没多久的大学生，在项目上负责财务工作。她记得，为了强化英语训练，很多晚上都是听着英语磁带入睡。为了确保供应商混凝土的供应，她一个女孩子天天蹲在混凝土拌合站的门口，每次回来时都变成了"土人"。她和同寝室的戚颖成了"闺蜜"，两人不工作的时候就"腻"在一块，互相开导，守望相助。

工地上的中方员工，远离故乡，全年 365 天几乎都在项目上度过。为了营造出温馨的气氛，让大家觉得项目就是第二个家，项目部会为职工过生日、准备新婚礼

阿曼项目举办庆祝国庆活动

物、一起出去郊游等。这些微不足道的举动，把大家的心拉近。可以毫不夸张地说，阿曼马斯喀特项目团队，聚是一团火，散是满天星。

从项目开工到 2006 年初这一段时期，水电十一局完成了大量的管线埋设，为以后的施工打下坚实的基础。这是阿曼工程的第一个施工高峰期，轰轰烈烈，气势如虹。

阿曼法治严，严到不可理喻。测量工现场放线时，几乎人人都被疑为偷窥而遭到警告或进了警局。一线凡是带"长"的，几乎都没有幸免。仅 2008 年一年，项目部员工就遭遇了警方 11 次 48 小时以上的拘禁。

2009 年 1 月，在第 19 届"海湾杯"足球赛期间，阿曼的球迷热情飞涨，特别是在阿曼队胜出之后，项目的一名阿曼司机激动地要在项目部车辆上喷刷出阿曼国旗的图案，被身边的副主任左文洲制止，没有得逞的司机恼羞成怒，电告警察局：左文洲侮辱球迷，践踏国旗。

左文洲遂被警察局带走拘留。项目部和大使馆为澄清事实，多方奔波。一周后，警方在没有充分证据判定左文洲有过激行为的情况下，才予以释放，否则他将面临数年的监禁。这些事情对于"入局者"和"营救者"来讲，不仅是管理费用的消耗，更是在异国他乡奋斗经历中的几许无奈和痛苦的心理折磨。

就如同张玉峰所说的那样：

没有方向就没有顺风。所以我们只有坚持走出去，才能学会在国外环境如何走好，才能找到我们需要的顺风。

正是阿曼工程让十一局学会担当，学会坚持，正是阿曼工程让十一局人在未来十几年内，知道什么才是市场对诚信企业的回报。

◆ 乱云愁凝，飓风吹尽

2006 年年初，业主不顾合同的规定，不顾项目的抗议，向工程师下达指令，要求工程师从支付证书中提前扣除合同预付款。

本就因为资金问题寸步难行的项目，更是雪上加霜。前期为了确保工程履约，中国水电集团和十一局对项目进行了大量的资金支持。这时提前扣除合同预付款，对十一局来说就如同一场灾难。

怎么退让，怎能退让，退让的代价很有可能就是前期所有投入打水漂。

项目班子和全体职工顶住压力，和业主据理力争。

时任水电十一局局长孙玉民到
阿曼项目检查指导工作

2 月 18 日，项目部以业主违约为由，按照合同向业主发出终止合同的通知。忽视监理，拉上业主，共同坐在谈判桌上，解决我们的合理主张。24 天的艰苦谈判，双方签署了《谅解备忘录》，重新明确和界定了设计责任谅解备忘录，确定了解决索赔的时间表，业主承诺在备忘录签订后 2 个月内解决索赔问题，监理工程师以变更令的形式确认延长工期一年。

形势似乎得到了好转，可中国有句古话叫"天有不测风云"。2007 年 6 月 6 日，当项目工作如火如荼开展的时候，阿曼海运官员通知，飓风 Gonu 正向马斯卡特移动，预计抵达时间为下午 14：00 左右，需要紧急疏散沿岸居民。

项目部因为是活动板房，在雷雨交加的凌晨屋顶被吹飞，电脑打印机迎接了暴雨的洗礼。这一切来得太突然，让还在睡梦中的职工一时无法反应过来，而项目部领导已经迅速开展避险工作，组织车辆、联系避难场所，井然有序的帮助大家撤离。

"快快快！快上车！后面还有没有！各个宿舍的看一下自己的室友都到齐了没！快上车！不是贵重物品就不用拿了！项目部会给你们安排一切！"

"领导，我们已经是最后一批了，您也快跟着上车吧！"

"你们先走！不用管我！我再去确认一下！"正说着，他已经推开职工宿舍门一个个地确认，喊着："还有人没有！"

避难所里，大家并没有因飓风的到来而心生畏惧，谈工作的争得面红耳赤，别看那架势跟快打起来似的，其实俩人关系好的不得了。想家的说着家乡美，家乡的好，邀请着大家有机会一定要去他家做客。而上夜班的则把两个凳子对在一起，盖着单薄的外套沉沉睡去。

临近中午，项目办公室主任冒雨为职工购买了午餐、纯净水，穿着湿透的衣服咧着嘴笑着冲大家喊："开饭喽！"

飓风过后阿曼项目工作井被淹

在所有人看来，这并不像是在避难，更像是项目部召开的另一种形式的茶话会。所有人到了这个节骨眼上还一心扑在工作上，为了项目，为了十一局，为了国家，在这个走路能把鞋烫开胶的国家辛勤地劳作着。

14时35分，项目接到最新消息，飓风警报中心表示飓风 Gonu 正在减弱。这场阿拉伯半岛近60年来遭遇的最强飓风，带来了施工现场的一片汪洋，大部分的测量控制网点和基准点惨遭破坏。已完成的管网54％被淤积，4台顶管机和所有附属设备全部被淹和损害，中心泵站变成了"养鱼塘"。

项目班子商讨决定，让全体员工回国好好休整一翻，等待这次灾难彻底过去后再重返岗位。

半个月后，项目职工接到了返回的通知，重返后的第二个星期，因外籍劳务迟迟无法到场人力紧缺，项目动员所有的机关人员、管理和技术人员前往施工一线："同志们！阿曼国王正密切地关注我们的工程进展，但由于劳务迟迟无法到场，导致施工进度一拖再拖，我们不能再等了，希望大家在明天上午8点准时集合分批前往各个工区！"

第二天，在项目工区，所有人穿戴好胶鞋安全帽，踩着脚手架进入基坑施工。

职工孙万炜在后来回忆这段往事时，这样写道：

井深5米左右，直径约8米，我们最下面一层的工作人员将井下的淤泥装入出渣桶，第二层工作人员往上拉递给第三层最后到达地面。脚手架的搭建导致活动范围狭窄，腰酸的时候我们钻到脚手架的空隙捶捶腰，但不能抬头往上看，因为上两层人员鞋底的泥土和出渣桶的淤泥偶有掉落。就这样循环往复，不知道装了多少桶，本想休息一会的，可看了一眼大家，包括领导都还干得热火朝天。心想：我可是20多岁的小伙子呀，怎么能输给别人？卯起一股劲，继续干！就这样时间来到了正午12点，从井下爬上来准备开饭。

大家或多或少脸上都粘有泥土，上来后我们都看着对方调笑起来："哟！你这撇小胡子不错呀，来来来，我给你再加一道变成络腮胡更有魅力！""有种你别跑!!"大家笑成一团，端着盒饭坐在路边开始吃饭。

吃完后我们找了一些编织袋就这样席地而眠，这一觉睡的并不好，能感觉到地面各种凹凸不平，但谁也没有抱怨，都放松了身体尽量恢复体力，准备投入到下午的工作当中。

就这样一锹锹、一袋袋、一车车清理着淤泥和杂物，硬是将灾后的所有工作面在短时间内抢了出来。

很多人在项目完工后说，为什么项目能反败为胜，就是因为项目所有人的团结互助，在你困难的时候总是能发现身边有无数双手在拉着你，告诉你不管有什么样的困难，所有人一起扛！

面对毁于一旦的工程，其他国家的工作人员和团队纷纷离去，在他们看来，离开虽然是最坏的选择，但这个最坏的选择也是最好的选择。但是，海湾六国实施的是黑名单制度，一旦离开，就会被海湾六国拉入黑名单，以后就再没机会了。

中国水电总部的电话给了项目坚持下去的勇气。

"不管别的国家、别的公司怎么撤离，我们都要坚守，要扛到底，因为我们代表的不仅仅是中国水电，更代表着中国形象。"

◆ 海湾"巷战"，海映霞辉

飓风之后，马斯喀特一片狼藉。阿曼马斯喀特地下污水处理工程也未能幸免。那一刻，项目部明白，他们要面对的不再是工程建设那么简单的事情，谈判才是重中之重。

项目部一方面组织自救，减少自身损失，一方面派出大量设备和人员帮助政府修整公共设施。

与业主进行了三个多月艰辛谈判，最终于 2007 年 9 月 17 日，双方在补充协议上签字。补充协议中，项目实施模式改为设计加施工，业主补偿中方 1100 万里亚尔（折合约 2900 万美元）用于解决水电建设集团此前的所有索赔、6 月 6 日飓风损失和今后两个区的设计费用，原合同中两个区的完工时间延长至 2009 年 9 月底，剩余的三个区双方将重新商谈施工范围、工期和合同价格。

这是阿曼项目的一个历史转折点，标志着项目自开工两年半以来一直困扰项目实施的合同争议问题，得到了一揽子解决。

据原中国水电国际公司副总经理兼阿曼项目经理盛玉明回忆，2007 年，他大多数时间都是在谈判中度过的。由于国外和国内工程环境的截然不同，加上中国企业在国际上受认可程度还不高，所以，谈判内容包含了从工程合同额到工程建设责任归属，再到施工的一些细节。用盛玉明的话来讲，他每天都生活在博弈之中。为了争取公正的待遇和利益，他开玩笑说幸好自己小时候熟读了《三国演义》和《孙子兵法》。"那时的谈判有时候用上这两部古典名著中的方法论确实有效。"

项目部立即启动复工的全面工作，包括设计、测量、设备维修的第一批人员在一周内进场。阿曼项目掀开新的一页。

阿曼项目表彰先进职工

2008 年 4 月 14 日奥运火炬在马斯喀特传递

项目领导盛玉明、王禹、夏水芳和广大干部职工，不分职务和工种，披星戴月，挑战酷暑，争创战绩。十一局国际部在后方全力支持项目进展，派出精兵强将参战。在顶管、中心泵站、管网施工中，冯向东、徐立涛、彭春峰、王福生、王强、宋保华、陈已东等一大批默默无闻的"地下工作者"，顶着烈日，冒着汗水，坚守岗位。中心泵站的土建和机电安装，在秦文慧、王安利等人的领导下，干部们以身作则，身先士卒，职工们克难攻坚，勇往直前，在年底实现了永久设备单机试运行的目标。管网工区 300 多千米的施工任务中，王彦军、许清、崔春晓分兵带队，于立波、马永杰、吴俊杰担当先锋，哪里有硬骨头，就将指挥部建在那里，全年不仅完成了 127 千米的施工进度，并将"飓风"淹堵的 70 千米管网恢复、检测、验收。

一年多的时间里，清晨六点的寂静和深夜十点的星光伴随着上下班的职工们，匆匆的晚饭和洗漱之后就是酣畅的入眠……

陆续投入直至高峰期的中、印、尼和阿曼多方约 1700 名施工及管理人员，在城区的 40 至 60 个变换的施工工作面上，将管网施工进度提高到月铺设 20 千米的速度，逐步将持久的"巷战""拉锯战"变成了"围歼战"。

阿曼马斯喀特污水收集工程中心泵站

2008 年全年，管网铺设完成 127 千米，顶管顶进施工创下了年 4700 米项目记录，并修复了飓风造成的 47 千米缺陷处理。

再艰苦的时日都会成为过去，奋进的步伐总会迎来胜利的曙光。

2009 年 11 月 10 日 15：30 分，在一群焦急目光的关注下，伴随着逐渐增大的阵阵嗡鸣声，阿曼马斯喀特污水收集项目中心泵站的第一台污水泵荷载运行转起来了……

泵室之内，人声几乎消失……

工程师走到正在运转的水泵前，从口袋里拿出一枚硬币，轻轻的立在水泵机座上，周云江悄悄的伸出文件夹，挡住了不远处风机吹来的疾风，一次……两次……再调整，抬起手，硬币立起来了，拇指也竖起来了！

2010年1月19日，阿曼项目部获得阿则巴（Azaibah）三区和主干西线的分部两项移交证书，标志着马斯喀特污水收集系统工程竣工移交工作进入到崭新的阶段。

蓝天白云映衬下的中心泵站，靓丽从容，17米深的地下泵室内，管道林立，灯光明亮，与之相配套的300多千米的污水管线、提升管线和灌溉管线交织分布在这个都市的角角落落，一个系统、环保、再生资源的运转体系终结了这个城市"黄包灌车"运输污水的时代。

◆ 思想转变，战略转折

阿曼项目在施工过程中，中国水电集团给予了项目极大的支持和帮助，使项目扭转了不利局面。

但是，沉重的"阿曼之痛"面前，项目也给十一局人上了深刻而生动的一课，个别人甚至对走出国际产生了迷惑和彷徨，提出国际工程可以放一放，缓一缓，等国际人才培养出来，再从事国际项目。

面对企业内部的消极声音，时任十一局副局长、海外事业部总经理的张玉峰说："人才不是依靠在家等着培养，才能培养培育出来的，只有干工程才能培养人，否则永远不能培养出来。国际工程不能停下来或者慢下来，而且必须要快走。"

2006年，时任中国水电集团总经理范集湘到项目检查指导工作，针对十一局国际现状提出了"无内不稳，无外不强"的战略论述，极大的鼓舞启发了十一局全体干部职工。

2007年3月6日，时任水电十一局执行董事、总经理孙玉民在七届二次职代会上郑重提出："要坚定不移地实施国际业务优先发展战略，在实践中不断改进、完善、创新发展模式，建设质量效益型国际强局。"

这是十一局第一次把建设质量效益型国际强局上升为全局的发展战略。

2007年3月8日，十一局召开建局以来第一次国际经营工作会议。会上，时任水电十一局副局长、海外事业部总经理张玉峰对国际工程的历史进行了回顾，分析了存在的问题和不足，提出"要树立全局国际化的观念；完善机制，规范制度，提升国际工程管控能力；坚持'以人为本'，培养和发展高素质人才队伍，积极打造团结友爱、和谐共生的国际团队；改变经营模式，培养和提升分局实施国际工程的能力；以集团公司为依托，加强与集团公司国际业务的联系"的五条主要措施，对国际业务发展目标及主要经营指标提出了具体要求。

经过一系列的思想统一，国际强局战略开始深入十一局人的思想深处。继第一次召开国际经营工作会议后，水电十一局坚持"国际强局"战略不动摇，紧盯国际化发展目标，不断完善国际经营管理体系，探索形成了"依托集团战略、十一局总部统筹协调、海外事业部主体拓展、二级单位补充协调、各业务领域共同发展"的管理体制。

远征的路上总会有各种各样的风雨和暗礁，在困难面前，十一局没有停下走向国际的步伐，他们更加坚定了"走出去"战略，从国际理念、经营战略上更加严谨和多元，从人才储备上更加全面和充足。

有诗为证：

> 铁军雄狮担道义，啼血唤春征万里。
> 飓风肆虐浪薄天，国际战略自兹起。

国际优先发展的战略已定，强局征途上又有哪些收获、喜悦和坎坷？且看下回分解。

参 考 文 献

［1］ 王正航．《那地儿那人那点事儿》《披荆斩棘勇向前》《亮剑中东》。
［2］ 孙万炜．《永不言悔》。
［3］ 申智勇．《回忆阿曼的岁月》。

第八回
蒙古国十月遇奇冷　泰西尔三年迎发电

上回说道，阿曼热浪袭人，众职工挥汗如雨。而同期建设的蒙古国泰西尔水电站却是冰天雪地，别样的艰难考验着初入蒙古的十一局人。

◆ 翻山越岭，远赴蒙古

茫茫无际的草原从脚下铺展开来，一直向前蔓延，似乎能与天际在遥远的尽头相接。风带来他乡的讯息，也送走如网的思念。

这里有"风吹草低见牛羊"的苍茫，这里有"大漠孤烟直，长河落日圆"的壮阔，这里更有"水寒风似刀"的艰苦。

这是一片生机勃勃的土地，是静谧的狂野，在夜色中无畏而绚丽地绽放。

这里是蒙古。

这里有天高地迥美不胜收，也有寸草不生荒无人烟，更有滴水成冰的雪虐风饕。

2004 年，水电十一局第一批赶往蒙古的职工出发了。远赴蒙古，最初看起来好像是一场美妙的冒险，但实际上，这绝不是飘洋看海的美伦美奂。

艰辛伴随着这漫长的离家路。都说条条大路通罗马，可去往蒙古即便是飞机也不那么容易，坐上乌兰巴托飞往阿尔泰省的小飞机，不断的颠簸漫长得仿佛能写出一本忐忑不安的史书。

当时职工大规模地往返蒙古只有两条路：一条经新疆，要坐大巴在戈壁上颠簸十几小时；一条经北京、二连浩特、乌兰巴托国际列车后转坐大巴直抵阿尔泰省。一路走下来，腰都僵了，腿也木了，俄式吉普满处透风，搞得人灰头土脸的，那种跋涉在多年后的今天看来，仍然带着一种无法言说的苦痛。

当克服了路上的所有困难最终到达目的地，当荒凉的戈壁冲着远征异国他乡的水电人的眼帘，泰西尔水电站——这个中国电建首次进入蒙古国承接的水电项目，在他们的心中逐渐变得复杂而沉重，一个问题再次萦绕在他们的脑海里："要如何才能赢得这场恶战？"

◆ 风雪戈壁，挑战极限

2004 年初冬，蒙古戈壁阿尔泰省。

罕见的冰雪覆盖在茫茫的戈壁上，扎布汗河半裸半遮，留出一片即将建筑电站的地方，考验着初进现场的9人。10月6日，第一批人先期来到泰西尔县，面对茫茫戈壁，束手无策。

雷敬义说："还没见过这么荒凉的地方，出了乌兰巴托，两三个小时见不到一间房子，看不到一个人影，四周都是茫茫戈壁，就连草也很少。"

寒冷，是除了荒凉之外留给他们的最深刻感受："刚到工地，我们住在泰西尔镇的一个小招待所里，每天只供应一个小时的电和一个小时的暖气，非常不方便。泰西尔镇说是镇，其实只零零散散住着200人左右。"

零下40多度的低温，谁也料不到这三年中最冷的超低气温就让他们赶上了。凿冰取水，安营扎寨，百废待举。营地选址、搭建，原始地貌测量放样——还有很多前期工作要做。考验是无情的，他们身裹军大衣、头带棉帽，依然挡不住寒风的入侵，"稍站浑身打颤，稍动浑身是汗"，风里来雪里去，直到山上布满了测绘点，后期人员陆续进场，他们才有了喘气的机会。

当排排营区和餐厅醒目地站立在山间，我们怎么也不会忘记挑战生存极限的先行者：刘庆福、雷敬义、王雄心、李晓、胡西亚、彭固生、刘云峰、张建峡、王志平、李诗建、何长虹、董建敏。

蒙古泰西尔水电站项目职工合影

我们更不能忘记独闯蒙古的徐得贵。乌兰巴托这座诱人的城市对于初来乍到的中国人来说有着太多的无奈。办理物资入关手续及人员进入批文、市场咨询、供货商选择、业主与地方部门的沟通，即便是三头六臂，他一个人也难应付所有的事情。

布尔嘎斯台口岸，一顶帐篷，无水无电，隔月开关。在口岸清运物资，一做，就是近40天的连续工作，一个月洗不上澡，吃不上青菜。然而，武庆国、扎布和韩永华始终坚持在那里。项目所需要的进出口物资几乎全部从这里运输清关，三年中累计清关的水泥 26369 吨、各种外加剂 224.5 吨、钢材 1709.4 吨，以及各种物资设备和零配件、大批生活办公物资。清关的甘苦，是无法用数字量化的。

现在十一局派驻蒙古的员工，只有吴华一个人。

她看来平和而温柔，但确实已经在那样的冰天雪地中坚守了数年。回忆在蒙古的这些年，哪怕说的是艰苦无比的日子，她仍然带着笑。她回想在清关时，为了抢时间，领导带着她们用火将停在中蒙关口的物资外表覆盖的冰雪烤化。这些经历，哪怕已时隔多年，仍然是历历在目。

"冷，真是特别冷，那时候年轻，觉得身体能抗住，等到回国之后才知道膝盖已经被冻坏了。"

"说不上什么精神，只是公司既然把这个市场交给我，那我就一定要把它守住。之后我也不会主动申请调离蒙古的。"

冰雪无情，风霜刻骨，而她的眼神却一直这么温柔而坚定。

◆ 党员竞先，众志成城

2005 年 3 月，在国内已经是春暖花开的时节，蒙古却依然遮盖在寒风中，未曾醒来。局内抽调的职工和劳务陆续抵达，在享受着前期职工准备好的营地，有了可宿的安居环境时，他们一面调整心态，互相磨合、适应；一面主动出击，积极配合、协作。不分昼夜的苦战，一路前行，工程迅速具备了开工条件。

六月，大雪纷飞；七月，捷报频传。

6 月 3 日，项目部召开全体职工大会，号召"大干 90 天，确保'8.23'向 EM 标压力钢管交面及具备大坝混凝土浇筑条件"动员大会，正式向亘古荒原的戈壁宣战。

7 月 22 日晚上 10 点 40 分，泰西尔水电站的右岸导流洞顺利贯通。导流隧洞自 6 月 6 日开始洞挖，用时 1 个半月，平均进尺为 100 米/月。

在洞挖施工中，项目部先后遇到"6.24"和"7.18"两次洪水袭击，经历了两次抗洪抢险，共产党员许彦杰、彭固生、张永东和左新建等在施工中做出了表率，为了导流洞早日贯通，始终指挥在生产第一线、工作在生产第一线。项目部全体职工齐心协力，最终顺利实现导流洞贯通目标。

8 月 12 日，泰西尔乌兰包姆山谷。这里碧水青山，晴空万里，彩旗飘扬。泰西尔水电站截流合龙成功。那一刻，泰西尔工地成了欢乐的海洋。

在项目部全力抢工期的同时，迎来了蒙古国传统节日那达幕节，很多蒙古劳务休假，人员短缺。恰巧又正逢保持共产党员先进性教育的特殊日子。项目部 32 名党员在各自岗位辛勤奉献，用自己的言行践行着党员的先进性，利用每天下班后的 3、4 小时清底板、砌毛石、备料、打预制件。在导流洞底板清理中，由于岩石破碎，冲锚枪无法触及边角，武富光、王文军亲自带领党员用双手一点一滴地抠，手套磨破了、手指磨破了，没有一个人抱怨，以实际行动体现了共产党员的表率作用。3个月并不长却磨练了人的毅力，锻炼了人的意志，保证了截流的顺利进行。

项目经理、共产党员武富光获得了戈壁阿尔泰省十大杰出贡献奖，他是唯一获此殊荣的外国人。

或许这些荣耀和欢乐都已经成为了过去，但是泰西尔水电站不会忘，它的每一寸砂石，都将会永远铭记这些名字，铭记这些曾日夜劳作，无私奉献的人。

茫茫戈壁，萋萋芳草。

难忘的2006年。

7月29日，蒙古国总理恩和·宝力道一行近40人前往泰西尔电站视察，蒙古国总理一行对工程进度、质量表示满意，对全体参战员工表示由衷的感谢。

蒙古泰西尔水电站工程形象

9月10日项目部完成混凝土浇筑24053立方，单班混凝土产量再创1480立方新纪录后，提前7天完成了大坝混凝土浇筑4万方的竞赛目标。业主发来贺信，对提前完成浇筑计划表达了感激之情。

大坝设计工程师杰克先生在离开工地的时候，非常激动地说："你们是一个充满凝聚力的团队，再有机会设计碾压混凝土大坝，会建议由中国水电来承建。"

十一局人用汗水和付出换来的，是人们对工程的交口称赞，是大家对质量的深信不疑。

◆ 星夜兼程，初心不忘

2007年三月，仍旧还是春寒料峭的时节。

王秀玲也踏上了前往蒙古的道路。她在回忆录中写道："从三门峡出发，乘坐长途汽车，经过近12小时的颠簸，我们到达了位于内蒙古和蒙古国交界处的城市——二连浩特。二连浩特，蒙古语为'额仁浩特'，梦幻之城的意思。我们到达的时候，这个有着美丽名字的边境小城还在初春的凛冽寒风中昏睡，当真是'梦幻'中的城市。"

从二连浩特到乌兰巴托还要乘坐火车，而泰西尔电站，还在距首都乌兰巴托千里之遥的西部戈壁阿尔泰省。

她在小面包车上就着馒头、咸菜、鸡蛋等干粮，又度过了一天一夜的车程。

触目的荒凉刺痛着人的眼睛，她写道："离开城市不久，草原上已经没有路，司机师傅是当地蒙古族人，经常往来项目和首都之间接送员工，很是熟悉路况，沿着车辙痕迹一路前行。沿路上都是枯黄的草地，有蒙古包聚集的地方，有牛羊吃草的地方，偶尔碰见蒙古包边上咿咿呀呀旋转着的小型风力发电机，才恍然觉得我们是行走在 21 世纪文明的世界里。"

这里的夜辽阔而安静。

夜幕展开，广漠的天地间，升起明月，清冷而宁静。远处没有灯光没有霓虹闪烁，车灯之下，枯黄的野草如流水般飞驰而去，渐渐生出"星垂平野阔，月涌大江流"的意思来。

蒙古国首都乌兰巴托广场

一直到第二天下午，枯黄的草原才消失了，王秀玲看到了远处的雪山，她知道，目的地快要到了。

◆ 志同道合，风雨同舟

尽管在国内经历过几个项目，但真正在项目一线干活，对于段京萍来说还是头一次。蒙古国的劳力有限，技能更有限，为了赶工期，机关的职工经常会下工地劳动，许秋萍、李惠琴、吴亚妮、段京萍这四个仅有的女同志和男职工一起挖沙子、搬砌石。记忆中最艰难的是清理底板，带着帆布手套，站在冰凉的河水里，用双手一点点地将闸板上的石碴扣出来。原本是纤纤玉指，做工后十指僵木，指甲盖磨秃了，晚上感觉到钻心的痛，才明白十指连心。

在寒冷的蒙古，在茫茫的戈壁，在资源极度匮乏的荒山，段京萍装砂袋、送饭、放羊。她深有感慨地说道："现在想起来都感觉不可思议，我不知道当时是哪里来的勇气和斗志。"我们的劳动与付出，感动了当地的居民和阿尔泰省省长及政府官员，也改变了他们在初期对我们的疑虑，增进了双方的友谊。

在蒙古的那两年，段京萍常常与省政府、当地政府官员打交道，也因此与省办公厅主任图勒成为了好朋友。段京萍回忆起她时，笑着说道："她是蒙古少有的留学苏联的优秀研究生，是一个开明而知性的女性官员。在最困难时，她给了我们很多的帮助，小到借用卡拉 OK 机，大到应急增援预备役兵。"

在段京萍的回忆中，图勒是一抹温暖的亮色。

2005 年，基坑岩面清理工期紧，任务重，他们招聘不到满足施工需要的近百名劳务。图勒就帮助做工作，得到省长的同意，调用当地近百名预备役民兵解决了大量用工之急；一名中方劳务生命垂危之际，是她协调省医院派出专家进行救治；一名中方员工受伤后在当地无法医治，是她请求口岸申请提前开关放行。

在交往中，段京萍和图勒成为了好朋友，她们之间的深厚友谊也影响到了图勒的一双儿女。图勒的儿女也以交中国朋友为荣，还利用暑假，来到工地食堂与中方员工一起学做中国餐、学习中文。

即使是在寒冷的蒙古高原上，也终将有春风吹化冰雪。

10 年之后，泰西尔电站仍然在蓄水发电，为蒙古国的经济建设发挥着积极作用。

遥想当年，项目经理王文军动情地说："在零下 40 多度的寒冷地区进行电站施工，项目部每天都是在挑战之中度过的。"而今这一切已经成为了历史的尘烟。

有诗赞道：

> 星垂旷野随目去，月映碧水梦又无。
> 皆赞高峡出平湖，蒙古三年写风骨。

十一局人艰苦奋斗和无私奉献，换来了蒙古泰西尔水电站的累累硕果。然而，考验还远远没有结束，在尼泊尔那个美丽而宁静的国家，却迎来了又一番波折，且看下回分解。

参 考 文 献

[1] 王秀玲．《蒙古札记》。
[2] 段京萍．《蒙古之行》。
[3] 段京萍，许安强．《万里戈壁树丰碑——写在蒙古泰西尔电站下闸蓄水之际》。

第九回
地震来袭分秒见大爱　旗鼓重整时刻担道义

2015 年的春天，在喜马拉雅山南麓，一场大地震突然袭来。正在建设中的上塔马克西水电站项目岿然不动，十一局人以十八天的坚守诠释着大爱与担当。

◆ 第一天

2015 年 4 月 25 日 11 时 56 分，尼泊尔发生里氏 8.1 级大地震，地震造成的破坏力波及到了周边的印度、孟加拉、不丹、中国等国家和地区。距离尼泊尔博卡拉市东北方不到 200 千米，有一个村庄，叫喇嘛巴嘎，是十一局上塔马克西水电站项目渠首工程所在地。地震发生时，大地在颤动，高山在摇晃，山上的落石滚滚而下，腾起阵阵浓烟。

当时，上夜班的职工正在宿舍睡觉，机关职工则在办公室忙着手头的工作，完全没有意识到灾难即将来临。得知地震发生，大家惊恐万分，却并没有乱了阵脚，而是凭借此前接受的自然灾害应急教育和演练知识，一边大声呼喊伙伴，一边往宿舍和办公室外面跑，并迅速朝相对安全的河滩地带有序撤离。

后来，回忆起当时的情景，刘锋、曹金华、王军强和王述诚等几名原项目职工仍心有余悸：

"地动山摇的，人全都懵了。"

"山上到处都在掉石头，像灾难大片一样。"

"地震了，跑！"

"我拽着一个同事就往外跑，像疯了一样。"

就这样，等大家火速撤离到河滩上时，上游尚在施工的大坝工地已经被黄色的烟尘完全笼罩，烟雾

项目部紧急部署抗震救灾工作

还在不断地向下游弥漫。看到那一幕，所有人的心都提到了嗓子眼儿，因为就在那里，数百名中尼员工正在浇筑刚刚通过验收的仓号。他们的安危紧紧牵动着大家的每一根神经。

确认主营地所有人员皆已撤离至安全地带后，项目部立即启动了应急指挥小组，进行统一部署，并果断做出在百色工区渣场空旷地带建立临时营地的决定。与此同时，安置组、后勤保障、通讯组和抢险队也组建成立，并立即展开临时营地的建设工作。搭架子的搭架子，铺塑料布的铺塑料布，转眼之间，两座抗震帐篷便矗立在了眼前。

但是，由于帐篷数量和空间有限，而职工有 110 多人，睡觉成了一个大问题。为了给别人匀出相对舒适的休息环境，陈静、闫继业等老职工和李松蔚、李冬阳等新分的大学毕业生们，虽然双眼布满血丝，却甘愿自己蜷卧在自卸车、装载机、皮卡车里，度过漫长难捱的夜晚。

◆ 第二天

其实，每个人心里都清楚，这么大的地震，肯定还会有余震发生。

果不其然，就在第二天下午一点左右，发生里氏 7.1 级地震。

临时营地对面的上山，一块巨石滚落而下，在场的一位女职工看到后，"呜"的一声哭了起来，还险些瘫倒在地，旁边的人赶紧上前扶住她，不停地安慰。

就在当天早上，项目办公室主任苗红亮在用单反相机对周边塌方情况照相、录视频的过程中，通过长焦，不经意发现对面那座叫西米岗的山头竟然空荡荡一片。那座漂亮的标志性喇嘛庙已被夷为平地，唯有断裂的屋顶和壁画在阳光下还折射着夺目的光泽。

毫不夸张地说，余震，塌方，滑坡，落石，在临时营地周围数十平方公里内时时刻刻都在上演着。据统计，大地震发生后的四个月内，震级在四级以上的余震就多达 265 次。

这次里氏 7.1 级余震发生后，大家立即对帐篷进行了加固，还挥锹挖出了排水沟，并于当晚接好了发电机组，每天下午五点到晚上九点定时发电。就这样，大家喝上了热水，吃上了热饭，手机还能轮流充电，紧张焦躁的心情也得以缓解，临时营地第一次传出爽朗的笑声。

8.1 级强震再加上 7.1 级余震，导致项目连通外界的唯一一条进场道路完全中断，塌方一处接着一处，既进不来，也出不去。

这就意味着，大家要么会在救援力量的帮助下迅速撤离，要么只能做好长期坚守下去的准备。除了 110 多名中方职工外，被困在喇嘛巴嘎村的还有部分业主和监理人员、数十名武装警察和 1500 到 2000 名当地居民。其中，一部分是当地村民，一部分则是从其他地方来项目打工或到山上采集冬虫夏草的人员。

在当地，冬虫夏草的采集有小年和大年之分，而当时恰逢大年，也就是说，虫草采集者的数量要比去年大得多。大量难民从四面八方涌来，集中在抗震临时营地所在地附近。

喇嘛巴嘎村海拔将近 2000 米，早晚十分寒冷。看到许多人无依无靠、露宿野外，项目部尽可能多地匀出篷布，捐献给他们，让他们至少有一个过夜的地方。与此同时，项目部医务室的医生和护士还组成医疗小组，对受伤村民提供义务治疗和救护。

住的地方勉强有了，另外一个问题却接踵而至，那就是吃饭。喇嘛巴嘎村分为两片，一片在上游，叫上喇嘛巴嘎，一片在下游，叫下喇嘛巴嘎。下喇嘛巴嘎有一个村民开的商店，主要供应一些从西藏樟木口岸进的中国商品，如方便面、饮料、花生、瓜子等吃的，以及毛毯、衣服、手电筒等用的。不管是吃的还是用的，地震当天皆被当地人抢购一空，唯余几个空荡荡的货架。

项目部要想从这样的商店采货，是不可能了。雪上加霜的是，项目上的拉菜车原本买好了一车食物，但从加德满都返回途中，行经查理库特市时，却遭遇地震。由于道路中断，车子就硬生生地滞留在了查理库特，什么时候能到，成了一个未知数。

尽管现有粮食储备不足，最多只能维持十天左右，也不知道救援物资什么时间能到，项目部还是毅然决定将部分粮食发放给当地工人，对中方职工则做出了定量配餐、专人发餐的决定。

与此同时，利用仅有的一点信号，密切联系当地和中国驻尼使馆等政府机构，以及十一局在尼相关部门，竭力争取救援物资和力量尽快到达。但是，尼泊尔救援力量有限，救援资源的分配自然会有轻重缓急之分。由于塔马克西河上游山高路险，人烟稀少，未能得到优先救援，而震后尼泊尔所有商业直升机都由军方统一调拨，通过租赁商业直升机将职工撤离到安全地带，短时间内也不现实，大家所能做的就是静静地等待。

除了粮食短缺，另外一个迫在眉睫的问题是如何做饭。临时营地离主营地有一公里多，沿途都是大山，没有余震时，还时不时有石头砸下来，要是有余震，就更加危险，连躲的地方都找不到。

经过慎重考虑，项目部决定成立一支由一线工人临时组建的炊事班，在落满石头的主营地餐厅继续开灶。炊事班每天往返主营地和临时营地三次，做饭、送饭，一趟都没有落过。不久，出于对炊事人员人身安全的考虑，项目部决定将部分炊具搬到临时营地，另起炉灶。从此，所有职工都变成了炊事班的一员。取水的取水，洗菜的洗菜，烧柴的烧柴，发餐的发餐，忙得不亦乐乎。

"忙"的岂止"与世隔绝"的项目职工，自然还有万里之遥的职工家属。就在4月25日当天，尼泊尔发生8.1级大地震的消息通过电波，迅速传遍全中国。得知消息后，职工家属又担心，又害怕，急得就像热锅上的蚂蚁，把十一局的电话都快打爆了。而在已然沦为"孤岛"的喇嘛巴嘎村，职工们也都渴盼着能向家人报上一声平安。怎奈，信号中断，这个简单的愿望成了奢望。

为稳定职工和家属情绪，项目部及时安排专人统计职工家属联系方式，并第一时间通过卫星电话发回国内机关，由机关向家属逐一报上了平安。

抢救大坝现场设备

稍稍安顿下来之后,广大职工想到的还是遗留在各个工作面的机械设备。项目部组织部分人员迅速赶到大坝工地查看受损情况。由于线路被毁,无法向基坑供电,基坑水位迅速上升,水泵被淹,停放在基坑中的车辆也遭到浸泡,塔吊坐落在一片汪洋之中。不仅大坝,其他工作面的情况也不容乐观。地震发生时,现场有许多设备正在作业,由于积水、道路中断等原因,面临着损毁的危险。

在这种情况下,大家主动请缨,迅速组建了一支物资抢救队,在确保人身安全的前提下,利用余震的间隙,伺机将大坝左岸区域和 HT3 隧洞工作面的数十套机械设备转移至安全位置,为项目部挽回大量经济损失。接下来的日子,观测水位和天气成为了重中之重。同时,震后损失情况和安全隐患排查等工作,以及当地灾民的援助和当地工人的安置工作也都在持续地进行着。

◆ 第三天

震后第三天早上,应急小组召开党员干部会议,安排做好职工维稳事宜。如果发现有哪位职工情绪不稳定,党员同志就主动找他聊天,有时还会跟他打打牌,下下棋,一来二去,职工的脸上也就渐渐恢复了往昔的光彩。

就在当天,下游十几千米外的贡嘎村,也就是业主主营地和厂房营地所在地,传来好消息,一度被困的调压井工区全体职工已安全撤离到贡嘎。同时传来的,还有另外一条好消息,那就是直升飞机很快就会过来展开救援。一时间,大家高兴得手舞足蹈。次日,随着直升机运送大批赈灾物资到喇嘛巴嘎,希望之火更是被一下子点燃并熊熊燃烧起来,悲观失落的情绪顷刻间被抛到了九霄云外。

◆ 第五天

到了第五天,余震的频率减少,幅度减弱,一些部门利用电脑,逐步着手资料整理工作。项目部也开始收集震后这段时间的影像资料,并压缩上传至国内,让牵肠挂肚的大后方放心。

◆ 第六天

一小组勘探人员前往大坝工地查看,发现山上仍然不断地往下掉石头。为确保人身安全,项目部再次严明纪律,禁止所有人员擅自离开临时营地。

尽管经历着余震，尽管思念着家乡，写在大家脸上的却并非恐惧和忧愁，而是阳光和微笑。自地震当晚，那堆烧饭用的篝火就不曾熄灭。山里昼夜温差大，每当夜幕降临，就会寒意侵人，穿上棉大衣都还觉着冷。每当这时，大家便陆续围坐到篝火旁，其中有中方职工，也有尼泊尔工人，偶尔还会有巡逻的尼泊尔警察。大家谈天说地，有时还会唱唱歌，歌声在夜晚的山谷里回荡。

项目党支部召开会议

原项目安全科职工王军强回忆说：

那个时候，睡不着怎么办呢？我们就把大家组织到一块。干什么？唱歌。可能大家都觉得离家很远，很想家。但是，那个时候电话又打不出去。当时，大家就坐到一块，一个人唱首歌。说是逗大家乐，其实就是把这时间怎么给度过去。在唱歌的时候，有个叫张雅峥女孩儿，是项目上刚分来的大学生，她的父亲也是在我们工地上。当时，她就对着她爸唱了一首《父亲》。唱着唱着，她就哭了，就唱不下去了。一边的父亲伸出胳膊，紧紧地握住她的手，劝她不要哭。我们看的人，很多人都潸然泪下，有的还躲到一边，在漆黑的角落里抹眼泪。

项目职工围坐在一起唱歌

例行"晚会"结束后，有的人回到各自的地方休息去了，有的人还依依不舍地坐在那里，用木棍拨着红红的炭火。那两座抗震帐篷里，伴着彻夜不熄的烛光，大家紧挨着睡在一起，相互取暖，一直到天亮。但是，觉，没人安稳地睡过，哪怕一晚。由于大大小小、突如其来的余震，当你好不容易睡着了，总会有人突然大声地把你叫醒，还没等你完全反应过来，双脚就已经条件反射似的往帐篷外面奔跑了。

就这样，虚惊，一场接着一场。不知不觉，外面终于亮了起来，"久违"的阳光如期而至。

等你从地铺上或驾驶室里爬起来，头脑昏沉地来到临时炊事班时，会发现灶火正熊熊地燃烧，有人已经在张罗着给大家准备早餐了。不过，早餐似乎越来越简单。不仅是早餐，即便是中餐和晚餐，一个小馒头，几个蒜瓣，一块洋葱丁，几粒花生米，一小碗稀薄的米汤，就是全部。

那些日子，但凡能吃的、能用的，都绝不会浪费，平时必不可少的垃圾箱忽然就变成多余的了。大家从中也深刻体会到"浪费就是犯罪"这句话并不是危言耸听，而是一针见血。

由于严重缺乏蔬菜等富含维生素的食物，有些职工没几天就出现便秘的症状，有的手指头都裂开了口子。那天，当大家把项目部的重要资料搬到武警营地并妥善保管好后，有几个职工大老远看到一片绿油油的菜地，走过去一瞅，竟是一片蒜苗，馋得直流口水，最后自掏腰包，买了一大捆回来。那一顿挂面煮蒜苗，大家吃得狼吞虎咽。

吃完早餐，有的躺在车里、帐篷里睡觉，有的坐在那里聊天，有的则四下里走动，还不时地抬头望望天空，仿佛救援直升机随时都会飞过来似的。而有的人，却闲不下来，总喜欢找点像样的事儿做做。

闫继业给职工理发

修理工兼理发师的闫继业师傅张罗着把他那套理发工具和小凳子放在帐篷附近敞亮的地方，给工友们义务理发。看到那一幕，大家感到既亲切，又踏实，就好像又回到了地震前一样，生活紧张忙碌，却也祥和安宁。

地震发生没几天，开始有救援直升机飞来，而且每天来回好几趟。每当有飞机从头顶飞过，大家的目光总会不舍地追随着它，内心更是五味杂陈。虽然看不见，但大家清楚地知道，停机坪那边时时刻刻都聚集着大量的灾民，都盼着早点儿轮到自己，尽快回到家人的身边。对于中方职工来说，至少知道家人是安好的，但对于那些当地灾民来说，由于信号中断，几乎所有人都无法跟家人取得联系，担心焦急程度可想而知。

因此，尽管同处灾区，中方职工自始至终都主动把机会留给那些更加需要救援的当地村民和工人。

◆ 第七天

整整一周之后，也就是 5 月 1 日，中方职工终于迎来了撤离的日子，激动之情，是无法用言语来形容的。自始至终，撤离工作进行得有条不紊。首批撤离的是 2014 年新分配的大学毕业生，随后撤离的是女职工和年老体弱的职工，最后撤离的是党员干部和项目骨干。

分批撤离前夕，项目部组织职工将重要资料进行规整，统一运送并存放在了驻地武警营地。一些重要的电子资料，包括地震发生以来职工拍摄的视频和照片，大家但凡手头上有的，不管是在电脑里、优盘里，抑或手机里，也都悉数提供，并由专人负责收集和备份。甚至到了震后第 17 天的时候，尚未撤离的人员仍不忘继续整理各科室关键资料，准备带往加德满都。

部分新分大学生在停机坪等候撤离

与此同时，部分职工跋涉走过到处都是塌方和滑坡的 6 公里山路，前往调压井办公室，带走一批重要资料。大家之所以这样做，是因为他们比谁都清楚，这些资料弥足珍贵，是所有职工辛苦劳动的结晶，更是项目部的生命。

◆ 第八天，第九天，第十天……

一切在继续，很多男职工、党员和领导放弃了离开的机会，把撤离的机会让给了当地百姓，让给了年龄偏大的职工和女职工。

◆ 第十一天

依照惯例，每月的 5 号，是给尼泊尔工人发工资的日子。受地震影响，项目部一时间无法拿出足够多的现金支付尼泊尔工人四月份的工资，而他们中的很多人都决定领完工资后才回家。为了能给他们按时发放工资，项目部号召全体职工在自愿原则下伸出援手，筹措资金。党员干部率先垂范，广大职工积极响应，慷慨解囊，很快就凑够了款项。

其实，大家工作在尼泊尔，早把这里当成了第二故乡。看到身边的当地工人和他们的家人遭受灾难，自然也都愿意力所能及地向他们提供帮助。这份震后按时发放的工资，对于那些家里受灾比较严重的尼泊尔工人来说，虽然不多，却无疑是个不小的安慰。在排队领钱时，有位当地工人流下了泪水。他原以为自己短时间内是没有希望领到这一笔"救命"工资的。

按时给当地劳务发放工资

就在这一天，临时营地还有一大半人员没有撤离，而此时食用油、面粉等物资几乎告罄，每人每顿饭只有一个馒头，半个都不能多发。项目部敦促经理部加紧采购生活物资，可是在生活物资全国范围内都异常短缺的情况下，哪怕买一颗卷心菜，都难上加难。但是，项目部还是通过各种渠道买了少许食用油，当地军队又从救济粮中拨了少许面粉，以解燃眉之急。当天，总计有13名职工乘直升机安全撤离，主要是女职工和上了年纪的职工。

◆ 第十八天

等到最后一批人员撤离，时针已经走到了5月12日。这已经是地震后的整整第18天了。而就在这一天，尼泊尔又发生里氏7.5级地震。十一局区域经理部在中国驻尼泊尔大使馆的帮助下，安排一架直升机，把可以维持一个多月的食物送往喇嘛巴嘎，供留守人员使用，同时将依旧坚守在那里的4名党员干部带到了加德满都。自此，除自愿留守的5位同志以外，项目部112名中方职工全部安全撤离，并陆续返回祖国。

◆ 强震中的中国精神

人员撤离后，项目部却半刻不曾放弃这座被誉为"尼泊尔的小三峡"和"民族荣耀"的水电站，留守的人员在位于贡嘎村的业主营地驻扎下来。之所以安排他们驻扎在贡嘎，而非喇嘛巴嘎，主要是因为贡嘎相对安全一些。虽说安全，意想不到的险情还是随时都有可能发生。5月底，尼泊尔开始进入为其四个多月的雨季，塌方、泥石流等自然灾害频发。就在6月13日，那座连接进场路的贝雷桥被泥石流硬生生冲入了河道。

也正是那个月，项目部安排人力、物力，对辛格蒂至贡嘎段道路展开了清理工作，以期早日抢通这条生命线。而后方，也一直没有中断与业主等相关各方的沟通、协商与谈判，并着处理其他事宜。

　　这次突如其来的里氏 8.1 级大地震，给尼泊尔人民带来了深重灾难，近 9000 人丧生，20000 多人受伤，不计其数的房屋和历史遗迹化为废墟。作为与尼泊尔一衣带水的传统友好邻邦，中国第一时间启动救援机制，提供大量国际人道主义援助。作为在尼泊尔开展业务长达 30 年的大型国有中央企业，中国电建时刻心系灾区，通过各种渠道帮助尼泊尔人民重建家园。

　　6 月 29 日，上塔马克西水电站项目部抗震救援物资捐赠仪式在尼泊尔查理库特市军队营地举行，将价值约 10 万元人民币的救援物资移交给了当地政府。仪式上，驻地军队负责人拉米查尼先生表示，将按照中国电建意愿，将本次救灾物资分配到上塔马克西水电站附近灾区，让辛格迪、介木里、贡嘎和喇嘛巴格村的灾民充分感受到中国电建人的深情厚谊。

　　同时，应尼泊尔当地受灾民众的请求，以上塔马克西水电站项目部为主要力量的灾后义务修复工作迅速展开。项目部对灾区高压电进行了维修，架设变压器，确保供电入户；修复村民房屋及附近道路，确保道路硬化；为村民提供足球场地，并免费配置足球球门；提供洞渣为塌方严重的寺庙进行基础回填；提供沙子骨料修建学校；为村民住房附近的河

中国电建向当地政府捐赠抗震救灾物资

道做防护工程等等。义务修复工作进一步融洽了中方职工与当地居民的关系。

　　2015 年 10 月，十一局特别制作并推出一部纪录片——《坚守——尼泊尔上塔马克西抗震救灾纪实》，讲述地震发生后那惊心动魄和感人至深的故事。很多人看完后，都潸然泪下。纪录片最后，展现了几帧画面，那是项目负责人雷春华用笔写下的灾后日记。纸页上的一字字、一句句，是追忆，更是坚定的信念。

　　地震发生前，项目各项施工生产正在紧锣密鼓地进行。地震发生后，被迫全面停工，项目部主要工作转向救灾和损失评估等方面。同时和相关各方保持密切联系和沟通，并就复工问题展开一系列讨论和磋商。在各方共同努力下，半年后，也就是 2015 年 10 月，项目部组织人员和设备，开始进行进场道路恢复施工。2016 年 9 月，调压井工作面复工。同年 11 月 1 日，大坝工作面复工。

　　11 月 8 日，时任尼泊尔总理普拉昌达莅临项目考察，对项目高效实施震后恢复工作给予高度赞赏。他说：

　　上塔马克西水电站项目是尼泊尔在建最大水电站，虽然遭受突如其来的地震灾害，造成较大损失，项目职工发扬人道主义精神，最大限度地保障了尼泊尔人

民生命和财产安全，彰显了强烈的社会责任感。震后项目部又克服诸多不利条件，积极恢复施工，树立了中国人民的良好形象。希望上塔马克西项目部一如既往，艰苦奋斗，顺利完成后续施工，并表示，尼泊尔政府和人民会积极地提供支持和帮助。

2017年11月11日晚9时许，上下竖井全面贯通，合计687.48米的深度刷新了亚洲水电建设的新纪录。11月19日11时40分许，引水隧洞全面贯通，尼泊尔政府、军方代表以及当地多家主流媒体见证了这一历史时刻。

尼泊尔上塔马克西水电站项目大坝施工

2018年4月11日，尼泊尔总理奥利在中国驻尼泊尔大使于红、部分尼泊尔政府部长陪同下，莅临项目考察，奥利总理工程进展给予高度评价。总理一行参观了厂房区、大坝工区、引水隧洞区域和营地区域，对项目工程概况和当前施工进展情况进行了详细了解。他说：

上塔马克西水电站是尼泊尔政府的重大工程，关系到尼泊尔一半以上人民的生活用电需求，是万众瞩目的民生工程。同时，他对项目在大地震发生后的良好表现表示满意，对中国电建职工坚持不懈地努力工作和中国政府的大力支持表示感谢。最后，他希望项目早日建成发电，为尼泊尔人民创造更大福祉。

于红大使指出，上塔马克西水电站作为尼泊尔在建最大水电站工程，对中国企业参与"一带一路"建设具有十分重要的意义。她对长期坚守在尼泊尔偏远山区的项目职工表示慰问，对工程建设取得的成果表示满意。希望项目部继续攻坚克难，早日完成电站的建设工作，为中尼两国睦邻友好和"一带一路"倡议做出更大贡献。

时光荏苒。转眼之间，尼泊尔大地震已经过去三年多了。但是，对于亲身经历此次地震的上塔马克西项目职工来说，一切仍旧历历在目。在大灾大难面前，上塔人经受住了考验，齐心协力渡过了难关。他们难以忘怀的，不是地震本身，而是地震发生后的那一幕幕令人感动的画面。作为十一局首个直接遭受8.0级以上大地震的项目，上塔马克西水电站项目在应急处理、抗震救灾、人员撤离等方面采取的有效措施，为其他项目提供了有益借鉴。

有诗赞道：

地动山摇且奈何，我自岿然笑复歌。
敢问兄弟家安好，重整旗鼓任曲折。

　　在地震中岿然不动的不仅仅是上塔马克西水电站项目，还有上马相迪 A 水电站。在美丽的马相迪河畔，十一局人夜以继日、紧锣密鼓，为中国电建在尼泊尔投资建设的首座水电站保驾护航。且看下回分解。

参　考　文　献

［1］　田源 .《上塔十八日纪》。

［2］　刘文宙 .《尼泊尔上塔马克西项目为当地政府捐赠抗震救援物资》。

第十回
好男儿有泪不轻弹　马相迪无言自成蹊

当尼泊尔上塔马克西水电站项目在地震波中挺起坚实温暖的臂膀，距离并不遥远的上马相迪 A 水电站项目正在与时间赛跑，紧锣密鼓地继续着繁忙的施工，目标只有一个：让中国电建在尼泊尔投资建设的这颗水电明珠早日发出夺目的光芒。

初到上马相迪 A 水电站项目，感觉是那么的新奇，又是那么的熟悉，新奇的是当地的风土人情，熟悉的是一些久违的面孔。但不管是新奇还是熟悉，所有的一切都好似久别重逢。

从机场到工地，一路的青山绿水、蓝天白云，使人心旷神怡，而狭窄崎岖的山路穿梭盘桓在山林峡谷之间，又使人心惊胆战。颠簸了 7 个多小时，我们才终于到达，而迎接我们的，却是接连几天的阴雨天气导致的塌方。

晚上 6 点左右，唯一的进场道路因塌方完全中断，所有的施工材料、设备、油料无法进入。一旦油料供应不足，施工将难以为继。此时，送油的车辆恰恰被挡在了外面。项目部立即组织 50 余人的人工运输队和抢险队，冒着随时会再次发生塌方的危险，对滑坡山体进行清理。将近 1 千米的路程，队员们把柴油一壶一壶地背到施工现场。6 个小时下来，每个人身上都裹满了泥巴，汗水和雨水全然混在了一起。

终于到达营地时，已经过了零点。当时，有几个办公室还亮着灯。刚从工地回来的职工还没有来得及换下沾满泥水的衣服，就每人端着一碗热腾腾的汤面条，在办公室里狼吞虎咽。此时，李长海还在食堂张罗着夜班的饭菜。

上面这几段文字是时任尼泊尔上马相迪 A 水电站项目部支部书记段予超 2014 年 8 月 15 日抵达项目部第一天的所见所闻。

文中提到的李长海一直在小车班工作。2013 年年底，他来到上马相迪，经过几个月的历炼，已经熟练地掌握办公室和小车管理的流程，并能跟当地劳务进行简单地沟通和交流。而这，正是得益于他负责调压井边坡开挖、支护施工的那段时间。当时，4 个月的计划工期，完工时间硬是提前了 40 天。

第二天，他带段予超参观工地。从山底爬到调压井，两人走了足足 45 分钟。到达后，段予超累得满头大汗，气喘吁吁，而李长海却轻描淡写地说："这条路我已经走了 3 个多月，每天至少往返 4 次。"

调压井开挖现场，一边是几百米高的悬崖，一边是立陡的峭壁，下方就是厂房施工现场。由于岩层风化严重，稍有疏忽，就会有石块滑落砸到厂房施工人员。因此，李长海无时无刻不在随着反铲的每次旋转而提心吊胆，目光也无时无刻不在紧盯着挖出来的每一个石块，唯恐发生意外。

因为英语不太好，白天，他争分夺秒地施工，晚上还要抱着英语教材学单词。后来，手下的尼泊尔劳务渐渐地跟他"心有灵犀"。一个简单的手势，一个简单的词汇，就足以让他顺利安排工作。回想起当时的情景，他不无感慨地说道："一天中最惬意的时候，就是每天下班后坐在石头上看看四周的风景，悠闲地抽上一支烟。"

施工中的上马相迪 A 水电站

2014 年以来，项目施工任务异常艰巨。项目部通过定期召开班子会和职工大会，认真分析不同时期、不同阶段的施工任务和风险，使全体职工清醒地认识到施工任务的紧迫性，分清施工主次，理清工作思路。同时号召全体干部职工以高度的责任感、使命感和积极的态度应对各种困难，保证现场的生产。这期间，除了李长海，还涌现出许多干部职工，在平凡的岗位上，诠释着不平凡的含义。

那天，跟段予超同行来到尼泊尔的，有一个叫李峰。但是，和段予超不同，李峰不是初来，而是休假返回。当时，他是项目生产经理。按理说，刚休完假的他本应精神焕发才对，看起来却有些疲惫和憔悴。原来，回家当天，他才知道父亲刚做完心脏搭桥手术，正在重症监护室接受治疗。就这样，短短 25 天的假期，他全花在了陪护父亲上，很少休息。他回国之前，父亲为了儿子能在国外安心地工作，一直瞒着自己的病情，直到有一天不到五岁的儿子在电话那头嚷嚷着问："爸爸你咋还不回来呀？你什么时侯回来呀？爷爷生病了。"听到儿子用稚嫩的声音接连发问，听到父亲生病的消息，他鼻子一酸，泪水夺眶而出。

项目上有这样一名职工，长得五大三粗，人送外号"熊猫"。他叫路国新，一个人带了一支由 160 多名当地劳务组成的庞大队伍，却始终能把他们安排得服服帖帖、紧张有序。十几年来，他一直在尼泊尔工作，练就了一口流利的尼泊尔语，和劳务之间配合得十分默契。哪怕一个眼神或者手势，劳务立刻就能心领神会。在大坝施工过程中，他和劳务同甘共苦，克服阻工带来的困难，为大坝汛期过流目标按期实现立下了汗马功劳。

还有一名职工，段予超刚听到他的名字时，还以为是个当地人，见了面，才发现是个年轻帅气的中国人。他叫达兵利，事务部负责人，讲着一口流利的英语，和当地人沟通起来十分顺畅。事务部每天都要处理大量涉及劳务的问题，罢工的时候，还要跟各方唇枪舌剑地谈判，因此，想把活干好，很不容易。在尼泊尔，大大小小的罢工可谓是家常便饭。导致罢工的原因可能是个人或者家庭纠纷，个人或集体愿望得不到满足，甚至可以是个人的喜怒哀乐。久而久之，罢工和阻工就成了一种常态。

就在段予超到达项目的第二天，项目部大门就被当地人堵了两次，缘由很简单，就是要求我们给当地人增加就业机会，提高工资待遇，若不满足条件，就一直罢工。据不完全统计，规模较大的罢工，仅 2013 年一年，就多达 31 次，而 2014 年仅上半年，就多达 16 次，最长的一次达 34 天，导致项目被迫全线停工半个月时间。而规模较小的阻工就更多了。提到这些，达兵利苦笑着说："所有的事情只有慢慢体会了。"

在项目上，有一对"黄金搭档"——负责技术的王建成和倪宏涛。他们是出了名的大忙人，每天都在施工最前线，不厌其烦地给劳务做施工技术指导，中午一吃完饭，就马上回到办公室继续工作。晚上做资料做到深夜是常事，后半夜验仓也是常态化。有时困得顶不住，就摆两张椅子，躺上十来分钟。

除了他们，负责安全的卢会涛和工区负责人朱晓峰、陈福建以及参加工作不到一年的大学生张驰坤等等，每个人身上都有说不完的故事。他们的字典里，从来没有"畏难"和"退缩"这两个词语。上马相迪是冷酷的，同时也是仁慈的。一场接一场的磨砺只能使他们步伐更坚定，斗志更昂扬，生命更出彩……

说到生命的出彩，就不得不说项目上的一个老师傅——欧阳庆百。

1979 年 6 月，欧阳庆百在十一局河南濮阳渠村大闸项目参加工作，1991 年 8 月加入中国共产党，配电线路工高级技师职称。他在平凡的外线电工岗位上一干就是 21 年，在基层水电队长的岗位上又工作了 14 年。35 年来，他兢兢业业地从事着水电检修与维护工作，用执着与热忱续写着忠诚企业、踏实勤恳、爱岗奉献的感人故事。

2013 年，他已年过 55 岁。此时，他也可以在国内找个清闲项目等待退休，而他却毅然选择投身国外水电建设。同年 11 月，他来到上马相迪 A 水电站项目，担任水电队队长。

"那边情况怎么样？"闲暇之余，同在十一局的一位好友时常通过电话，对他嘘寒问暖。

"高山峡谷的风景很好，就是临建设施还不完备。尼泊尔厨师给我们做的一日三餐都还可口，三人一间的活动板简易房住着也很舒服……"

"现在我带着 18 个尼方劳务负责发电厂房工区和 2 号生活营地的水电保障工作，一切都还顺利！这边电力供应不正常，我们每天都要启动自备发电机发电 4 到 5 次，能够保障用电供给……"

电话那头传来的，永远是乐观开朗、底气十足的话语。在上马相迪 A 水电站工作的这段时间，无论是在工作中，还是在生活中，他都以实际行动发挥党员的先锋模范作用，以饱满的热情攻克一个又一个难关，想尽办法完成一个又一个任务。他雷厉风行的工作作风和敢作敢为的工作魄力感染了他所带领的团队甚至整个项目的职工。

2014 年，他光荣当选河南省劳动模范。

转眼之间，时间进入了 2015 年。

4 月 25 日，一个看似平常得不能再平常的日子。所有人都和往常一样，起床、洗漱、吃饭，接着就是早早地上班，投入紧张而忙碌的工作。

夜间施工的上马相迪 A 水电站

加德满都时间 11 时 56 分，大地深处传来一阵轰隆隆的声音。起初，大家还以为是引水隧洞底板开挖的爆破声，并没有放在心上，也没有停下手中的工作。可是，紧接着就看到桌子、饮水机、房子、玻璃、钢筋、模板、车辆、大地开始剧烈地晃动。直到这时，大家才反应过来：地震了……

震后第三天，一个由电站业主、监理、设计、施工单位组成的检查组，对工地整个施工区域所有作业面进行了全面详细的检查和评估，最终结论是：项目所有人员无一人受伤，大坝厂房、引水隧洞、闸坝等建筑物无一处受损。对于项目全体职工来说，这一结果全在意料之中。

为确保安全度汛目标按期实现，在余震时有发生的情况下，项目部开始着手复工的准备工作。尽快恢复生产是所有职工的共同心声。

可是，就在此时，却传来不好的消息：聂拉木、樟木等口岸被迫关闭，尼泊尔部分主要交通要道破坏严重，大部分供应商停止营业，现场钢筋告急、水泥告急、环氧砂浆告急、施工配件告急、火工材料告急……

十万火急之下，项目部安排专人和供应商沟通联系。供应商没有人员装卸车，项目部就抽调人员，尽最大努力确保材料供应。汛期很快就要到来，所有职工都看在眼里，急在心里。一旦汛期上游河水上涨，洪水漫过围堰，后果将不堪设想。

除了密切联系供货商，项目部不等不靠，又安排物资负责人齐传勇到加德满都采购物资。地震后，道路崎岖泥泞，滑坡和塌方随时可能发生。一路上见到的都是断壁残垣，连一家可以吃饭的餐馆都没有。他就找还在勉强营业的小商店买些饼干果腹。到达博卡拉后，却几乎找不到一家能让人安稳睡一觉的宾馆，就在车上凑合了一宿。即便如此，零零星星的余震还是让人夜不能寐，但这完全没有影响到他第二天寻找供货商和联系生产厂家的劲头，因为他心里时刻紧绷着一根弦。

时隔几天，加德满都有一大批空运物资急需办理清关手续，而此时城区已经出现瘟疫。他带上一大包口罩和手套，再一次义无反顾地只身前往加德满都。赶到后，竟十分幸运地遇见了中国国家救援队。除了留了一份给自己备用，他把其余的手套和口罩悉数送给了救援队。当随队记者打算给他拍张照时，他说了一句"这些不算什么，是我应该做的"，便匆匆离去。

此时，机场的勤务要么已经逃难离去，要么就是优先搬运救灾物资，哪怕抬高服务费用，也没人愿意处理施工物资。他就和工人一起用绳子将货物从集装箱中拖出来，装好，圆满地解决了出关问题。

最为紧张的节点是大坝闸门焊接工作，三个闸门近 60 条 12 米的焊缝，焊条近 2 吨，即使昼夜不停，焊完一个闸门也至少需要 12 天的时间。为赢得宝贵的焊接时间，焊接施工每天都像是在抢险。施工人员为了减少上厕所的时间，就尽量控制、减少喝水的次数，即使焊渣落到脖子上、鞋子里，散发出烧焦的肉味，也不动一下。脸庞晒黑了，嘴唇开裂了，声音嘶哑了，双手沾满油泥，工装散发着汗味儿，再加上紧张的工作、繁重的劳动、焦虑的心情，其艰苦难熬程度可想而知。但是，他们没有一个人叫苦，没有一个人退缩。一周后，大坝弧形闸门顺利完成安装和调试，大坝度汛目标顺利实现……

两个多月后，陈雪湘临危受命，接任上马相迪 A 水电站项目执行经理。此时，万里之外的尼泊尔大地依旧没有停止颤动。

"年轻，一切皆有可能。年轻，无所不能！"这是接到军令状时，他做出的慷慨陈词。

他上任不久，"油荒"不期而至，尼泊尔多地陷入困境，上马相迪 A 水电站也未能幸免，营地用电、施工用电、施工车辆运行、拌合站运行用油全部告急，项目部面临生死考验。

陈雪湘斩钉截铁地提出要求："我们不能就这样干等，要尽量保证现有资源，落实现场节点目标，加强施工组织衔接，控制成本，杜绝浪费，激发智慧，全员出击。"

就这样，这位主心骨果断决定优先解决职工生活和办公用电，要求所剩不多的油料紧着食堂用，并规定每天发电 4 个小时用于办公。面对生产生活物资极度短缺、安全形势异常严峻的困境，他坚守现场，沉着应对，在确保人身安全的前提下，想方设法获得生产和生活物资；蔬菜食物断供，就到附近村民家购买；没有天然气做饭，就用柴火生火；同时通过各种渠道协调燃油物资，保障施工机械工作，确保主体工程关键部位的施工。就这样，项目施工一直在艰难中不断推进。经过长达 4 个多月的艰苦奋战，他带领自己的团队最终成功实现了厂区坝区的度汛目标。

无数个深夜，他因为"压力山大"而辗转难眠，也有许多个夜晚，他因为梦到项目胜利实现发电目标而在欢呼中惊醒……茫然、压抑、失望、惊喜，叠加交织在他年轻的生命之中。面对困难与挑战，面对胜利与失败，他拼了，他豁出去了！

"当时的感觉，可以用'疯狂'来形容。"当这一页翻过，成为过去，从他平淡的话语中，我们依然能体会到当时的心酸和煎熬。

他很少谈起家庭。他对家庭怀着深深的愧疚。在尼泊尔的 6 年时间里，回家的次数屈指可数。爱人在 2013 年生产时，由于工期紧张，他左思右想，最终还是没有打出请假报告，选择坚守在异国他乡。万里之遥，他只能想象刚出生的宝宝那稚嫩的小脸模样。

水电建设者四海为家，每一个十一局人都有着不为人知的苦楚。哪个十一局人不想家？哪个十一局人不是披着绵密的亲情上路？他们的足迹，注定要漂泊在路上，既然选择了远方，便只顾风雨兼程，而风雨之后，总会迎来一碧如洗的万里晴空……

2016 年 9 月 26 日，在中国电建迎来成立五周年的日子，由中国电建以"一体化"模式投资建设的这座水电站首台机组投产发电。从此，中国企业"走出去"的世界版图上又多了一处闪亮的坐标。

近年来，为解决电力严重缺口问题，尼泊尔政府加大了水电开发力度，这与实施海外优先发展战略，以投资为先导带动全产业链"走出去"的中国电建，找到了通过合作实现共赢的契合点，由此成就了上马相迪 A 水电站这个当时尼泊尔最大的外资能源项目，也是中国企业在尼泊尔投资的首个电站项目。

投产发电后的上马相迪 A 水电站

上马相迪 A 水电站坐落于尼泊尔西部的马相迪河，是一座径流式水电站，总装机容量 2×2.5 万千瓦，约占尼泊尔全国装机容量的 5.72%，投产后每年将提供约 3.17 亿千瓦时的合同电量。中国电建采用 BOOT 模式投资开发，总投资额约 1.66 亿美元，包括建设期在内的特许期共 35 年。

上马相迪 A 水电站不仅树立起以资本投资带动中国标准、中国设计、中国施工、中国装备"走出去"的价值典范，更以其成功实践诠释着中国电建以投资驱动转型升级的示范效应。

2017 年 9 月 12 日，电站累计完成年度上网电量 2.5 亿千瓦时，提前 110 天完成年度计划发电任务，机组连续安全运行 376 天。

2018 年 6 月 5 日，电站累计发电量已经突破 5 亿千瓦时，连续安全生产 643 天，设备完好率一直保持在 95% 以上，主辅设备完好率 100%。

2018 年 7 月 1 日，电站荣获中国水电—萨迦玛塔电力有限公司授予的"重合同，守信用"奖牌，并颁发荣誉证书。

回望征程，每一个工程节点的实现都在书写着历史：2013 年 1 月 8 日，主体工程正式开工；2013 年 12 月 16 日，大坝成功截流；2014 年 5 月，进场交通桥通车；2015 年 3 月 9 日，引水隧洞全线贯通；2016 年 4 月 23 日，厂房一号机转子吊装就位；2016 年 7 月 30 日，大坝下闸蓄水；2016 年 8 月，输出线路送电成功……

即使大地震和海关关闭造成工期延误近 10 个月，上马相迪 A 水电站项目两台机组仍然在不到 4 年时间内先后投产发电，在尼泊尔水电建设史上留下了浓墨重彩的一笔。中央电视台、人民日报、《参考消息》等国家主流媒体对工程概况、建设中和建成后对促进尼泊尔经济发展的重要意义进行了报道。

"上马相迪 A 水电站项目为以后的外资进入尼泊尔树立了标杆！"尼泊尔能源部部长沙玛在投产仪式上说，"中国'一带一路'倡议对尼泊尔的发展有很大帮助，尼泊尔将提供更多的机会，希望中国电建在尼泊尔参与更多的能源投资与建设。"

中国驻尼泊尔大使馆商务参赞程霁称赞道："上马相迪 A 水电站项目仿佛一把量尺，标注了中尼能源合作的新高度。"

"该项目的成功运作，不仅是中国企业'走出去'投资兴业的生动实践，也肩负着中国电建以投资'一体化'模式将'全产链优势'转化为'价值链'的重要使命。"中国电建海外投资有限公司董事长、党委书记盛玉明说，"尼泊尔是中国电建的传统市场，我们积累了丰富的市场经验和项目管理经验，并拥有'一体化'产业链优势和成熟的团队支撑，我们才有信心在尼泊尔建设一流工程。"

这，就是那条绵延在喜马拉雅南麓的友谊之路。这，就是那颗镶嵌在马相迪河畔的水电明珠。透过它璀璨夺目的光芒，我们依稀看到镌刻在那巍峨大坝上的美丽诗行：

> 河畔杜鹃落又开，月钩西沉眼难合。
> 风雨兼程路何方，坎坷踏平奏凯歌。

山高水长，风吹雨打，阻挡不住十一局人远行的步伐。在喜马拉雅山南麓，尼泊尔国西边，有一个国家被亲切地称为中国的"巴铁"，远道而来的十一局人在这片土地上书写着中巴友谊新佳话。

参 考 文 献

[1] 段予超.《风雨上马相迪》《回首上马相迪"4·25"》《丝路上的工程师》。
[2] 宋旸，耿兴强.《马相迪河畔传颂的中国故事》。

第十一回
巴铁兄弟结缘电建　南亚古城重焕生机

志合者，不以山海远。喜马拉雅山连着中国的老朋友——尼泊尔，也连着中国的"铁哥们"——巴基斯坦。山水相连之间，是十一局人用真诚和汗水浇灌的友谊之花。

2013 年 9 月 7 日，习近平总书记在哈萨克斯坦纳扎尔巴耶夫大学发表题为《弘扬人民友谊，共创美好未来》的重要演讲，提出"一带一路"倡议。

2015 年 4 月 20 日，"中巴经济走廊"项目启动，成为"一带一路"的重要组成部分。

"中巴经济走廊"起点在中国新疆喀什，终点在巴基斯坦瓜达尔港，全长 3000 公里，北接"丝绸之路经济带"，南连"21 世纪海上丝绸之路"，是贯通南北丝路的关键枢纽，也是一条包括公路、铁路、油气和光缆通道在内的贸易走廊。

"中巴经济走廊"旨在通过全方位、多领域合作，进一步密切和强化中巴全天候战略合作伙伴关系，它既是中国"一带一路"倡议的样板工程和旗舰项目，也为巴基斯坦的发展提供了重要机遇。

"一带一路"构想提出和"中巴经济走廊"项目启动以来，巴基斯坦更加成为中资企业投资建设的热土。水电十一局作为较早进入巴基斯坦市场的中资企业之一，已在巴基斯坦深耕细作十余年，先后参与建设马兰坎Ⅲ水电站金结工程、旁遮普 P4 公路项目、曼格拉移民镇项目和旁遮普 M4 高速公路项目等工程。

近几年，十一局紧跟国家发展战略，在建设质量效益型国际强局战略引领下，继续奋力开拓巴基斯坦市场，先后中标 M5 公路项目、风电项目、四通一平项目和卡洛特水电站库区修复项目等工程，成为"一带一路"和"中巴经济走廊"的积极践行者和重要参与者。

◆ 沉睡的古城被唤醒

在巴基斯坦，有一座历史底蕴厚重的古城，它就是乌切利夫。

乌切利夫的历史可以追溯到 500 多年前。相传，这里永远沉睡着一位女神，为当地人民带来幸运和祝福。但是，由于交通不便、资源短缺、经济落后，这座历史悠久的古城渐渐被巴基斯坦人民遗忘，就像那位女神一样静静地沉睡在那里。

水电十一局参与建设的巴基斯坦 M5 高速公路项目营地就坐落于乌切利夫城郊。中国人在巴基斯坦修公路对当地人来说早已不是什么稀奇事了。早在 1966 年，中国就援助巴基斯坦修建了长 1224 千米，被外界称为"疯狂工程"的喀喇昆仑公路。

M5 高速公路属于 PKM 高速公路的中段，与喀喇昆仑高速公路项目、瓜达尔港项目并列为"中巴经济走廊"的 3 个旗舰项目。PKM 高速公路是"中巴经济走廊"的组成部分，总长 392 千米，南起巴基斯坦最大港口城市卡拉奇，北至第二大城市拉合尔，是连接巴国南北的经济大动脉和国防要道。该项目建成后将极大改善巴基斯坦经济最发达、人口最稠密地区的交通状况，有力促进巴基斯坦经济社会发展，也将为中巴互联互通发挥积极作用，成为连接中国和中亚国家通往卡拉奇和瓜达尔港的交通干线。

自 2016 年下半年 M5 项目部进场以来，乌切利夫就像被注入了新鲜血液，吸引了众多的生意人长居于此。每天都会有陌生的面孔乐此不疲地往返于其他城市与乌切利夫之间，城市街道也新开了许多大大小小不同的门面。乌切利夫的大街上车水马龙，吆喝声、叫卖声此起彼伏，装饰艳丽的汽车往来穿梭，呈现一派繁华的市景画面。

巴基斯坦 M5 公路项目当地员工萨尔曼

26 岁的萨尔曼是项目上的一名巴方员工，协助事务部处理一千多名巴方员工的管理工作。他来自于距乌切利夫 30 千米的另外一座城市，在木尔坦大学读的书。毕业后，他凭借出色的英语和专业能力，被事务部选中，成为了项目部的一员。摩托车是当地的主要交通工具，他每天骑着摩托车往返于家和项目之间。就像别的同事一样，他也经常在乌切利夫加油站给自己心爱的摩托车加油。后来，他结识了一位在加油站工作的美丽姑娘。日久生情，两人顺理成章地谈起了恋爱。现在，他们正计划着挣钱盖房结婚呢。

他说，巴基斯坦和中国是邻居，也是非常好的朋友，能在中国企业工作是一件令人自豪的事情，尤其是像中国电建这样的大企业。

中国电建就像一个大家庭，将每个人紧紧地联系在一起。对于他来说，中国电建更像是红娘。在项目上，像他这样喜结良缘的员工比比皆是，有的甚至已经在乌切利夫结婚买房生子，成为小城市的一员，为这个古老的城市创造着新的生机和活力。

◆ "我们喜欢中国电建"

在巴基斯坦，中国人一直都是当地人关注的焦点，走在乌切利夫街头，你会感受到他们炙热的目光。如果同他们微笑地打招呼，他们就会更加热情，甚至要求同你合影。

"我们喜欢中国电建。"当地居民阿克兰接受采访时一开口就这样兴奋地喊道。他第一次听说"一带一路"，是在一家叫 PTV 的著名电视台上。最让他吃惊的是"一带一路"项目竟然会从他家门口经过，这对他来说简直是一个天大的好消息。他第一次见到中国人，还是在中国电建的项目工地上，对他们的第一印象就是工作很努力。他第一次和中方职工说话，虽然交流有点困难，但是能看出他们很友好。

一连好几个"第一次"，激动之情溢于言表。

巴基斯坦 M5 公路工程形象

"有一次，我的拖拉机陷入泥坑，怎么开都开不出来。就在这个时候，他们的装载机恰巧路过，直接就帮我给拖出来了。"对于项目的帮助，他感激地说道，"现在，这条路已经修了一年了，每天都有新变化。这条路没建好之前，从这里到首都伊斯兰堡要 12 个小时，建好之后听说只需要 6 个小时，缩短了一半的时间。我现在也交了很多中国朋友，有时候看到他们在烈日下辛苦地工作，我也会给他们送水喝，让他们尝尝我们当地的食物。他们有时候也会送给我一些中国小礼物。现在我们就像一家人一样。"

M5 公路规划为双向六车道高速公路设计标准，设计速度为 120 千米/小时，路面全宽 31.5 米，地基基础处理、沥青摊铺等施工环节对项目建设具有很高的技术要求。项目为巴基斯坦的大学毕业生和一些特殊工种提供了不可多得的就业岗位和学习机会。巴基斯坦全国各行各业的求职者都慕名前来，一方面希望寻求最佳专业岗位，另一方面也希望自己能参与工程建设，发挥才干，获得更好的发展，成为中巴友谊的桥梁。

安布琳就是慕名前来应聘的一名女大学毕业生。她说，M5 公路项目对巴基斯坦有着重要的意义，不仅带动了当地商业、服务业等相关行业的发展，增加了国家之间的经济贸易，还改善了交通，给巴基斯坦老百姓带来了很大便利。而且，在项目工程进展中，中国电建领先的施工技术、高超的施工效率、人性化的施工管理，都令她印象深刻。她还说："我非常喜欢中国电建，因为他们工作非常有热情，只要有工作任务，他们都非常努力，不管白天还是黑夜都坚决完成任务，令人钦佩。"

◆ 将"铁"进行到底

在 M5 公路项目有一群充满梦想的年轻人，他们希望能亲手建设自己的家园，使巴基斯坦变得国富民强。

穆尼尔就是其中一位，他在 M5 公路项目工作超过一年了，是项目综合办公室的一名员工。他第一次听说"一带一路"，是在伊拉克，那时候他正在那里工作。在他的记忆里，伊拉克每天都能听到枪声，而且几乎家家户户都有枪。作为一个外国人，他呆在那里，毫无安全感，只有没完没了的担惊受怕。但是，他一时又没有更好的选择。由于在巴基斯坦不好找工作，他就这样在国外漂泊了 10 年。当他听说"一带一路"项目要到自己国家的时候，他兴奋得一整晚都没有睡着。机缘巧合，他加入了中国电建，不仅有了一份稳定的收入，还能时常回家看看妻子和孩子，这是他以前想都不敢想的。

他喜欢中国人叫他们"巴铁"，即巴基斯坦铁哥们。他经常见到一些第一次来到巴基斯坦的中国人在机场不熟悉办事流程，巴基斯坦人都会主动帮助他们，甚至把他们送到目的地。和中国同事工作久了，他觉得那种融洽的关系已不仅仅是朋友关系，更像是亲情。每当有中国朋友回国，他都非常难过。为了能和中国朋友保持联系，他甚至申请了微信号。他希望 M5 公路项目完工之后，中国电建能接到更多项目。这样，他就能一直跟着中国电建工作了。他也期待有一天能到中国，更好地认识中国、了解中国。

2013 年，在巴哈瓦大学计算机班，阿力正全神贯注地听老师讲述喀喇昆仑山公路的故事，听得他热血沸腾。正是在那个时候，中巴友谊就已经在他心里留下了烙印。

阿力热衷于电子计算机及电脑网络修理，他相信，不久的将来，网络信息技术会在巴基斯坦普遍推广，特别是中巴经济走廊建设的深入，更会加速电子信息行业的发展。

2016 年，大学毕业的阿力正苦于寻找工作。当时，网络修理行业在当地还属于"特殊"行业，落后的电子信息技术无法满足年轻人才的就业需求，阿力也一筹莫展。

也是这一年，阿力在村子不远处发现一些面孔和肤色与自己迥异的人，原来，M5 高速公路项目落地，十一局要在这里进行为期三年的施工，这让阿力仿佛在一望无际的海洋中看到了"新大陆"。

当年 10 月，项目部经过和当地军方、警方多次沟通及紧张施工，共建设 1 个主营地和 2 个副营地，均设置了双面围墙、铁丝网、炮楼、岗亭、高清摄像头等一整套的安保设施。为使网络监控及生活办公区域网络正常运行，安排一位专职的网络管理员是必不可少的。十一局号召海外项目大力推进属地化管理、节省成本，项目部紧跟十一局发展战略步伐，在当地大量招聘各种技术人才。通过在项目工作的朋友的介绍，阿力来到中国"小城"面试，在众多应聘人员中脱颖而出，从此正式开启了他的中国电建之旅。

M5 公路项目自进场以来，项目部提前谋划，加强属地化管理，中巴人员比例正常水平为 1∶28，高峰期可达 1∶32。项目部还根据公路项目"点多面广"的线性工程特性，结合项目紧张的工期要求，在保证良好履约的前提下，引进当地专业合作单位，采取切块分包，充分利用当地资源，最大限度降低资源投入。

专业技术的掌握，使许多巴方员工的命运得以改变，从靠天吃饭的普通农民转变为投身国家现代化建设的职业工人。这一改变带给他们的自豪感是全方面的，更是难以掩饰的。阿

巴基斯坦 M5 公路项目当地员工阿力

力在工作一段时间之后，不单停留在单一的网络管理上，还进步到负责营地办公设备、会场管理、后勤招待等工作。阿力说："如果不是中国电建提供了就业机会，我可能还在小镇子里卖旧手机呢。"

阿力有四个兄弟姐妹，他是老大。由于家庭原因，母亲离家出走多年。早在几年前，父亲就想让他辍学回家帮忙料理生意。在巴基斯坦农村，从小不上学的孩子比比皆是。

"我认为，必须有一技之长才能改变我的现状，我想走更远的路。如果中国朋友没有到来，我不知道什么时候才能找到自己的路。"阿力不无感慨地说。

项目部营地位于偏远乡村地区，一些城市还没安装网络电缆，何况这座小镇。项目部与当地网络公司洽谈，在营地建立一座网络信号塔，接收几百公里以外的网络信号，并在营地生活区、办公区、安保营地等覆盖四十多个无线路由器，以满足项目用网需求。

阿力在安装调试过程中尽显所长，不仅能学以致用，还得到了与正规网络公司交流、学习的机会，技能逐步提高，工资也跟着涨了起来。父亲看着阿力一天天地成长，还拿出自己的薪水补贴家用，就再也不提叫他回家帮忙做生意的事了，反而支持他跟着中国电建干，因为在阿里父辈的眼中，这些黄皮肤的中国人，确实改变了他们的生活。

阿力和兄弟姐妹每晚都挤在一间房子里睡觉，即便如此，也抵挡不住他学习的热情。他白天努力工作，晚上则秉烛夜读。阿力的进步也是有目共睹的，甚至超出了大家的想象，不仅兄弟单位经常请他过去解决网络问题，巴基斯坦多家公司还向他抛出了橄榄枝，原意高新聘请他，但是他都一一拒绝了。他动情地说："中国电建是我的恩师，给我创造学习机会，提供工作平台。现在，我正准备考木尔坦大学计算机专业研究生，想得到更广阔的学习空间，希望有一天能够到中国，学习更多的知识，继续留在中国电建工作。"

哈迈德是 M5 公路项目的监理代表，他和中国电建同事们一起工作超过一年了。他说，因为"一带一路"，巴基斯坦和中国又有了更深的交流和合作。从一开始，他就发现中国电建是一个非常有实力的管理团队，中国建设者工作非常努力，在巴基斯坦淋漓尽致地展现了施工能力和创造力。他认为这条路是巴基斯坦人民和中国人民的友谊象征，巴基斯坦和中国不仅仅是朋友关系，更是亲兄弟，因为巴基斯坦每次遇到困难的时候，中国都挺身而出。

他不禁感激地说："我祈祷中国电建会越来越强大。我们非常喜欢中国电建，希望以后更多地和中国电建合作。我相信，我们以后'铁'的关系会永远保持下去。"

◆ 远行人的梦

作为巴基斯坦在建最大的交通基础设施项目，M5 公路项目承载了太多巴基斯坦人的希冀，也承载了每一位水电十一局员工的梦想。在这个"一带一路"与巴基斯坦结缘的地方，他们用汗水滋润着这片古老的土地，与巴基斯坦人民一起共建美丽的家园。

康会昌是水电十一局一名老员工，也是一名"老国际"，先后在巴基斯坦 P4 项目、M4 公路项目、M5 公路项目工作。前期为了给项目部储备物资材料，他经常奔波于巴基斯坦各大城市之间，有时甚至会去巴基斯坦安全形势严峻的区域。现在的他，每天大多时间都忙着处理项目材料与合同方面的事宜。为实现料源多样化、精细化、最小成本化的目标，他凭借自己的丰富经验和对巴基斯坦的了解，为项目节约了不少成本。

康会昌和当地员工交流工作

从 2007 到 2017 年，整整 10 年，他把人生最重要的 10 年悉数奉献给了水电十一局巴基斯坦项目。这 10 年之间，当地雇员从原来乘坐大巴车改成了骑摩托车，或者驾驶小汽车来上班。现在不管走到哪里，当地居民遇到中国人，都会恳求合影拍照，然后用力握住中国人的双手，热情地说："CHINA - PAKISTANI FRIENDSHIP ZINBADAD!（中巴友谊万岁！）。"

而对于项目负责人周远海来说，在巴基斯坦工作的时间并没有 10 年那么长，但心底的"中巴友谊"却已然长如江河。

为了这份友谊，他对项目团队说："感谢大家，感谢兄弟们。在异国他乡并肩作战，为项目、为企业、为中巴友谊付出，大家确实不容易，大家辛苦了。"

为了这份友谊，他想对家人说："我干了 17 年工程，长时间在大山、大漠里面打转，在国外项目也待了 9 年，儿子今年也 9 岁了。无论我在哪里，我的心都是和你们在一起的，不管在哪里，我都时刻爱着你们。"

受命之日，寝不安席；百尺竿头，更进一步。青山矗立，不堕凌云之志；万水相隔，不忘出征初心。为了这份友谊，他斩钉截铁地对自己说："巴铁兄弟的路，就是我们的路，有有压力，但更有目标和信心。巴基斯坦是最欢迎中国人的国家之一，中国用实际行动践行着一个大国的国际担当。身为 M5 公路项目建设者的我们，肩负着架设中巴两国友谊桥梁的历史使命，我为能参与这样的项目而深感自豪。"

"一带一路"构想提出和"中巴经济走廊"项目启动以来，中国和中国企业给予当地的不仅仅是表面的经济发展，还有植入骨髓的生活方式及工作作风；给他们带来的不仅仅是简单的工资收入、生存技能和思考方式，还有用之不尽的资源和人生哲学。在巴基斯坦人民的眼中，中国企业给他们带来了希望，使他们更加坚信"一带一路"不仅是对中国有好处，对巴基斯坦更是一笔巨大的财富。作为在巴基斯坦享有盛誉的中央企业，水电十一局在助力巴基斯坦经济社会发展，促进中巴传统友谊的过程中，一定会画下浓墨重彩的一笔。

有诗赞道：

山重水复路迢迢，风吹雨打难阻挠。

巴铁一声莫相忘，古城梦觉看今朝。

在辽阔的亚细亚洲，十一局人跋涉的身影已不再陌生，而另一片广袤的大陆——非洲，十一局人也留下了深深的足迹。请看下回分解。

参 考 文 献

[1]　水源，孙留镇 .《古城里的"巴铁"故事》。

[2]　孙留镇 .《阿力，有梦想的年轻人》。

第三章

远航非洲

第十二回

赞比亚惊险遇车祸　凯富峡灵机清水草

花开几朵，再表一枝。接下来给大家说说十一局人在非洲的故事。

1999年6月的一天，位于非洲中南部的内陆国家赞比亚发生一起交通事故。出事的是一辆皮卡车，车里坐着几个中国人，其中一个叫张至森。回忆起当时的那一幕，张至森依旧有些后怕。

"当时要投上凯富峡水电站修复项目的标，我和宋东升去现场考察，考察回来的路上，发生了车祸。当时，宋东升腰椎受伤，我的一只眼睛也受了伤。"说起那场车祸，他似乎不愿过多提及，只是轻描淡写，一笔带过。

事实上，很多人不知道，那起事故和之后发生的事，远非"轻描淡写"所能说得清的。

那天，他们乘坐的丰田皮卡以90千米每小时的速度冲下公路，撞上了一棵大树。他和同在车内的时任十一局副局长兼国际工程部总经理宋东升被反扣在了汽车下面。宋东升赶紧叫了一声"阿森"，张至森随即答应了一声。随后，宋东升拉着车门把自己从车下面艰难地拖了出来。后来才知道，那辆崭新的皮卡已经撞得无法修理了。

惊魂甫定，宋东升赶紧摸摸身上，没有流血；掐掐腿，还有知觉，心中暗自庆幸，想着自己应该是没有大问题。但是，当他想要坐起来的时候，腰上却一点力气都没有。他在地上躺了一会儿，张至森和同行的一个河南国际的同事在路边拦了一辆小车，然后和小车上的当地人一起把他抬进了汽车。

宋东升被送到了有中国军医组的赞比亚军队医院。

检查结果显示，一节腰椎压缩了1/3。军医组组长是一位河南同乡，说是无需治疗，躺在硬板床上静养即可。河南国际的朋友不知从哪里买来了一块像是模板面板的胶合板，铺在了床上，宋东升便开始了漫长的养伤。开始的两三天，他疼得几乎失去了生的希望。现在回想起那几天的经历，他最大的感慨就是："人是具有极强的韧性的，再难的事情、再困难的处境，你只要想适应，总是可以适应的。"

这边，宋东升躺在床上，一动不能动地静养，那边，张至森的一只眼睛被撞成了"熊猫眼"，也需要治疗。可标书怎么办呢？再不做，就来不及了。

张至森想了一个点子，设计了一个架在床上的、上面是一个斜面的小桌，宋东升可以把电脑放在上面，躺在床上工作，张至森自己则用飞机上发的眼罩罩住受伤的眼睛，一只眼睛工作。皇天不负有心人，标书如期做出来了，开标还是第一名。

躺了二十多天，宋东升就挂着拐杖试着下床了。不到 30 天的时候，他准备回国。张至森建议买个商务仓，但价格是经济仓的两倍，最后还是买了经济仓和一条毯子。宋东升把毯子铺在座位下面，身体躺在上面，经过近 20 个小时的飞行，终于回到了国内。

2000 年，宋东升和刘庆福再次赴赞比亚，参加该项目的合同谈判，如愿签订了合同。后来，这个项目不但按期完工，还获得了十分可观的利润。

"这是咱们第一次进入非洲。它是后续项目的起点。每次宋总聊起来，都会谈到这个项目，不仅培养了很多人，也是我们了解非洲市场的重要开端。项目的履约很好，效益也很可观。"对于这个项目的意义，张至森不无骄傲地说道。

而说起上凯富峡修复工程良好的履约和可观的效益，却鲜有人知道这些成绩的取得有多么的不容易，尤其是项目前期，光是稀松平常的水草就够大伤脑筋了。

张至森在上凯富峡水电站

在一般人看来，水草作为一种常见的水生植物，似乎并不会造成多大的麻烦。然而，它却成了上凯富峡水电站修复工程一块烫手的山芋，很难清除。为此，张至森他们在投标过程中做了大量工作。考虑到水草问题在非洲和美洲的大湖上都普遍存在，当时也有不同的除草方法，他们就跟当地分包商探讨，还联系美国湖上除草公司和除草设备供货商进行研究，但都没有找到特别好的方案。坦率地说，那个投标方案其实就是一个可行却不讨好的方案，因为预期作业难度大，价格就开得很高。

让人没有想到的是，在实际施工过程中，现场人员找到了一个跟投标时完全不一样的方案。投标时考虑采用破碎的方式，就是在湖面上直接把水草碎掉，然后通过设备吸上来脱水，最后送到岸上。现场人员通过仔细观察和分析，了解到草是动的，不是静止的，可以尝试在大坝右侧，也就是坝肩位置，通过长臂反铲打捞水草。第一拨水草打捞上来后，会在原来的地方形成空隙。受风力影响，后面的水草会慢慢地漂过来。就这样分批打捞，清除干净只是时间问题。由于投标时的报价很高，而实际施工成本又很低，两项叠加起来，给项目带来了很大利润。可以说，这个项目最后取得十分骄人的经济效益，投标人员和现场人员都功不可没。

无论是从市场开发，还是技术、管理方面，这个里程碑式的项目都培养了不少独当一面的人才，这其中除了张至森，还有许多。在赞比亚坚持工作长达 15 年的彭朝辉就是其中一个。

彭朝辉是 2000 年来的赞比亚。那个时候，出国还不像现在这么容易。十一局的国外项目也没几个，主要集中在尼泊尔和印度尼西亚。当时，他毕业没多久，听说十一局要派人出国，就摩拳擦掌，跃跃欲试。最后，还真幸运地走出了国门。来到赞比亚后，他主要从事市场开发工作，经手投标的第一个项目就是上凯富峡水电站修复工程。

说起项目投标和实施过程中遇到的困难，他也自然而然地想到了水草问题。据他了解，水草问题当时被认为是个世界级难题，在赞比亚，也一直叫人大皱眉头。而提起项目职工如何"四两拨千斤"地清除水草时，他不禁啧啧称赞：

"那里的风向是随着季节变化的。雨季，风会吹过来，整个水面上都是水草，数量十分庞大。项目上就建了一个码头，安排一台长臂反铲除草。同时还弄了一条船。长臂反铲够不着的，就用船捞。因为水草是移动的，随着风不断地漂过来，咱们就不停地打捞，速度还是很快的，高峰的时候，一台反铲一天挖出 1300 多方。就这样，捞了有四五万方的水草吧。完成之后再看，实际做起来要比预想的简单许多。因此，从这件事，我就总结了一条，那就是凡事得去做，不做，永远不知道到底能不能做成。做成了，就是功劳一件。关于成功清除水草，我当时还给原来的项目经理刘庆福建议申请科技进步奖呢。但由于我们的办法过于简单，最后也没能申请，这不能不说是个遗憾。"

就这样，经过项目全体干部、职工的共同努力，上凯富峡水电站修复工程实现了十一局在赞比亚市场的开门红。由于履约良好，中国电建赢得赞比亚政府及其唯一国有企业——赞比亚国家电力公司（ZESCO）的高度认可和信任，为接下来的市场开发工作铺平了道路。

赞比亚上凯富峡水电站修复工程水草清除

在赞比亚干了这么多年的市场开发，彭朝辉对赞比亚产生了深厚的感情，可以说已经把这里当成了第二故乡。然而，回到十几年前刚出国的时候，他却是另有想法。当时，他的想法很简单，就是多挣点儿钱，回来买个房子，同时也能长长见识，但并没有长期待在国外的打算。如今回头一看，就连他自己都感到吃惊，转眼之间，已经在赞比亚待了 15 年，成了名副其实的老国际。

在十一局，能在一个国家待这么长时间的，为数并不多。很多人都无法理解，家里有父母、妻子、儿女，连续这么长时间都不在家，难道对家人就不感到愧疚吗？其实，他比谁都清楚，这种愧疚有多深、有多重，有多么的不近人情。

"赞比亚离开你，地球就不转了吗？"这句反问曾是家人对他的"兴师问罪"。他听到耳朵里，疼在心窝里，纠结了很长时间。而最终之所以选择坚持在海外这么多年，而且还要继续坚持下去，按他自己的话来说，也没有什么特别的原因，就是责任心和使命感使然。

"我既然来了，既然在这个岗位上，就应该把工作踏踏实实地做好。如果十一局还需要我再做一些事情，作为十一局的一名普通职工，我理应一心扑在上面，不管什么时候，也不管什么地方。它本身就是我的职责所在。"

这大概就叫"不忘初心"吧。上凯富峡水电站修复工程中标和完好履约后，包括他在内的市场开发人员和大后方都满怀信心，要把赞比亚市场做强、做大，使其成为进一步开拓非洲市场的桥头堡。如今，这个梦想已经实现，一幅更加宏伟的蓝图又在眼前徐徐铺展开来。看着这幅锦绣蓝图，他倍感振奋，企盼着能在上面画下属于自己的浓墨重彩的一笔。如今，更多年轻人像当时的他一样，意气风发、满怀憧憬地踏上赞比亚大地，施展才华，实现抱负。这源源不断的新鲜血液，使他欣然看到了公司在赞比亚和非洲开拓更广阔市场的希望。

曾有年轻职工请教彭朝辉如何才能做一名合格的海外业务工作者。彭朝辉思索片刻，深有感触地说：

"一是要有感恩的心。来到赞比亚，就要爱上这个国家，学会欣赏这里稳定的局势和良好的自然环境，这样才能避免水土不服，也才能工作得顺心。二是要入乡随俗，把他乡当故乡，这样才能更好地生存下去，也才能更好地融入当地社会，从当地社会中得到支持与帮助。三是要保持良好的习惯，时刻想着自身、企业和国家的尊严和形象。要言行一致，不要表面一套，背后一套。四是对当地人和当地雇员要一视同仁，不要抱着高人一等的心态。只有这样，才能获得当地人的尊重和信任。"

这些建议没有套话，没有说教，而是他结合自身经历，说的掏心窝子的话。这些话听起来简单，可是要踏踏实实、持之以恒地做好，并不是一件容易的事。有的人因忍受不了炎热的天气或惧怕感染传染病而选择了回国；有的人因不能适应当地人的思维方式而与对方频频发生口角，导致矛盾激化，两败俱伤；有的人对当地员工和中方员工采用双重标准，逐渐在当地员工中丧失威信，同时挫伤了他们的感情和积极性。而彭朝辉和绝大部分开拓者们都警钟长鸣，在异国他乡尽力树立起一个中国人和一名中资企业职工应有的姿态和形象。

关于这方面，彭朝辉还讲了几个小故事。

在上凯富峡水电站修复工程进行水草清除的过程中，有职工建议钻计量上的空子，向业主报虚假的方量，结果被时任项目经理刘庆福严词否决，说绝不能弄虚作假，不然最后吃亏的还是我们自己。

2002 年，有一个到现在还跟十一局干活的当地工人，在上凯富峡水电站修复项目上打工。有一次，他发现另外一个工人偷了项目上的电焊条，就到项目部揭发了此事。那个偷窃工人得知此事，对他言语威胁。他却不为所动，毅然向警察如实交代了事情的经过。经过调查取证，那个小偷被逮到警察局，得到了应有的惩罚。

2012 年，有一个当地工人在干活的时候，从高处滚落下来，导致严重骨折。中方人员立即找车把他送到了卢萨卡的一家骨科医院。医院检查后，说要立即做手术，否则很有可能会造成永久残废。当时报价拿过来一看，有一万多美元，十分昂贵。但是，彭朝辉二话没说，就立即安排筹措手术费了。由于手术做得及时，也很成功，那个工人休养了不到半个月，就出院回家了。不久，就可以干一些力所能及的活了。那时，他才三十来岁，是家里的顶梁柱。如果手术没有做，或没有及时地做，很难想象一家老小该怎么活下去。

正是通过这些一桩桩、一件件大事小情，十一局在全新的国外市场逐步赢得信誉和口碑，不仅政府和业主信任中国电建，当地雇员也对中国电建产生了亲近感和归属感。这种无形的力量不断汇聚起来，推动十一局的事业持续向前迈进。这，大概就是那句古语所说的"天时地利人和"了吧。

赞比亚上凯富峡水电站修复工程

"基础铺垫得好。上凯富峡水电站修复工程，卡里巴北岸水电站扩机工程，伊泰兹水电站修复和扩机工程，还有一些房建、公路和输变电项目。我们一路做项目，一路拿项目，越做越多，越做越大，其中原因主要就是，我们靠得住、信得过，质量和履约做得都很好，当地政府把工程交给我们，放心。而且，我们有非常优秀的团队，大家锲而不舍，想尽一切办法解决困难。俗话说，有付出，就有回报。我们作为平凡职工，把自己的工作尽心尽力地做好，就是给十一局做出的最大贡献。"在谈到十一局何以能在赞比亚做得家大业大、顺风顺水时，彭朝辉颇为自豪地说道。

一路走来，20 年转眼过去了。无论是宋东升还是刘庆福、张至森还是彭朝辉，他们作为十一局非洲市场的开拓者代表，亲眼见证了十一局在非洲白手起家、成长进步的点点滴滴。从最初的卡北办事处，到赞比亚区域经理部，再到赞比亚分公司，最后到赞比亚下凯富峡施工局，十一局驻赞机构级别和规模的一步步扩大，也有力地印证了十一局在非洲的业务从无到有、从小到大、从弱到强的峥嵘历程。

这正是：

征战海外打前锋，勇闯非洲展才能。

推心置腹谈笑间，从此陌路皆亲朋。

从赞比亚开始，十一局在非洲的海外业务开枝散叶，这枝与叶很快成荫，扩展到非洲东南部的沿海国家莫桑比克，结出了累累硕果。

参 考 文 献

［1］　宋东升，徐蕊，段京萍．《"海外先锋"张至森》。

［2］　宋东升．《国外工程二三事》。

第十三回
广厦栉比展新颜　灌渠纵横润莫桑

上凯富峡，实现了十一局人打开非洲市场的开门红。在它的东南方向，印度洋西海岸，莫桑比克也向十一局人敞开了大门。

2004 年的有段时间，在莫桑比克的乡野，你时而能看到一个中国青年跟随当地政府官员，在村子里挨家挨户地走访。他们不是采风，而是苦口婆心地给村民做思想工作。那一年，水电十一局首次进入莫桑比克，承建了 169 公路项目。

为了加快施工进度，需要修筑施工便道，但当地村民以便道占用了他们的农田为由，百般阻挠，导致施工很难推进。时任项目经理常哲除了联系当地政府提供帮助，还尽量为当地村民着想，能绕过去的，就尽可能不占用耕地。后来，渐渐得到了村民的理解和认可，施工也越来越顺利，实现了十一局在莫桑比克市场的开门红。

从此，十一局在莫桑比克的国际业务风生水起，遍地开花。精耕细作 14 年来，已建和在建基础设施以及民生工程 20 多项，涉及市政、房建、公路等领域，均实现良好履约，树立了电建品牌。近些年来，十一局乘胜追击，捷报频传，又陆续拿下多个项目，不仅在莫桑比克站稳了脚跟，而且扎下根来，枝繁叶茂。

2012 年是"十二五"承前启后重要的一年，也是十一局进一步内抓管理，促进转型升级的关键年份，为实现跨越百亿规模，建设具有较强国际竞争力的质量效益型国际强局战略目标，开始了一场为期两年的管理提升攻坚战，取得积极成果。

十一局创新营销机制，打破传统水电市场和非水电市场的划分界线，实行大土木市场营销，使营销工作更加主动。在国际方面，按照"高端切入、深度开发、创造需求、相关多元"的指导方针，全力推进国际业务向"多品牌、集中营销和自主营销有机结合"的营销模式转变，加强高端市场和重点项目开发，持续扩大国际业务的市场领域。

2013 年 3 月 25 日，十一局在津巴布韦哈拉雷召开首次南部非洲市场开发会议。时任十一局党委书记张玉峰在会上指出：必须贯彻"高端切入、深入开发、创造需求、相关多元"十六字战略方针，做好南部非洲市场的规划和布局；要改过去被动式、跟进式的市场营销组织机构为主动式的组织机构。会议特邀时任中国驻津巴布韦经商参处参赞韩兵出席。十一局驻赞比亚、博茨瓦纳、纳米比亚、莫桑比克、津巴布韦等国的市场代表参加会议。

就在会议召开的当月，十一局物资有限公司进入莫桑比克进行市场调研；2013年5月，申请成立中国水利水电（河南）莫桑比克商贸有限公司；2013年8月，物资有限公司取得从事货物和技术的进出口贸易资质；2013年9月，中国水利水电（河南）莫桑比克商贸有限公司注册成功；2013年11月，莫桑比克商贸公司取得物资销售、设备租赁执照，具备进出口贸易资格。

2014年5月2日，十一局在莫桑比克马普托召开第二次南部非洲市场开发会议。张玉峰在会上指出：市场开发要有"深度和广度"，深耕细作，扎根本土，融入当地；要注重发展策略，"大规划，小动作，快行动，小步快跑"。会议特邀时任中国驻莫桑比克经商参处王利培参赞出席。十一局驻赞比亚、博茨瓦纳、纳米比亚、莫桑比克、津巴布韦等国市场代表参加会议。

会议召开一个月后，电建公司批复同意成立莫桑比克商贸有限公司；2014年8月，商贸有限公司取得企业境外投资证书，同时完成在国内商务厅、海关和外汇管理局的备案；2014年8月，开始以商贸有限公司的名义从国内进口物资设备；2015年3月15日，第一批车辆牵引车清关完毕，进入重汽代理销售实质阶段；2015年8月，莫桑比克商贸公司成功注册中国电建集采平台合格供应商；2015年9月，与一分局玻利维亚项目正式签订采购合同，标志商贸公司正式进入转口贸易。

2014—2015年，在建设质量效益型国际强局的战略目标引领下，莫桑比克商贸公司和莫桑比克工程公司的成功注册成立，标志着十一局国际业务范围逐步得到进一步开拓和扩大。十一局以商贸公司为服务平台，在莫桑比克营造出中国电建商贸公司的品牌，开拓具有施工企业特色的专业建材市场，引进国内资源，提供保障平台，降低采购成本，形成了供销双赢互利的可持续发展。

2015年以来，十一局又相继中标莫桑比克马普托省国基理想城房建项目、马托拉省医院房建项目和赛赛市马古拉灌区项目。十一局结合莫桑比克区域和新中标项目实际，积极探索项目群管理模式，使资源利用实现最大化。

随着几个项目的陆续开工，十一局抽调由精干力量组成的施工管理团队奔赴莫桑比克，以莫桑比克分公司为引领，确定"以施工拓市场，以市场促开发"的目标，依托在建项目，开拓更广阔的市场资源。

莫桑国际理想城房建项目，位于马普托市，为两栋四层住宅楼，建筑类型为砖混结构，连体梁独立基础，建筑面积3808平方米。施工内容包括土建、安装、装饰工程等。这是十一局在莫桑比克第一次承建房建项目，可以说既是机遇，也是挑战。

俗话说"万事开头难"。第一次涉足莫桑比克市场，项目部面临着水土不服、文化差异、人员紧缺、语言不通、交通不便等诸多问题的考验。

为了能够快速进场打开工作面，前期进点的项目管理人员分头展开工作，白天带领当地劳务人员进行临建施工，抓紧了解马普托市场在材料、机械和劳务方面的情况和信息；晚上则在项目领导带领下，学习、借鉴十一局国内外房建项目和莫桑兄弟单位的成功经验，并努力学习葡萄牙语。在短短不到一个月时间里，就完成了项目部营地建设和当地建筑市场的调研工作，为后续人员安排与工程早日开工奠定了基础。

项目部秉承"坚守一线不放松，朝夕苦干保进度，一丝不苟抓质量，全员同心强合力"的理念，精心组织、科学管理，2015年3月9日实现地基开挖，标志着项目的正式开工。

一次，房屋大角基础浇筑完成后突然出现了部分柱子钢筋移位，混凝土振捣不到位的现象。项目总工宫现华立即组织技术人员，加班加点研讨施工方案，尤其认真研究了柱子钢筋加固定位、混凝土浇筑振捣等问题，最终成功解决难题。与此同时，项目部经过多方协调沟通，克服所需材料、工具紧缺现状，保证了工程顺利进行。9月13日，两栋四层住宅楼封顶节点目标顺利实现，得到业主、监理的一致好评。

一支能打胜仗的队伍必然是一个思想过硬、作风严明的团队。为营造优良的团队作风，项目部领导层以身作则，党员干部率先垂范，积极开展党员先锋工程，严格落实十一局相关制度规定，多次组织学习党内规章制度和十八大有关文件，每位同志还对照标准进行自我剖析，向着更高、更严的目标迈进，切实发挥党支部战斗堡垒作用和领导班子示范引领作用，为施工生产提供保障。

项目技术主管陈亮辉是第一批到达国基理想城房建项目的员工，从刚开始对国外房建施工一无所知，到后来独当一面，靠的是电建文化的不断激励。进入莫桑以来，他始终坚持学习葡萄牙语，从零基础到能与现场劳务进行独立交流，取得了很大进步。在项目管理人员紧张的情况下，他身兼多职，不仅出色地完成了测量本职工作，还将两栋楼的土建与安装工程以及工程量统计的任务承担起来，个人能力也得到了极大提升。

莫桑比克国基理想城项目中莫员工合影

"参与这个项目建设是我人生中最重要的一笔财富。"陈亮辉回忆起在莫桑工作的日子，不无感慨地说道。

时任项目经理兼党支部书记李立新经常这样教育员工："我们每一个人都代表着中国，我们所干的工程质量直接关系到祖国荣誉，一定要做到建一平米房屋，保一平米质量，为莫桑比克人民造福，为祖国争光，为企业添彩。"

　　而在莫桑比克另一个战场上，卫生部房建项目也于 2015 年 7 月 1 日开工建设。该项目是莫桑比克卫生部为马托拉省立医院在职医生提供住房而开发的项目，包括 4 栋四层框架结构住宅楼，共 32 套住房，总建筑面积约 3600 平方米，是十一局在莫桑的第二个房建项目。

　　由于前期各项工作准备得比较充分，各种机械、材料提前到位，项目部于 7 月 5 日完成基础开挖，8 月 23 日完成 EL0.00 高程以下基础施工，12 月 20 日完成 4 栋住宅楼结构封顶施工，2016 年 6 月完成装饰装修施工，全面完成合同施工内容，在施工进度、工程质量、安全等方面得到业主和监理的赞扬。

　　施工过程并非一帆风顺，总会有这样那样的困难，但是十一局人没有绕道，而是直面迎上，将难题一个一个解决。

　　因为莫桑官方语言为葡萄牙语，对外交流也要靠葡语，这就造成了很大的沟通障碍，项目部只能聘用葡萄牙语—英语翻译，然后将英语翻译成汉语，靠着这样的法子，完成了日常的对外协调和沟通结算。在施工现场，你总能看到中方人员"手舞足蹈"地与劳务进行交流，然后看到对方忽然恍然大悟的样子，让人忍俊不禁。同时，中方人员也加强语言学习，靠着慢慢地积累，近五十岁的师傅也能依靠肢体语言和词汇拼接，达到与当地劳务正常交流的水平。

　　由于房建施工涉及工种较多，专业要求也高，四个单元楼同时施工需要的劳务数量很大，附近同时施工的中国企业也占用了很大的劳务资源，劳务资源短缺问题成为制约施工进度的一个关键因素。有过国外施工经验的工区主任宁凯乐很早就认识到了这个问题的重要性，在工程开工之初，就安排在附近区域招聘有经验的劳务，同时开展培训，储备各种熟练技术工种，在施工高峰期，劳务人员数量得到了保证，施工进度未受影响。

　　针对非传统安全风险，项目部根据所处地理条件和环境，制定了各种应对非传统安全应急事件的措施，通过采取全封闭围墙、生活区隔离、雇佣警察保护、全方位 24 小时监控以及聘用保安公司巡逻等手段，极大地增强了中方作业人员的安全感。

　　经过近一年的施工，马托拉省医院房建项目各项任务全部完成，为十一局在莫桑比克的市场开发、业务拓展、人才培养等增加了砝码。在施工

莫桑比克国基理想城房建工程

过程中也涌现出一批可歌可敬的人，他们是：木工杨建功师傅，47 岁坚持学习葡语，把模板制安和语言学习完美结合；厨师水长江师傅，45 岁，把舌尖上的美食带到莫桑，为中方人员带来家的味道；测量技术员姜东毅，独立完成一肩挑，把测

量、技术、质检样样扛在肩上。

除了这几位，活跃在十一局莫桑比克施工一线的"最可爱的人"还有很多很多，他们精彩的故事一直在莫桑流传着……

春华秋实，2017年11月9日，莫桑比克总统菲利佩·雅辛托·纽西双手握着剪刀剪下蓝色彩绸，全场欢呼雀跃，标志着历时一年多的林波波河灌溉项目圆满竣工，淳朴的当地百姓兴奋地跳起民族舞蹈，表达自己的喜悦之情。书写着中葡双语的条幅见证了这令人欢欣鼓舞的一刻，象征着胜利的彩旗迎风飘扬，仿佛在为水电十一局这支战无不胜的队伍鼓掌、喝彩。

林波波河是加扎省农业发展的重要河流，而马古拉灌区项目则是把河流和农业区连接起来的"桥梁"，灌溉面积约2542公顷，是加扎省农业重点项目，对于提升该省农业现代化水平和提高农产量具有重大意义。

有着"鳄河"之称的林波波河在莫桑比克加扎省首府赛赛汇入印度洋，浩荡的碧波经年累月冲刷着非洲大地，在这里形成千里沃野。冲积平原土地肥沃，林波波河水源充足，但是鉴于当地落后的生产力，人们只能无奈地看着河水白白流走，怎样把水引到农田里灌溉缺水的庄稼是困扰当地人民的痼疾。这时候，水电十一局的建设者们来了，他们带着信念，带着希望，准备为加扎省人民奉献自己的力量。

项目入场之初，项目建设者就面临巨大的挑战，一切都得从零开始。但是这些挑战没有吓倒水电十一局的建设者们。

没有施工图，他们就上报业主监理批准，自己设计；没有机械，他们便多方调配、租赁，多种渠道下手解决问题；没有预付款，他们一方面积极跟业主、监理协商，争取早日办理预付款，另一方面，不等不靠，多方联系筹措资金，争取项目主动权；没有劳务，他们就积极登报纸，利用电视等媒体进行公开招聘。初期的困难不但没有难住他们，反而激发了他们的干劲，大家都卯着劲把工作一点一点往前推进。

莫桑比克下林波波河马古拉灌区工程

2015年10月6日上午，莫桑比克林波波河灌溉项目举行开工典礼，加扎省省长斯黛拉·泽卡宣布马古拉灌溉系统工程正式启动，斯黛拉·泽卡对中国电建为工程前期施工所做的努力表示感谢。

2016年4月13日，莫桑比克马古拉灌溉工程泵站基础混凝土顺利开盘浇筑。施工大干的序幕随之拉开。

2016年10月17日，在项目部全体干部、职工努力下，莫桑比克马古拉灌溉项目完成渠道土方回填，为渠道衬砌后续施工提供了保障。

一个个节点的展开，是水电十一局建设者们辛勤工作的结果，这背后承载了多少汗水和泪水，没人能说得清。

项目"大拿"王丽珍出国时孩子还没上学，大家总能看到她拿着手机到处找信号。但是，当关掉视频的一霎那，大家也总能看到她眼神里的落寞和坚毅。合同经理田国安，在跟女儿视频聊天的时候，如水般的温柔牵挂着屏幕后的家人。他不知道错过了孩子多少成长的重要时刻。但是，他们都能够把思念化作力量，浇筑在那一方方钢筋混凝土中。

项目竣工时，莫桑比克总统菲利佩·雅辛托·纽西说："中国水电在雨季到来之前，按时、高质量地完成工程建设，充分体现了世界一流的综合工程建设施工能力"。

"中国电建是负责任的中国企业，他们高质量地履约体现了企业的实力和担当，希望未来和中国电建有更多的合作。"项目业主灌区主席阿曼多在接受莫桑比克最大的报纸——《消息报》采访时说道。

"这是一条充满希望的灌区，她像母亲一样滋润着周边的土地，让作物生长"，看着渠道缓缓流过的清水，一位见证项目从无到有的老村民说，"感谢中国人给我们修渠道，我们的作物一定会茁壮成长"。在落日余晖的映衬下，老人的脸上泛着红光，眼中充满了期待，他仿佛看到了作物丰收时的情景。

所有的努力都是值得的，所有的付出都是有回报的。建设者们辛苦流下的汗水和泪水换来了政府和当地百姓的良好口碑。电建人充分发挥团队精神，充分发扬艰苦奋斗的优良传统，高举自强不息、勇于创新的大旗，为企业创造价值的同时，也给非洲这片古老而富饶的土地带来了希望和收获。

当我们手捧希望和收获，我们怎能忘记那一批又一批筚路蓝缕的开拓者？延伸在莫桑比克大地上的169公路还在行走着路人、行驶着车辆，道路两边发生了很大的变化，而那个四处奔走的青年的身影，我们却再也看不见，只能在公路边看见十一局立于2018年8月的一块纪念碑，碑文写道：

2006年8月21日，在ER520-EN212-威兰库卢什公路EN1段修复施工过程中，3名优秀同志（常哲、水春梅、赵炜芳）在此地殉职。谨立此碑以为纪念。

在美丽的莫桑比克，这个号称"腰果之乡"的地方，有一条流淌着希望的灌渠，承载着水电十一局的荣耀，承载着中莫两国的友谊，也承载着莫桑比克林波波河两岸人民丰收的希望。

有诗赞道：

> 莫道故园万里长，非洲东南是吾乡。
>
> 一砖一瓦一沟渠，沙场辗转旌旗扬。

当莫桑比克的业务开展得如火如荼，赤道另一边的埃塞俄比亚，十一局人负重前行的身影也正在描绘动人的图画。且看下回分解。

参 考 文 献

[1]　李立新，任鹏杰，宁凯乐，陈亮辉，张龙宁.《扎根莫桑——莫桑比克区域项目群纪实》。
[2]　惠金玉.《常哲是我们心中永远的项目经理》。

第十四回

风云际会筑路进埃塞　时事多变坚守求发展

　　印度洋的细浪轻拍着莫桑比克的海岸，赤道以北的埃塞俄比亚却听不见印度洋的呢喃。不同的季节，不同的语言，却奔走着同一群人，那就是水电十一局人。在埃塞俄比亚这座咖啡王国，十一局人精耕细作，悉心呵护着属于自己的"咖啡种植园"。

　　得益于首都亚的斯亚贝巴为联合国非洲经济委员会 ECA 和非洲联盟（AU）所在地，位于东非的埃塞俄比亚被称为"非洲的首都"。得天独厚的政治优势决定了埃塞俄比亚在非洲的特殊地位，也为埃塞俄比亚经济的迅猛发展增加了砝码，使埃塞俄比亚日益成为非洲大陆一块诱人的投资和建设热土。

◆ 走出去，如履薄冰

　　2004 年，十一局步入国际市场开发的快车道，相继中标阿曼马斯喀特污水系统工程、蒙古泰西尔水电站工程、约旦死海 18 号海堤修复工程、莫桑比克 169 公路工程、莫桑比克克里马内城市供水工程、巴基斯坦马兰坎Ⅲ水电站金结工程，而埃塞俄比亚麦克纳久公路工程也搭上了这班车，成为十一局在埃塞俄比亚承揽的第一个公路项目。

埃塞俄比亚麦克纳久公路工程

　　在国内建筑施工领域曾经有过"金桥银路"的说法，在国外却是相反。公路项目战线长，投入大，风险多，大家一提到公路项目，想到的几乎都是亏损。即使今天，当十一局人再来审视埃塞俄比亚公路项目的业绩时，记忆中的尴尬，仍旧书写着一页又一页令人费解的故事。

　　在埃塞俄比亚东南部与索马里交界的阿法和索马里人居住地区、北部的 Gondar 山区和与厄立特里亚交界的地区，曾经发生绑架中国员工事件，起因就是当地人认为中国人带着奇怪的大型设备和"妖术"修路，惹怒了天神，不再给当地降雨。所幸，在中国大使馆和当地政府部门的解救下，被绑架的员工得以脱险。让人啼笑皆非，又毛骨悚然。

埃塞俄比亚人好打官司，爱打官司。有人戏谑地说，在埃塞俄比亚，很多人都忙碌地走动着，十有八九不是起诉别人，就是被别人起诉到法院应诉。

AD116 项目曾经被附近的农民告上法庭，诉由是营地的狗咬死了他的羊，要求赔偿。耗时几个月，却因为证据不足而无果。其他公路项目经常为施工用地、劳务纠纷等被告上法庭，项目部为此耗费了大量的时间和成本。埃塞俄比亚人素来有"秋菊打官司"的精神，绝不从时间和经济上去权衡，只想讨个"说法"。

2010 年 7 月初，在埃塞俄比亚工作近一年的项目职工回家休假，办理出境手续时，被意外地告知在埃塞俄比亚有犯罪记录不能出境，只因和一个嫌疑人同名同姓。感到被"戏弄"的职工怒不可遏，气愤地要求移民局赔偿损失。

2012 年 3 月，AK97 公路项目的分包商在亚的斯国际机场办理出境手续时，发生了同样的事情，一直拖到一周后高院出庭才重获自由离境。

类似的问题与困惑还有很多，不管是项目管理中的适应与对接，还是员工所遇到的尴尬与碰撞，哪一个项目都有一部"《史记》"，哪一个员工的心中都有一个故事，一部"《一千零一夜》"也难记述无奈的尴尬和困惑。

在埃塞俄比亚经历过风风雨雨，十一局人曾一度困惑和无奈，体会到项目实施时的艰难和决标时的痛苦抉择，但更有进入新国别、涉入新领域、尝试多元化和区域化管理的果敢，以及一个又一个项目竣工时的收获与振奋。心中刻骨的伤痛在经过观念的震荡之后，反应更加犀利。

◆ 走进去，志在必得

麦克耐久公路项目是十一局以中川国际名义在埃塞俄比亚实施的第一个工程项目，是"贴牌出口"，尽管赢得了市场，却难以走出低端发展模式的怪圈。拥有自己的品牌和营销渠道才是十一局人追求的最终目的。

2007 年，是十一局建设质量效益型国际强局的开局之年，公司围绕打造国际强局的战略目标，创新管理模式，加大市场开发力度，增强项目管控能力，较好地完成了各项经营任务。在埃塞俄比亚，十一局以中国水电的名义拿到了 AD116 公路项目，随后又相继中标了 GD99 公路、AK97 公路，使埃塞俄比亚市场有了更广阔的发展空间。

AD116 公路项目几经艰难，前期却有劳无功，面临着进度滞后、经营亏损的局面。2010 年雨季结束后，时任项目经理张涛锋带领全体干部职工，多措并举，施工进度大大加快，创造了一个旱季铺筑沥青混凝土路面 100 公里的历史性纪录。

谁都清楚，任何一点成绩的取得，都要以艰辛的付出为代价；任何一个项目的顺利履约，都凝聚着无数人的心血。辉煌成绩的取得，是海外项目广大职工立足岗位做贡献，顽强奋战在异域施工一线的结果。

王辉，曾任 BZ92 公路项目经理，2004 年出国至今，一直在国外工作，经历了

3个国家5个项目。2007年7月，他在筹备AD116公路项目前期测量工作期间，母亲突发脑溢血住院。家里为了支持他工作，一直隐瞒病情，最后他错过了母亲的葬礼，成为生命中永远的痛。

正是因为有了像王辉这样的项目职工的负重前行、努力付出，AD116公路项目在历经四年的艰苦曲折之后，最终于2011年12月全面完工，新华网做了专门报道，称这条公路是埃塞俄比亚南部的一条重要交通线路，它的顺利竣工将为促进沿线地区的经济发展做出贡献，为当地社会经济发展注入新的活力。

埃塞俄比亚AD116公路升级工程

与AD116公路项目相比，AK97公路项目和GD99公路项目运气好很多。投标单价具有比较优势，在前两个施工旱季中表现不错，各项工作基本正常，处于可控状态。

AK97公路项目，发扬了公路专业管理优势，管理和经营一直做得比较规范、扎实，在每年埃塞俄比亚公路局所有项目的年度评定中，都名列前茅，埃塞俄比亚国家电视台也曾多次到项目进行采访报道。在利用社会资源方面，项目部先后从国内引进了2个路基工程施工分包，1个石方爆破工程施工分包。分包商在项目施工中发挥了积极作用，不仅降低了项目的资源投入，分担了项目的风险，也为公司海外业务的经营方式进行了积极的探索，提供了很好的借鉴经验。

GD99公路项目是埃塞俄比亚贡德尔——德巴克公路升级改造项目，也是埃塞俄比亚国家公路发展规划第三阶段中的一个重要项目。

开工后，项目一路坎坷一路行，项目职工永远不会忘记那条通往希望的路走得多疲惫、多艰难。

2011年，郭海龙被派去了GD99公路项目，怀着满腔热情的他到了国外才知道，项目不缺电工，急缺的是修理工。推土机、反铲、装载机、自卸车等很多，当地劳务用起设备来相当野蛮，设备出问题的频率非常高。郭海龙对此一点没有含糊，从头开始学，看图纸看书、跟着有经验的老职工操作、边干边琢磨。非洲的旱季酷热异常，对着晒得滚烫的机械，人常常是汗如雨下，郭海龙从没说过累和苦，靠着一股子钻劲儿，没过多久就"出了师"。因为维修工紧缺，常常是这边刚开始干另外一边就开始催，设备坏在路上可不是小事。那段时间，每天12个小时的上班时间，他连走路都是小跑，晚上下了班倒头就睡，人不知不觉瘦了二十斤。

2012年，对GD99公路项目是一次关键性的转折。新任项目经理张涛锋接下了这个烫手山芋。他及时调整思路，优化施工方案和项目现有资源配置，确立了"以沥青铺筑为主线，骨料生产为重点"的突破方向；主动拜访业主，加强与政府沟通，获得了业主的理解和支持；及时召开座谈会和大家沟通交流，通过组织篮球赛等活动丰富大家的业余生活，通过举行职业生涯规划，让大家充满信心。这三把火一下子燃起了 GD99 公路项目的新希望。全体干部职工齐心协力，开创了 5 月份铺筑沥青混凝土路面 10.5 千米的纪录，为创造更大的辉煌书写了新篇章。

埃塞俄比亚一个又一个项目的中标和实施，培养了一大批熟悉国际惯例、合同管理，了解埃塞俄比亚市场行情、民风民俗、法律法规和做事方式的"老埃塞"高层管理人员，也锻炼了许多熟悉施工生产的"老埃塞"中层管理骨干，同时也带出了一大批当地管理和技能人才，成为落实属地化管理的"种子选手"和"生力军"。

GD99 项目与当地居民一起庆祝公路贯通

对埃塞俄比亚市场的研判，让十一局人乐观地看到，历经国际市场的涤荡，用智慧走进去，用实力走进去，将是十一局拓展国际市场的根基，融入才能适应、才能发展。

◆ 走上去，任重道远

埃塞俄比亚八年的坚守，还没来得及分享收获的喜悦，却意外地遭遇了税务风暴。

埃塞俄比亚海关税务改革如当头一棒，让充满激情、满怀期待的人们困惑、失望，甚至于绝望。改革前可以规避的税务风险却要面对改革后的巨大利润消失，这个教训无疑是惨痛的。在埃塞俄比亚的中资公司无一幸免地要面对内账的"严重亏损"和外账的"巨额盈利"这一跨国的理财"哥德巴赫猜想"。

内账和外账之间何来如此的差距？

依照埃塞俄比亚新税法，所有的中资公司被审计后均需缴纳巨额"收入税"、罚款和利息。列入成本中的总部管理费、国内差旅费、国内招待费不予认可。各种佣金费用不能计入成本。中方人员国内发放工资，在埃塞俄比亚没有收入税纳记录，也不能计入成本。

分包商的结算款多采用人民币支付，无法提供埃塞俄比亚标准的含增值税发票，这部分成本也无法计入。不仅要承担汇率风险和汇费，还要为此成本缴纳所得税。工程所在地就近采购物资无法提供符合要求的正规含税发票的采购成本更无法计入。

物资设备入关时原值估价底，造成设备投入成本减少。设备被低报价值的 18％ 关税成本无法计入，还要承受由此造成增加利润部分的 30％ 收入税损失。

上述种种无法计入成本的费用经税务部门的计算，全部转换成了利润，"巨额盈利"成了无可争辩的"事实"，这就是中资公司突然遭遇的"心绞痛"。

利润瞬间消失，让人崩溃。

精明的商家敏感地细算了一笔帐，按照新规定，基本上是付清重新购买同样的新设备的钱才能把旧设备退出埃塞俄比亚。

面对这一切，很多人动摇了，很多人在质疑。

"我究竟是该安静地走开，还是该勇敢地留下来……"是大部分在埃塞俄比亚的中资公司心态的真实写照，也是考验每一家在埃塞的中资公司决定其未来在埃塞俄比亚市场如何发展的一道需要慎重考虑的必答选择题。

税务风暴，让人无语，但这突发的"心绞痛"却也刺醒了十一局人，它所引发的思索，迫切地需要十一局人去面对。

巩固和发展埃塞市场，任重而道远！

属地化管理是国际工程做好、做强的优势所在，这恰恰是十一局在埃塞俄比亚市场的短板。试看，AK97公路项目97公里的公路，引入包括分包商在内的近110名中方员工；GD99公路项目99公里的公路也引入100多中方员工，两个项目都是平均一公里一个中国人。仅以大车司机为例，一个中国司机的月工资相当于好几个当地大车司机的工资，这还不包括需要办理签证、工作证、ID卡的费用，回国休假的机票、差旅补助费用和生活费补助等等。依此计算，项目仅在人力资源投入的成本已经不菲，极大缩小了项目的盈利空间。

真正扎根埃塞，做到可持续发展，成为具有持久生命力的国际公司，就要吸纳更多当地人，增强他们对公司的认同感和归属感，并大胆引进和培养使用当地中高级技术人员和项目管理人才，以及保险、清关、税务、工程分包等方面的合作伙伴，最大限度发挥他们的作用。只有要下大力气减少中方管理人员数量，降低项目管理成本才能落到实处。

面对缺陷和短板，十一局还需要提升走上去的实力。

经过多次调研，十一局人理性地看到，尽管埃塞俄比亚市场不确定因素比往年多，市场总体趋弱，但预期还是乐观的，十一局还有比较优势。

从外部环境看，一是税务风暴所反映的埃塞俄比亚市场的理性回归，规范运作，趋于利好；二是"五年复兴发展计划"所带来的基础设施建设的广阔空间；三是埃塞俄比亚河网遍布，12个主要河流流域的年平均地表水资源量估计在1220亿立方米左右。埃塞俄比亚是非洲水电资源最丰富的国家之一，然而，至今仅开发了不到5%，水电资源开发前景看好。

从内部环境看，一是集团"大集团、大国际、大品牌、一体化"的运营模式和强力推进国际业务优先发展的战略引领；二是公司"国际强局"战略的全力推进，有效地发挥了重点区域的带领作用；三是作为埃塞俄比亚的"老牌"中国公司，八年的积累和磨练，积蓄了应对、抗击和管控风险的经验和能力。

推进"大海外"战略，着力做实埃塞俄比亚市场，打造具有国际竞争力的世界一流企业是十一局人义不容辞的责任。不仅要抓住传统业务市场，还要瞄准其他高端业务市场，积极涉入非水电、非土建业务市场，在投资市场业务，太阳能、风能等新能源开发业务，工程设计业务，综合开发规划甚至高科技引入等方面跟进、参与并争取突破。

2012 年，埃塞 DL 大坝加高及修复工程中标，为十一局打开了又一扇通往走上去的埃塞俄比亚之门。作为非洲水塔，埃塞俄比亚是非洲水电资源最丰富的国家之一。DL 大坝的中标，让十一局人看到了曙光。

十四载峥嵘岁月，十四载风雨兼程。如今，一条条宽阔平坦的公路在埃塞俄比亚，在亚非拉的广袤大地上蜿蜒延伸，犹如一条条美丽的丝带串连起城市和村镇，给沿途的人们带来便利和福祉，而他们，也在传颂着十一局人砥砺奋进、努力拼搏的动人故事。

有诗赞道：

> 骏马奋蹄山川阻，旌旗翻卷勇者武。
> 莫论时事多变迁，青山咬定亦逐鹿。

埃塞俄比亚的经历，使十一局人的步伐变得沉稳而坚实。这沉稳而坚实的脚步在另一座国度——博茨瓦纳，踏出了康庄大道，开出了迪克戈洪和骆察尼两朵"并蒂莲花"。

参 考 文 献

[1]　秦贝．《风雨兼程谱华章》。
[2]　段京萍，张涛锋，候秋峡．《走进埃塞——十一局进入埃塞市场八年的历练与思索》。

第十五回
博茨瓦纳北水南调　骆察尼坝巧解近渴

有了在埃塞的艰难摸索、迎难而上，十一局人稳固非洲市场的信念更加笃定，下一站，他们来到了以盛产钻石而著称的南部非洲国家——博茨瓦纳。

2008 年年初，博茨瓦纳迪克戈洪大坝正式上马建设，水电十一局担起了施工大任。

迪克戈洪大坝工程是博茨瓦纳国家北水南调系统供水工程中最大的水源项目，也是中国水电在南部非洲承建的最大水利工程。

2008 年 1 月 12 日，张晓廷受命带领项目先遣人员在中国的传统节日——春节前夕赶到博茨瓦纳，开始了长达四年的异国征程。

2008 年 2 月 1 日，迪克戈洪大坝举行隆重的破土仪式。蔚蓝的天空，茂密的丛林，欢快的场面，博国政府高级官员、中国驻博大使馆及集团代表聚集在庆典现场，当地居民载歌载舞，用质朴的情感传递祝福。

重任当前，来不及欣赏异国风光，前期人员抓紧熟悉项目，和各方对接，在工地附近 40 千米处租房驻扎，租设备、清现场、建营地，为后续进场、主体施工做好前期准备。

水电十一局对项目高度重视，派遣以衡富安为首的专家组进驻项目，对项目前期策划、技术组织进行协助指导。

该项目大量的工程量集中在主河槽，由于大坝主河槽地势较低，防汛压力较大，因此原设计中将大坝主河槽段分为两个旱季进行施工。衡富安与项目部人员认真查看现场后，对主河槽施工方案进行了调整，将主河槽整体拦断，同时制定导流措施，在雨季时将洪水进行疏导，这样既保证了主河槽的连续施工，又解决了度汛防护的问题，将主河槽段施工强度大幅削减。

调整后的方案顺利得到业主聘请的南非专家认可，实施后极大地缓解了工期和成本的压力。方案修改前，主河槽高峰期填筑量接近 30 万方，

迪克戈洪大坝基坑填筑

调整后仅有 16 万方，同时节约了资源投入。

在科学组织和优良方案的推进下，项目部职工凭借极强的适应能力和学习能力，克服了和当地规范、语言等方面的差异，从测量到营区建设，从进场公路到河床基坑的前期开挖，工程施工逐步向前推进。

正当大家卯着劲儿大干的时候，6 月的一天，一群全副武装的当地警察突然闯进营地，对项目部进行了突击搜查，包括管理、施工以及厨师等岗位 43 名中方员工被当场抓走。

事情发生得太突然，慌乱，担忧，无助……身处异国他乡，很多人第一次感觉到了害怕。

这种情况别说工作，职工吃饭和人身安全都成问题。

经过沟通，当地劳动局反馈，前来博茨瓦纳工作的外籍员工必须办理工作证，否则将被视为非法移民。

第一次进入博茨瓦纳市场，对当地情况尚不熟悉，就被来了这么个"下马威"。

张晓廷立即连夜赶到首都，紧急向中国大使馆和业主当面汇报，然后就是不断地沟通和调解。

由于平日建立了良好的协作关系，业主方此时和项目部站到了一起，在与当地劳动局谈判的时候，业主代表据理力争、不断施压，常常将劳动局人员讲得哑口无言。

强势沟通下，事情得到妥善解决。遭到扣押的中方人员被悉数放回。项目部吸取教训，在最短的时间内，将所有中方人员的工作证办理了下来。

风波平息，好消息也同时传来。大坝施工需要大量砂料，原计划需要对采购的砂石料进行加工后使用，成本大而且耗时长。项目部经过实地勘察，发现当地河道里的天然砂数量多，而且技术指标满足要求。经过业主和监理的批准后，项目部利用旱季，大量开采天然砂用于施工，大大节约了成本和工期。

2009 年 3 月迪克戈洪大坝航拍

在这样的条件下，经过职工近一年的努力，项目部 2008 年全年完成产值 2.5 亿普拉，施工迎来开门红。

转眼到了 2009 年 6 月 9 日，此时正是南非的旱季，按常理来说是滴雨不下的，正是施工的绝佳时期。早晨 6 点钟，大部分人正在洗漱，就听见有人喊：不好了，基坑被淹了！

干水电站，基坑是最关键的，如果基坑被淹，损失不可估量。很多人立马向工地跑。

现场看到的景象，让大家立马懵了。洪水袭击了施工现场，冲走了机械设备和材料，造成直接损失原值近千万普拉，更为严重的是，基坑被洪水淹没，这就意味着之前的努力几乎白费。

突如其来的灾难，让大家感到欲哭无泪。

第一时间，项目部启动索赔程序。张晓廷带着商务经理反复分析合同条款，多次与业主沟通，力求将损失降到最低。

可是被影响的工期怎么办？张晓廷找来总工程师刘沐："现在这种情况，工期还有没有希望？"

得到的答案是：工期可能要拖一年。

工期绝对不能拖，只能调整施工计划。可到底该咋调整？很多人连续两天两夜没有合眼。

这时有人提出：能不能在河床段坝基施工暂时受阻的情况下，施工重心暂时转向左右岸的坝段，同时加强基坑的排水工作？

大家决定试一试。

建成后的迪克戈洪大坝全景

事实证明，在没有退路的时候，人的潜力能够得到最大限度的发挥。

经过大家奋力拼抢，11月雨季到来之前，河床大坝填筑到了一个相对理想的高程，为来年旱季施工高潮的到来打下了基础。

随后的2010年，是迪克戈洪项目的决战之年。5月起，施工高潮迭起，大坝填筑方量连创新高，到8月底，大坝河床段提前两个月达到安全渡汛高程，成功抢回2009年被洪水延误的工期。随后，大家热情不减，乘胜追击，使大坝河床段填筑在安全渡汛的基础上再升高11米。这一年，项目部完成大坝填筑180万方，成功将决战之年转变为决胜之年。

2011年10月1日，迪克戈洪工地碧空如洗，蓝如海水。四周丛林百鸟啁啾，奏出动听的乐曲。

在一百多双眼睛的热切关注下，迪克戈洪大坝进水塔的闸门徐徐落下，大坝顺利实现下闸蓄水。远在非洲的十一局人，为祖国的62岁华诞献上了一份厚礼！

此时，在距离迪克戈洪大坝东南方向200千米之外的蒙那塔拉村，另一群人也正在为自己所取得的丰硕成果相互庆贺。

蒙那塔拉，博茨瓦纳东部丛林中一个名不见经传的村落，自2009年3月起，因为一批中国水电人的到来而变得热闹起来。

　　骆察尼大坝座落在距蒙那塔拉村 2 千米处的骆察尼河上。工程建成后将为附近至少 22 个村子的数万居民提供高质量的饮用和灌溉水源，意义重大。

　　进点之时，项目经理周庆国年仅 31 岁，这样大的一个工程对周庆国和他的团队来说是一个重大的考验——项目班子年轻，职工团队绝大部分人员是第一次出国，国外工程施工组织经验少。但这个团队富有朝气、充满活力，面对困难拼劲十足，从不愿意服输。

　　工程施工展开后，考验他们的问题接踵而来。

　　首先是施工用水问题。在工程附近那片干涸的土地上，他们寻找了方圆几十公里都没找到一处水洼，大坝填筑需要的大量用水没有水源。

　　怎么办？万般无奈之下，他们决定在大坝上游滴水不见的河床上筑一道临时围堰，拦截雨季时候的雨水和上游来水。这个原本试试看的办法却起到了奇效，靠一道围堰蓄起的水，竟满足了大坝两年多时间的施工用水！

　　更大的问题还在于大坝基础开挖上。大坝基础与原设计资料不符，Ⅱ区、Ⅲ区基础开挖均超过设计开挖深度；Ⅲ区大坝河床段地质条件复杂，工程师对相关坝段不断地改变方案。恶劣的地质条件一下子把开挖施工拖长了整整 4 个月时间。

　　挑战远远不止这些。工程师对工程质量近乎苛刻的管理，使工程常常因停工而停滞不前。项目部好多人都有委屈，有职工直言：像这样，这活儿根本就没法干。

　　周庆国虽然心里也难受，但还是斩钉截铁地给大家做思想工作：人家都是按要求来，也没错，咱们要在这里干下去，就必须适应这点。

　　2011 年 5 月至 10 月是骆察尼大坝施工最壮观的一段时间。项目部抓住旱季少雨的良好时机，开展"大干五个月，确保主体完工"劳动竞赛，掀起大坝施工高潮。

　　大干的战鼓声，激发了团队的战斗力。

骆察尼大坝施工

职工李绍国、詹中宽得了重感冒，但是看到热火朝天的大干场面，想着自己工区的任务尚未完成，依然坚守在生产第一线。

负责沙石系统的莫柏涛、管道工区责任工程师王述诚、修理工董仁斌等人，自从 2009 年来到项目部就没有回国探过亲，得知要开展劳动竞赛，主动找到项目部领导，要求留下来。年轻的共产党员郭跃臣，主动提出在大干期间值夜班，一干就是 5 个月，克服了很多常人难以忍受的煎熬，但是从来不对别人讲。

在大干的时间里，筑坝队长李绍国和送油工张魁两位职工的母亲相继去世，无法回国的他们都只能在大洋彼岸哭送母亲一路走好！

大部分职工扛着对家人的思念，在劳累了一天之后，顶着疲惫与困倦，在半夜给家人打个电话，报一声平安。

2011 年 10 月初，大坝填筑达到坝顶高程，填筑施工全面结束，劳动竞赛目标提前实现。全体参战职工仅用了 5 个月时间，抢完了全年的施工任务，一举扭转了被动局面，取得辉煌战果！

建成后的骆察尼大坝

10 月 12 日晚，骆察尼大坝项目部职工食堂笑语阵阵，掌声迭起，大家在为 5 个月取得的成果庆功，也为顺利完成任务而感到宽慰。

这一夜，项目部灯火通明、欢声不断。

成绩的背后，是两个项目全方位管控的成功。

通过前期的摸索，迪克戈洪和骆察尼项目的职工深刻的认识到一点：方案的制定，人员的安排，物资设备的进点，如果没有一个超前的规划，对于海外项目来说，将会付出沉重的代价。工程每走一步，各种资源必须提前保障到位。如果保障不到位，工程就干不下去了，损失也就随之而来。

像博茨瓦纳这样的国家，各种工程物资相对匮乏，许多物资依赖境外购进，如果临时计划，耽误的往往是几个月的工期，而这，无疑会造成不可估量的经济损失。

迪克戈洪项目在组织设备进场前，首先调查了该国的物资市场，提前就配件采购做好计划，规避航运、海运风险。

2009年旱季突发的大洪水给迪克戈洪项目造成经济和工期上的巨大损失。那段时间，压力让迪克戈洪项目部职工难以入眠。通宵的灯光下，他们权衡比较，互相争论，共同探讨，最终坚决提出确保工程按期完工，但业主必须增加赶工费用和资源投入费用的方案。

一轮一轮地谈判，一遍一遍地评估，一次一次地碰撞，项目部领导班子顶住了巨大的压力，与业主进行了反复大量的沟通，十几轮的较量过后，项目部提出的索赔方案最终得到了博茨瓦纳高层和社会民众的理解，最终成功获得合理索赔，让重压下的项目部全体人员得到了很好的喘息机会。

骆察尼项目，大坝基坑恶劣的地质条件与原设计相去甚远，一下子把开挖施工拖长了4个月之久。项目部及时提出索赔要求，最终索回工期97天，在经济方面也获得了数额较大的补偿。

要把海外项目干好，实施"本土化"战略是一种必然趋势。在博茨瓦纳近四年的项目履约中，两个项目团队"入乡随俗"，通过与当地社会文化的不断融合，在为工程建设争取到更好的环境和空间的同时，也为当地社会的发展贡献了一份重要力量。

"本土化"的结果是一种双赢。

迪克戈洪大坝建设，实现了集团公司在非洲市场安全、形象、进度、合同全方位的良好履约，项目的成功，不仅给"中国水电"赢得了声誉，也为博国做出了巨大的贡献。除此之外，项目部积极参与当地公益事业，为当地村民捐赠了大批物品，其中包含彩钢板房、电脑、办公桌椅等二十余种137件，总价值约24万普拉。

迪克戈洪项目举办生活物资捐赠仪式

骆察尼大坝项目部经常对附近三个村庄的村民进行慈善救助。冬季，对困难村民捐赠110条中高档毛毯，竣工时，为两个贫困家庭捐赠了两套住房，向当地政府和学校等机构捐赠了一批办公和教学设备，博国会议员普林斯·马埃勒等官员出席了捐赠仪式。中国驻博大使馆梁碧珍参赞对中国水电在博茨瓦纳的良好履约给予高度评价，对中国水电积极履行社会责任表示高度赞赏。

两个项目大量的当地采购为博国带来了巨大商机，聘用和培养了大批机械操作手，为当地提供了更多的就业机会，改善了大坝附近村民的生活水平。

风雨兼程，异国奋战。博茨瓦纳两个项目职工用艰辛、拼搏和奉献诠释了工程开始之初的承诺，用付出演绎了"中国水电"的追求，在这个陌生的沙漠、沼泽、丘陵星罗棋布的野生动物的栖息地，他们用坚守和智慧见证了一个超越时代的传奇。

骆察尼大坝正在工作的当地机械操作手

有诗赞道：

征程万里志兴怀，拂过万仞笑颜开。

博国巧思起大坝，频送光明情谊来。

同样的 2008 年，与博茨瓦纳西北相邻的国家安哥拉，也向中国建设者敞开了胸怀。水电十一局建设者紧抓机遇，持续开拓安哥拉市场，开启了与安哥拉人民为期十年的合作共赢故事。且看下回分解。

参 考 文 献

第十六回

安哥拉十年韬光养晦　踏海人几度栉风沐雨

2008 年，水电十一局几乎同时进入博茨瓦纳与安哥拉市场。安哥拉市场一经打开，便是深耕细作的十年磨砺。

在质量效益型国际强局发展战略的引领下，2008 年，借助恩泽托市政基础设施一期项目的实施，水电十一局正式进入安哥拉市场。

道阻且长，风雨兼程。十年来，水电十一局在安哥拉先后承建了 22 个项目，实现了项目由少到多，规模由小到大，市场由低端到高端的根本性转变。

◆ 困境求生

安哥拉位于非洲西南部，1975 年独立后，因安人运和安盟两大党派的对立冲突，进入了内战期，2002 年才实现了最终统一。27 年的内战，使得安哥拉错过了与全球经济共同发展的机会，各种基础设施和建筑因战争被毁，国内民不聊生。统一后，安哥拉开始战后恢复与重建，也正是从这个时候，世界各国的建筑承包商云集安哥拉。

安哥拉当地人民生活　　　　　　　　　安哥拉海边的鱼市

2008 年，水电十一局决定进入安哥拉市场，由时任十一局党委副书记、纪委书记王大刚负责市场开拓工作。面对环境陌生、资源缺乏、语言不通等问题，前期人员依靠集团在安哥拉的指挥部，主动积极铺开工作，每天跟着业主跑四五百公里考察项目，在烈日下走到腿软，晚上住在当地农民的房屋里，没有床铺就打地铺。

当时，时任水电十一局副总工程师杨和明、第四分局分局长宋维侠也参与了前期市场开拓和项目考察工作。考察组出行自带炉子、面条等生活用品，到饭点后，大家在树下生起炉子做饭，围坐在一起快速的吃一顿，然后继续启程。诸如此类的事情不胜枚举。

经过前期大量的付出，2008 年下半年，水电十一局中标了安哥拉恩泽托市政基础设施项目，实现了打开安哥拉市场的目标。但也是在这一年，一场全球性的金融风暴给全世界的经济带来重大灾难，安哥拉虽然远在非洲，也未能幸免，恩泽托市政基础设施项目受此影响一度停工。

恩泽托市政道路

恩泽托市政燃油电厂

在困难面前，参建职工迎难而上，努力熟悉和开拓安哥拉市场。在金融危机还没有完全过去的 2010 年，水电十一局决定成立安哥拉分公司，由时任第四分局分局长宋维侠兼任分公司总经理。当年，安哥拉分公司全年投标 46 个项目，中标 760 万美元，为安哥拉市场的持续发展提供了保障。

谈起安哥拉市场，宋维侠回忆道：

最初是由王大刚书记负责安哥拉市场，我们进入安哥拉市场时，赶上了金融危机，当时的条件真的非常苦。我们的职工当时是在外边租房住，非常不安全，后来经过我们跟集团区域部的沟通，最后搬进了区域部的办公基地，也就正式稳定下来了。

宝剑锋从磨砺出，梅花香自苦寒来。金融危机是挑战，亦是机遇，金融危机过后，安哥拉分公司建立完善市场开发机制，积极探索建立安哥拉工程风险体系库，进一步加快安哥拉市场的开发步伐，积极配合电建集团安哥拉代表处开展一级营销，同时以各在建项目为依托，大力开发二级市场。

说到安哥拉分公司市场开发，当时作为安哥拉分公司副总经理兼总工的王开军，感慨颇多。

安哥拉水电建设前景很大，但是基础建设却非常落后，在考察市场的时候，遇到道路不通是常事。记得在 2013 年，有次我们去考察安哥拉一个水电站的时候，询问当地人规划地点，当地人居然也不知道具体地址，没办法，我们只能边走边问。就这样，本来计划三天的行程，最后硬是花费了一个星期。中途睡车中、吃面包、喝河水那就更不用说，天天都是那样。

2015 年后，由于国际原油价格的下跌，导致安哥拉出现新一轮的经济危机，安哥拉国内建筑市场出现低谷。但是，安哥拉在建项目不仅顺利履约，还中标了总额约 1.7 亿美金的项目，保证了安哥拉市场的可持续发展。

10 年来，水电十一局先后承建了分布在安哥拉七个省的学校、农贸市场、体育场、公路、政府大楼、供水供电、民用住宅、燃油电厂、水电站、输变电线路等 22 个项目的施工任务，积累了大量的投标经验，培养了一批专业人才，成为中国电建在安哥拉的骨干队伍和核心力量之一。

纳米贝西都都紧急燃油电厂

万博供水二期工程

◆ 区域管理

安哥拉分公司是十一局在海外成立的第一个区域分公司，管理上并无经验可循，为了更好地适应安哥拉市场，最大化地统筹优化人力、物力资源，安哥拉分公司积极探索，成功实践了内部区域化、资源统筹化管理的模式。

国内物资通过海运到安哥拉，在安哥拉最大的港口卸货，载运到位于首都的安哥拉分公司，分公司根据各个项目在建情况、物资需求，进行一次分配。同时，由分公司机关物资部进行日常跟踪，再视项目进展情况，在分公司内部项目进行二次调配，既达到了物资的充分利用，又节省了成本。

尚勇，安哥拉分公司的一名长途车司机，已经在安哥拉奋战了五年时间。这五年，他跑遍了安哥拉各个项目。说到开长途车的艰辛与收获，三天三夜不睡觉也说不完。

"在安哥拉开车，首先面对的是当地路况极差的情况。安哥拉前几年的路差到什么程度，举个简单的例子，2013 年我刚到安哥拉的时候，从首都罗安达到恩泽托项目，一共 270 多千米，空车跑单趟，就要 7 个多小时，这还是在正常情况下。要是重车的话，我们一般都要提前准备水、馒头、咸菜等等，至少两天的储备，以免在路上出现意外。"

"其实，经常在路上跑，也会有很多收获的，有一次我去北宽扎送东西，在路上车胎坏了，当时车上就我一个人，支撑车辆换胎就是问题，没办法，我只能在路上拦当地司机，请他们帮忙，没想到一下子就有三辆车同时停下来帮忙。真的，安哥拉人对中国人还是比较热情友好的。"

在管理当地劳务的过程中，各项目部结合实际情况，借助分公司区域化管理优势，在征得当地劳务本人同意之后，有效地形成了"优秀人才跟着项目走""一方有难八方来援"的统一化管理模式。

2012 年，恩泽托市政一期项目进入大干高峰期，但恩泽托市本地人口少，中国公司多，导致了当时的"用工荒"。为了尽快完成施工任务，恩泽托市政一期项目向当时恩达拉坦多农贸市场项目求助，农贸市场项目不仅抽调技术过硬的当地劳务去帮忙，而且在当地协助招聘劳务人员，大力支援恩泽托市政项目。

◆ 最可爱的人

张呈祥曾是恩泽托市政一期项目物资部负责人，第一次出国在安哥拉一呆就是近两年。出国前爱人已经怀孕，等他回国的时候，女儿都已经会叫爸爸了。在安哥拉工作期间，为了能够看看女儿、见见老婆，张呈祥只能早上五六点起床，利用上班前的时间和家里人视频。晚上下班后躺在床上，看看老婆发过来的女儿照片，就是他一天最为开心的时刻。

陈孟娟是原安哥拉姆班扎刚果市农贸市场项目唯一的女职工，说起那时的工作状态，她十分感慨。

"渐渐地，我也似乎忘记了自己是女孩了。每天既要做财务内业，又要管理项目和当地劳务食堂。既要管理项目物资，又要管理劳务，同时还要为恩泽托市政项目点数计数发放方砖。"

哨子，是陈孟娟手中最常用的一个工具。项目大干期间，十几名中方员工要带领近二百名当地劳务赶工期，单单就如何通知当地劳务上下班都是个问题，总不能天天大声地呼喊。这时大家想起部队里，士兵听见哨子声就起床出操的情景。项目部就采取吹哨子的方式通知上下班，比如吹三声是上班、吹四声为下班。

每天站在太阳底下，顶着紫外线，陈孟娟原本白嫩的皮肤没过几天就失去了光泽，脸和胳膊被晒得黝黑。用吹哨子管理当地劳务，起初并不顺利，当地劳务甚至认为这是对他们的不尊重，但是经过多次解释，说明在中国只有军队才会使用吹哨子出操，当地人慢慢也就接受了。

琼贝达拉水电站项目是安哥拉卢埃纳省最大的工程项目，同时也是雇佣当地劳务最多的一个项目，最高峰的时候达到七八百名，每次发工资的时候，项目部院子里都站着当地劳务。周紫薇是项目部的葡语翻译，除了负责和业主、监理沟通以外，还负责给当地劳务发工资。

琼贝达拉水电站工程　　　　　　　　　琼贝达拉水电站引水渠

受当地情况制约，劳务人员工资只能发现金。核对工资表、监督劳务签字、核对钱数发放，中间不能出现一点错误。这是一份非常繁重的工作，需要极大的细心和耐心，但是她干得乐此不疲。市场开发标书翻译工作经常需要加班，周紫薇经常工作到凌晨，第二天又准时上班了。

"在安哥拉工作的那几年，真是有苦也有乐，正是有了这些最可爱的电建人，公司安哥拉业务才能在短短的几年时间从无到有、从小到大飞速发展。"曾任安哥拉分公司常务副总经理、总经理的张冕提起这些往事，言语间都是感动。

◆ 回报社会

十年来，安哥拉各项目努力维护与当地政府和周边群众的良好关系，积极履行作为央企的社会责任。

2017年6月3日，安哥拉琼贝达拉水电站项目在达拉市的 Mucunguaji 村举行了达拉小学捐赠仪式，项目部代表将达拉小学的钥匙移交给达拉市政府，并给孩子们捐赠了笔、笔记本等学习用品。

达拉小学捐赠仪式参加人员合影

达拉市长在参观达拉小学的办公室和教室时，高度赞扬中国电建对达拉市教育事业所做出的贡献。

2017 年 10 月 23 日，安哥拉万博供水二期项目部携手万博市长维克托·基辛格、副市长若昂·卡洛斯·裴瑞拉以及万博市政府各部门 100 余人开展义务植树活动，共种下 1800 棵象征中安友谊的树苗，树苗均由项目部捐赠。

10 年来，安哥拉各项目积极参加当地交通救援、义务帮村民修路、给周围村民送水、清理垃圾等活动。

在属地化管理中，各项目对劳务实行了动态管控制度，及时了解他们的思想动态，避免发生不必要的纠纷。同时还针对安方劳务制定奖惩措施，按月评比项目部安方优秀员工，并给予一定的现金奖励。

安哥拉万博供水二期项目部
开展义务植树活动

安方优秀员工评比活动合影

总监理工程师 Hanna Chebl 在接受采访时说，中国电建积极履行社会责任，带动当地人民就业，并教会他们工作技能，是一个有高度社会责任感的国际企业。

Fina 是北宽扎项目的一名司机，在项目工作了将近六年。当初他是个"穷小子"，现在他在老家盖起了当地唯一的一栋两层小楼房，并娶妻生子。

"是中国电建给了我工作机会，同时也是改变我一生的机会。正是有了这份工作，我不仅在老家有了地位，还改变了我一家人的生活。"Fina 还秀了一句葡语版的中国流行语，"是中国电建使我家达到了小康水平"。

Costa 最初是恩达拉坦多农贸市场项目的一名小工，但是聪明能干的他不满足小工的工作，一边工作一边认真观察中方人员垒砖砌墙，并在中间休息的时候，主动向中方人员请教技术，短短三个月时间，Costa 便由一名小工成长为一名熟练的瓦工，工资也翻了一番。

"正是当时到中国电建工作的决定，加上热情的中国老师传授我技术，使得我不再像以前一样只能打个小工，赚取很少的工资，勉强度日了。如今我已经是恩达拉坦多市还算有名的一名瓦工，现在每天请我去盖房子的人很多，由此改变了我全家人的生活。"这是 Costa 的心里话。

十载光阴，春华秋实。谈到这十年安哥拉市场的收获时，宋维侠给出了这样的评价：一是我们探索创新，实行区域化管理，实现了人、材、物的统一调配；二是实现了市场开发、项目履约的统一管理；三是 10 年来，安哥拉市场取得了显著的经营效益，在安哥拉站稳了脚跟；四是我们锻炼培养了一批国际业务人才。

贝塔 4 配水中心项目业主，安哥拉公共供水公司 EPAL 项目经理 LUCIANO GUIHERMANO 说："中国电建与我们公司合作过很多项目，是一家实力很强的中国企业，希望双方以后能够有更多的合作机会。"

安哥拉副总统维森特说："感谢中国电建等中方知名企业对安哥拉国家重建和经济发展给予的大力支持，我们是'一带一路'倡议的最直接受益者，希望进一步加强与中方在多方面的战略对接和深度合作，实现共同发展，互利共赢。"

有诗赞道：

> 十年磨砺不寻常，安国辛劳终难忘。
> 区域并开双赢路，大道有信人有方。

与安哥拉东侧接壤的赞比亚，风景优美、民众热情，素来与中国友谊深厚。在开拓安哥拉市场的同时，水电十一局人凭借先期工程的良好履约以及在赞比亚积累的良好口碑，中标赞比亚卡里巴北岸扩机工程，这也是水电十一局在海外承接的第一个 EPC 项目。面对诸多困难，十一局人如何克服并取得良好成果，且看下回分解。

参 考 文 献

[1]　宋淑阳，王育松，王玉春，王雪清.《十年风雨砥砺行——水电十一局安哥拉市场履约管理探析》。

[2]　王玉春.《翻译部的"小精灵"》。

第十七回
换领域勇闯新天地　变模式力夺鲁班奖

安哥拉东面，是壮美的赞比亚高原，回荡着赞比西河的涛声和维多利亚瀑布的轰鸣声。这涛声和轰鸣声激荡着十一局人的豪情壮志。他们在卡里巴湖北岸扩充机组，又架设输电线，给千家万户送去光明。

◆ "小金人"背后的故事

8月的赞比亚大地，阳光灿烂，蓝花楹吐蕊绽放。赞比西河浩荡奔流，两岸一派勃勃生机。

13名新分大学毕业生远离祖国，满怀期待和憧憬，加入水电十一局下凯富峡施工局的大家庭。满满当当的迎新时间表里，参观卡里巴北岸水电站扩机工程赫然在列。

"带着公司的新鲜血液来参观公司的境外鲁班奖工程，感受卡里巴背后的精神内涵，我心里百感交集。"带队的王颖韬曾是参建者之一，重游故地，他不无感慨地说道。

卡里巴北岸水电站修建在世界第二大人工湖——卡里巴湖上，在赞比亚境内，与位于津巴布韦的卡里巴南岸水电站隔赞比西河相望。鉴于不断提升的社会经济发

赞比亚卡里巴北岸电站扩机工程新增机组

展水平对电力供应提出了更大需求，加之出口电力可以带来丰厚利润的驱动，赞比亚政府决定在原来三台机组的基础上再增加两台机组，增加发电量。

1999 年，十一局同赞比亚国家电力公司（ZESCO）签订上凯富峡水电站修复项目，该项目的良好履约得到 ZESCO 的高度赞赏和肯定。正是在这个时候，中国电建和赞比亚这家国有企业结下了不解之缘，也奠定了未来 20 年双方良好合作的基础。

对于中国电建和赞比亚国家电力公司的友好合作，下凯富峡业主项目经理卢文迪深有感触地说道：

"2004 年，中国电建出资进行卡里巴北岸电站扩机工程的可行性研究勘测，给业主再次留下了良好印象。中国电建是全球电力建设的领军者，项目遍布世界各地，也只有这种业内良好的口碑和品牌形象才能让我们把卡里巴水电站扩机工程放心地交出去。"

正是得益于这种优质高效的履约形象、崭新的市场开发模式和品牌的世界影响力，2007 年 10 月 18 日，中国电建一举拿下卡里巴北岸电站扩机项目并正式签订合同。

当时，这个项目创造了水电十一局多项第一：2.43 亿美元的合同金额，使它一跃成为截至当时最大的海外项目。它是第一个首次实施以地下工程为主的扩机项目，第一个在 1840 亿立方米库容条件下作业的项目，第一个独立承担的海外机组安装项目。更具有里程碑意义的是，它是十一局独立执行的真正意义上的海外 EPC 项目，设计、采购、实施都有很多人参与，培养了一大批做 EPC 的专业人才，这其中就包括武富光、刘本江和现在仍在赞比亚工作的刘元广。

"因为是第一个海外 EPC 项目，大家都没有经验，十一局专门成立了 EPC 质量监管中心，并且派专家赴赞主抓质量控制。"时任项目总工刘元广回忆道，"另外，海外事业部还成立了 EPC 机电部、EPC 土建部和投融资部提供后方保障。"

国内的支持加监管，国外的辛苦加努力，是贯穿项目的主线。作为赞比亚市场的排头兵，卡里巴北岸水电站扩机项目肩负着圆满履约和市场开拓的双重使命，任重而道远，得到中国电建和十一局的高度重视与支持。

尽管如此，在实际施工过程中，还是应了中国那句老话："万事开头难。"

2008 年 7 月 27 日，第一批人员进场。当时，四个人除了一腔热血，一无所有。作为设计勘探成员，吴义忠回忆起刚进场时的情景，颇为感慨地说道："7 月正是赞比亚最冷的时候，我们刚来人生地不熟，身上带的钱也不多，连床被子都没有。天天吃的都是土豆、洋葱和西红柿，想吃馒头自己也不会蒸，国内的调料也买不到，大家除了凑合着吃也没别的办法，最惨的是刚来的时候连口锅都没有！"

后来，人员陆续进场，业主提供了一套房子，可是住宿条件却并没有改善多少。"140 平方米挤了二三十个人。除去厨房和卫生间，每个房间除了上下床，连张桌子都放不下。"刘元广说，"没有空调，也没有风扇，高达 40℃的天气，开窗户

赞比亚伊泰兹水电站工程

和冲凉水澡是我们唯一的降温方式。"

吴义忠说:"连勘探用的钻机都是从上凯富峡运过来的一个'破铁疙瘩',修理工具也是从业主那里借的。因为勘探环境大多是河滩地貌,所以一吨多重的钻机都是被拆成几百斤或者几十斤的小块,然后再一点点地人工抬进去,组装起来。换下个地点,再重复同样的操作。"

而时任项目生产经理李延伟最难忘的则是进水口高喷围堰施工。他说:"当时工期紧任务重,灌浆设备故障三天都没修好,水库水位不断上涨,情急之下我改制了一台制浆机,才保证了高喷工作的正常进行。"

经过40余个昼夜的紧张施工,终于赶在水库水位上升到最高前完成了进水口高喷围堰的施工,保证了施工进度和安全。

那个时候,无论是吃穿用度,还是工程开销,资金始终是个无法回避的问题。由于是首个海外融资项目,海外融资经验十分缺乏,导致融资进展严重滞后。时任项目经理刘本江紧盯资金这一块,几乎天天直找业主高层协调沟通,当时的目标就是"Keep the Project Alive"。尽管举步维艰,但是每个人心里都清楚,项目不仅关系到所有离家万里的职工,更决定着十一局在赞比亚未来的市场开拓,所以再难也要挺住。

刘本江常说的一句话就是:"就是求着 ZESCO 也要让项目活着,还有这么多的兄弟们!"

所谓绳锯木断,水滴石穿。尽管充斥着焦虑、犹豫和纠结,但是自上而下的信心和斗志最终赢得了这场时间与金钱的博弈。

2010 年 6 月 30 日,4000 万美元预付款全部到位;2011 年 1 月 21 日,融资关闭，中国银行释放贷款！

"当时有一份设计图纸，整整用了两年的时间才批复下来，前后修改了 10 多次。"刘元广感慨地说。

在项目开展前期，这样的例子比比皆是。中西方文化的差异是卡里巴北岸水电站扩机项目的另一大挑战。中国工程师的惯性思维和赞比亚当地的欧美设计规范之间的碰撞，使项目走了不少弯路。

"刚开始的一部分电缆采购使用的是国内标准，结果不符合业主的要求，浪费了不少人力、物力。"王颖韬说道，"从设计图纸批复缓慢，到设备采购不符合标准，我们开始重视欧美设计规范的学习，这对我们团队来说是一个挑战，但也是走向国际化的必经之路。"

对此，当地机械工程师楚鲁深有体会地说："中国电建的确经历了一个长期而艰苦卓绝的磨合过程，也就是在这个过程中，我被中国工程师的勇气和勤奋所折服。"

赞比亚穆松达水电站工程

虽然当时面临着诸多挑战，境外鲁班奖申报工作还是丝毫没有懈怠，因为大家都知道，这是中国电建在赞比亚的第一个 EPC 项目，也是当时十一局最大的项目，同时又是我们最擅长的水利水电领域，对于提高十一局的影响力和中国电建在赞比亚市场的品牌形象都具有十分重要的战略意义。

数码雷管、爆破飞石防护网，我们用的是新材料；针梁台车、反井钻机、水下出渣系统等，我们用的是新设备；微差控制爆破、布置气泡帷幕、预置悬吊式锚筋桩加管棚等，我们用的是新技术。

十年磨砺，硕果累累，卡里巴北岸水电站扩机工程荣获 2012 年度赞比亚"遵守安全施工特别奖"，进一步树立了中国电建的国际形象。同时，工程荣获省部级科技进步奖5项，工法2项，并荣获2015年度工程优秀设计奖和中国电建境外优质工程奖。当地主流媒体争相报道，使中国电建红遍赞比亚。

2013年12月4日，时任赞比亚总统迈克尔·萨塔和夫人卡塞芭出席项目首台机组正式投产发电仪式，并亲自启动发电机组。他表示，卡里巴北岸水电站扩机工程正式发电后，将大大缓解赞比亚国内经济发展所面临的电力紧张局面，增加就业，以中国电建为代表的中资公司显示出强大的建设能力和履约能力，卡里巴北岸水电站扩机工程的建成投产就像中赞两国政府和人民的友谊一样源远流长。

时任中国驻赞比亚大使周欲晓在讲话中希望中国电建继续发扬在卡里巴北岸水电站扩机项目建设过程中积极拼搏的精神，将这种精神延续到中国电建在赞的其他项目，以赢得赞比亚市场的可持续发展。而周欲晓大使的期许在他致辞的那一刻起，就已经在十一局人的手里千钧在握了。当卡里巴北岸水电站扩机项目鏖战正酣，还有大半年就实现投产发电目标时，2013年3月18日，另一场"战役"——卡里巴北岸水电站-凯富埃西330KV输变电线路工程也宣告打响。

◆ 银线飞架越山河

卡里巴北岸水电站-凯富埃西330kV输变电线路工程工期18个月，包括全长129.2千米单回路双分裂330kV输变电线路和卡里巴北、凯富埃西开关站扩建施工。沿线覆盖65千米山区段，18千米沼泽地，穿越丘陵、高山、河流、沼泽地，跨越公路、铁路、高压线路，一个又一个挑战接踵而至。

2014年4月5日，随着最后一组断路器安装就位，凯富埃西开关站及卡里巴北开关站电气一次设备的安装工作顺利完成。

这个节点对没有从事过输变电项目施工的人来讲，或许不是什么大事，但对KK330输变电线路工程的全体职工来讲，意义非凡，它标志着项目已进入倒计时。

KK330输变电线路工程是十一局第一个海外输电工程，对十一局来说是一个全新的挑战。项目部所有职工也都没有输变电工程的施工经验，就连工程中最基本的汉语名称都不能准确地叫出来，更别说在境外用英语表达了，顺利履约将是一次严峻的考验。

一切那么陌生，一切从零开始。

项目部的压力可想而知。用食不甘味、夜不能寐来形容，也毫不过分。但是，军令状已然在手，战鼓已然擂响，岂有还未征战沙场便败下阵来的道理？"大敌"当前，项目部干部职工没有动摇军心，而是抱成一团，养精蓄锐，枕戈待旦，誓要"黄沙百战穿金甲，不破楼兰终不还！"

为了快速进入状态，使大家全面地掌握输变电知识，项目部确定了最低管理目标，边学边做。

第一招"走出去"，组织骨干职工到铜带省钦戈拉变电站学习。

第二招"请进来"，项目部聘请有多年国际输变电线路施工经验的专家张新光、工程管理专家袁栋梁、开关站专家范平生为大家做知识普及和技术与管理指导。从跟设计方谈判到施工方案成形这一整套的工作流程，大家都紧紧地跟随专家，白天到现场看地形、测量、地质勘探，晚上请他们集中授课，分析图纸，讲解电气基础知识、项目进度控制、基础施工、铁塔组立、导线架设、开关站设计和运行原理等。

经过全方位的实战演练，大家的专业水平不断提高，进度也在慢慢地推进。可是，能否顺利完成 KK330 输变电工程仍是摆在所有人面前的一道难题。

在全面实施中，要同时负责设计、采购、进度质量控制、现场安全、永久设备管理、车辆维修保养以及与业主的事务协调，如此大的分包管理模式在十一局国外项目管理中尚属首次。

项目部抓住分包商施工经验丰富的特点，在每个关键部位都确定一名职工，定岗、定人跟踪学习。多次与分包商召开图纸会审和技术交流会议，对于施工中和图纸中发现的问题，及时和设计及专家沟通，力争当天问题当天解决。随着项目进度的深入，一批专业人员在现场联同作战和实地演习的帮助下，逐步成长、成熟起来。

吸收利用外部资源，是 KK330 输变电项目部成功运作的有效方式之一，极大地提高了施工进度，也丰富了职工输变电工程的施工管理经验，培养了专业人才，为项目部各项工作的顺利推进奠定了基础。

可是，人的问题解决了，却才是万里长征第一步，前面还有"雪山"和"草地"。

KK330 输变电工程穿越 65 千米的山峦，山的高度均在 1000 米以上，而且落差大，跨距长，气温高，这些施工难点，大家还从未遇到过。

上山，原本不是什么难事，但七八十座基塔基础浇筑需要的骨料、沙、水泥、水、机械设备、铁塔材料全部需要人工肩扛运输，一两天还能承受，时间一长，就吃不消了。由于劳动强度过大，当地劳务干了不到两天，全部罢工。我们的职工就撸起袖子，自己身背肩扛，全部送上山。空压机实在无法扛上去，大家就将储气罐和机械部分拆解下来，最终也顺利送到了山上。

上山艰难，过河更险。过河需要修筑临时码头，木桩扎入河中，上面铺上沙袋。但凯富埃河边时常有鳄鱼出没，它们性情凶猛暴戾，嗅觉灵敏。别说中国人，就连当地人都拒绝下水作业。项目部别出心裁，用发电机的轰鸣声吓退鳄鱼，顺利地完成了水下作业。

然而，一些突发事件也会给原本就艰难的项目火上浇油。

KK330 输变电项目是一个 EPC 工程。从项目进点伊始，项目就重点落实设计与采购两个关键点。但赞比亚处于南部非洲的中心位置，属于纯内陆国家，大量的进出口货物需要通过莫桑比克贝拉、南非德班以及坦桑尼亚达累斯萨拉姆港口转

KK330KV 输变电项目铁塔组立

关。由于种种原因，货物在到达莫桑比克贝拉港后的几个月时间都没有完成清关和转运工作，而 18 个月工期中除掉漫长的雨季，仅有 10 个月的有效工期。

2013 年 12 月 23 日，滞留贝拉港达半年之久的塔材、导线、光纤等材料的 124 余只集装箱完成清关和转运，预示着"EPC"中的"P"基本进入尾声。但就在此时，分包商却突生变故，艰难抉择再一次落到了眼前。

项目班子成员认真分析形势，决定在分包商放弃的关键时刻，抽调各部门职工参与组塔施工，完成剩余的 30 基塔组装工作。项目部职工仔细审阅图纸，分析吊装方法，在短短两个月时间内，就完成了 21 基塔组立任务，一次性达到业主验收标准，为后期进行架线施工铺平了道路。

遥想 2012 年 7 月，赞比亚 KK330KV 输变电项目前期策划会召开后，一副沉重的担子就提前压在了班子成员每个人的肩上。这种沉重持续着，直到 2013 年 3 月，赞比亚国家电力公司南部输电总指挥长朱利斯到 KK330KV 输变电项目视察工程进展。见现场施工已全面展开，他高兴地与施工人员握手表示感谢。看到朱利斯对现场的安全标识、安全防护、环境保护和施工质量给予赞扬时，他们才稍松一口气。

2013 年 11 月底，卡里巴北岸水电站扩机机组发电目标在即，这对输变电线路投入运营工期要求更加紧迫，只有 7 个月的有效工期，怎么办？

压力变动力，只能赶，不能等！

4 月初，为了推动施工进度，为后续工程建设顺利开展奠定基础，项目部组织发起"大干 150 天，全面完成铁塔基础施工"的劳动竞赛，掀起施工生产新高潮。7 月，首批 24 个集装箱塔材到达施工现场，铁塔组装正式开始。

由于这是十一局第一次在输变电项目领域施工，铁塔的形式和设计、塔位的排放、塔材的标号面临巨大困难；同时，也面临着穿越沼泽地和高山区、大跨度的施工挑战。项目人员迎难而上，认真咨询业主、设计、厂家和专家，在符合业主要求塔形的情况下，将中国标准与英国标准相结合，成功解决了钢材使用标准，最终使铁塔的生产工艺、检验结果、镀锌质量得到业主认可。

铁塔 313 基，总重约 3007 吨。通过开展劳动竞赛，项目完成了铁塔基础施工 260 基，铁塔组装 58 基。赞比亚业主对竞赛的成果表示肯定，称赞项目团队做出了一个"示范性工程"。

就这样，一路走来，种种突变让参战职工真正尝到了什么是痛并快乐着。

KK330KV输电项目放线段

凯富埃河是赞比西河的支流，在卡富埃镇附近与输电项目线路相交后流入凯富峡水电站。河南岸有一处河心岛，距北岸770米。由于跨距较大，河心岛需要设置跨河高塔，基础形式采用水下混凝土灌注桩，共16根，桩径500毫米，桩长12米。项目部克服凯富埃河上没有大型船只，施工设备和材料运输的困难，与英国公司Autoworld合作，由其负责提供船只和运输，项目部在河流两侧修筑临时码头，运用组塔抱杆作为起吊工具，成功解决了难题。

8月23日，第一根桩正式开钻。经过一个多月昼夜不停的紧张施工，岛上桩基础于9月27日全部完成。

10月，已完成铁塔基础施工292基，铁塔组立176基。凯富埃河河心岛上294号铁塔桩基础也完成施工，标志着项目最大的难题——沼泽地桩基础施工顺利完成。

2014年1月，随着位于全线路最高、最难到达的192号铁塔组立的完成，输电项目2013年度生产目标全部完成，累计完工结算额占合同额近92%。

那一刻，碧绿的山峦，高耸的铁塔，点缀着凯富埃河，仿佛一幅浓墨重彩的水墨画卷，赏心悦目。凯富埃河淙淙地流淌，粼粼的水波里荡漾着十一局人近二十个春秋的记忆。

这一座座水电站就像一颗颗散发着蓝色光芒的宝石，镶嵌在凯富埃河这条蓝色的项链上。而它的径流——赞比西河，自北向南，一路浩荡，哺育着一千多万赞比亚人民。伊泰兹水电站项目、称重站项目、KC45公路项目、卢萨卡国基银憩小区建设项目、穆松达瀑布10MW水电站修复及升级项目、CLC132输变电线项目、NC106公路项目、卢西瓦西水电站项目——我们已经、正在和将要把更多的宝石镶嵌在这条更大的项链上面。

有诗赞道：

赞比西河涛声徊，大坝巍峨银线飞。

且吟歌谣湖畔坐，万家灯火共依偎。

与此同时，赞比西河的南岸，也亮起了万家灯火，那里是津巴布韦。卡里巴南岸水电站扩机工程，就像一颗璀璨的明珠，作为圣诞"大礼"，被送到了津巴布韦人民的手中。

参 考 文 献

[1] 李金平. 《"鲁班奖"背后的故事》。

[2] 郭立平. 《梦想飞越赞比亚——卡里巴水电站北岸扩机工程施工纪实》。

[3] 张玉林，纪国勇，段京萍. 《银线飞架南北——赞比亚 KK330kV 输电项目施工侧记》，选自《奔流到海——水电十一局成立 60 周年纪念》。

第十八回
蓝花楹绽放哈拉雷　圣诞夜实现首发电

赞比亚和津巴布韦两国之间，卡里巴湖安静平和，像一位温婉的少女守护着两国的友谊。因赞比亚卡里巴北岸，电建人又牵手津巴布韦卡里巴南岸。从此卡里巴湖畔双星闪耀。

每年的九月至十月，漫步在津巴布韦首都哈拉雷街头，人们一定会被铺天盖地的紫色花树所震撼。她的花朵柔美雅致，一串串紫色的铃铛从枝头垂落，一花惊艳一世界。她的树干粗壮苍劲，长达十几米的枝干向天空与四方徐徐伸展开来，一树成就一森林。她，叫蓝花楹。

2014 年 9 月 4 日，由中国水电总承包的卡里巴南岸水电站扩机工程正式启动。这是中国电建首个进入津巴布韦的开建项目，

绽放在哈拉雷街头的蓝花楹

同时也是中国企业在津的最大水电项目，一旦完工，将使津全国年发电量提高近 25％。那时候，津全国的电力缺口将大幅度缓解，政府不必再支付大量的外汇进口电力，不必再为时常停电而感到压力。

◆ 较量——史上最硬岩石

2015 年 2 月，伴随着轰隆隆的巨响，卡里巴南岸水电站扩机工程支洞的爆破作业正在有条不紊地进行着。因为当地岩石坚硬，受地形条件和工程空间限制的影响，无法使用大型设备挖掘，所以每条隧洞每前进一点，都要靠小型机械配合人工钻孔、人工装炸药，要确保精确爆破，达到设计要求的尺寸断面。

和原有的南岸水电站机组一样，中国电建承担的两台发电机组也都位于地下。

为了达到安装发电机组的地下厂房，首先要挖出通向厂房的主洞和支洞。因为要绕过原有的水电站地下构筑物，所以地下挖掘的工程量非常大。主洞长度有 1.4 千米，支洞长度达到 1.8 千米。按照每一次爆破平均前进 2 米计算，挖掘这样长的

爆破作业钢模台车洞内施工

隧道光爆破就需要近 2000 次。

大量的爆破不仅增加了工作量，也给工程带来安全风险。大坝下游有滑坡体，原来的老厂房在滑坡体下，新建的厂房又在滑坡底面以下，津电力公司担心这么多的爆破会对滑坡造成影响，所以对爆破的监测要求非常高，每一炮都要监测爆破震动。

为了严格把控工程质量，中国水电专门从国内请来了一批质监人员，全程对工程进行监控。为了确保工程质量，项目部针对岩石条件差的地方采取"短进尺，弱爆破，强支护"。

一场与岩石的较量就这样开始了。

◆ 挑战——最紧施工工期

按照津巴布韦电力公司和中国水电签署的合同，首台机组发电工期只有 37.5 个月，比通常的工期要短几个月。

津政府和津电力公司都希望这项工程能早日完工，进行发电。但是，在这么短的工期内完成这样大的工程量，难，真的难！

进场之初审批难。

由于卡南扩机工程处于卡里巴国家景区内，环保要求严格，营地建设征地、采石场审批手续繁多。

社会经济环境难。

在这个被称为"亿万富翁最多的国家"，通货膨胀摧毁了国家的经济。2016 年，津爆发严重的外汇短缺危机，政府不得不通过发行代金券、管控外汇支出的方式，来增加本国的货币流动性，导致项目采购支付困难。

······

履约中的道道坎坎很多。

虽有卡北扩机工程的丰富经验，但卡南联营体管理模式最初磨合需要充分沟通。卡南项目发扬自强不息、勇于超越的企业精神，积极克服地质条件复杂，工期紧张等困难，实行本地化管理，确立"三检制"，统筹安排，昼夜施工，想尽办法在确保质量安全的前提下保工期。

卡里巴南岸扩机工程进水口施工

项目部详细探讨施工计划和相关细节，强调重点和难点，制定进水口开挖和厂房施工两条关键线路。

进水口开挖特别是水下围堰开挖施工，开挖二工区通过改进施工方法和清淤措施，历经7个月一次性验收通过，比计划工期提前10天，为机组充水试验奠定了坚实基础。

厂房施工空间有限，机组安装与土建施工交叉进行，相互影响。业主要求首台机组发电前，厂房通风照明必须完成。混凝土一工区临危受命，采用流水线快速施工法，提前一周完成了通风照明工作，为首台机组发电赢得时间。

在这场与工期的竞技中，项目部牢牢占据着主动。

工期，一天也没耽误。

◆ 见证——中国电建品质

2015年12月1日，习近平主席到达津巴布韦哈拉雷机场，开启非洲之旅。在习主席见证下，中国电建董事长晏志勇与津巴布韦电力公司总经理共同签署了旺吉电站扩机项目投资框架协议。

这些，让在津的电建员工无不欢欣鼓舞。

走出去，为中国品质代言，中国电建责无旁贷。

当时，卡里巴南岸施工大干正酣！2015工程开挖年，施工现场一片热火朝天之景，这一年项目超额完成施工开挖量20%，施工进度稳中有快。2016工程浇筑年，从进水塔首块大体积结构物混凝土浇筑拉开序幕，上半年几乎每月都有新的工作面展开。2017金结安装年，7月初实现7号机组转子成功吊装。项目部精细化管理，环环相扣，质量先行，样板领路，工程进展顺利。

速度见证效率和能力，质量成就品牌和地位。

2017年6月，应中国驻津巴布韦大使黄屏邀请，肯尼亚、南非、纳米比亚、刚果（金）、印度等12国驻津大使和马来西亚等5国驻津临时代办，到卡南扩机项目现场参观。多个非洲国家外交官赞叹于这个项目所体现的"中国速度"和"中国质量"。大使们行走在卡里巴大坝上，一河相隔两国相望，当得知南北两岸扩机工程均为中国电建所建，北岸赞比亚侧已投入运营发电，而南岸津巴布韦岸也将在年底并网发电时，更是对中国电建印象深刻，在合影留念时，各国大使异口同声地道出了："你好，POWERCHINA"！

在非洲，中国电建不仅仅是工程建设的重要力量，而且还成为中非友谊的

时任水电十一局党委书记冯真理到
卡南项目检查指导工作

重要传递者。

"建一座工程，树一座丰碑，交一方朋友，传一世友谊"，这是中国电建海外建设者的初心，更是一份沉甸甸的责任。

卡南项目的良好履约只是众多海外项目的一个缩影。

◆ 考验——有惊无险插曲

离发电的日子越来越近了。

2017年9月，由于代金券贬值，物价上涨，首都哈拉雷出现了超市囤货风潮。市民们携家带口，前往超市扫货，食用油、糖、面粉等货架已经出现了大面积的空缺。

这波囤货风潮也影响到了项目，加上政府外汇短缺导致燃料供应不足等，使正处在紧张冲刺期的项目，阻力重重。

但考验还不仅仅止步于此。

11月15日凌晨，哈拉雷。三起爆炸声震动了这个南部非洲国家首都的中心。

津军方采取军事行动，全面控制政府要闻部门，发表声明称行动的目的是"清君侧"，揪出执政党内反革命分子并将其绳之以法。

这一晚，津巴布韦区域部经理王建和办事处的同事们一起度过了一个不眠之夜。

中国驻津巴布韦大使馆，通过"津彩纷呈"微信公众号就津局势发布公告，提醒在津中国公民加强安全防范。

"兄弟单位要团结一致共同行动，提高警惕做好预案，共渡难关！"集团代表吴一冯当即作出指示。

"那一周，我们大家心里压力都非常大，非常关注局势的发展。随时准备应对不利的局面。"王建回忆当时的情景说道。

地处津巴布韦和赞比亚两国边界处的卡南项目部，召开紧急安全会议，研究制定应急预案和出现紧急情况后的撤离方案。

幸好，所有的担心，最终都没有发生。

11月22日，姆南加古瓦被推举为新任总统。津巴布韦国家局势渐恢复常态，步入正轨。

这，对于卡南项目的中方职工来说算是一段有惊无险的插曲。

笼罩在卡里巴库区上空的不安随之散去，项目上职工的精、气、神重新聚

卡南水电站扩机工程地下厂房竣工

焦到工程施工中来。

这时，离并网发电的目标只有一个月的时间。

中国电建员工入乡随俗，遵守津国的法律法规和民族传统，认真经营着卡南项目，树立着中国电建在津的品牌形象。

持续友好的中津关系为工程建设筑就了良好的外部环境，有力地推动着履约向前进行。

2017年12月24日，圣诞平安夜，中国电建给津巴布韦人民送上了一份特别大礼：首台机组正式并网发电。

期待已久，也如期而至。

卡南，迎来了硕果累累丰收的日子。

首台机组的发电成功，意味着这个项目已经成功了80%。只要按照现有的经验和方法，第二台机组按期发电不成问题。

抢第二台机组发电的同时，相应的附属装修、照明等工作也在紧锣密鼓地开展，当天任务没完成，大家加班也要做完。后半夜机组进行试验，上面装修施工必须停止，掉下来花生米大小的东西，都可能砸伤人，因此工序之间的衔接必须十分紧密，才能保证工程进度。

距离首台机组发电70天后，2018年3月10日，第二台机组提前一星期发电。

无数个日夜地坚守，工程在电建人手中画上了圆满的句号。

2018年3月28日，卡南水电站扩机工程举行竣工仪式，标志着津巴布韦独立以来最大的水电项目全面建成投产，为津巴布韦增加了20%至30%的电力供应，大大缓解了其电力短缺局面。

这一工程点亮了数千当地人的生活，也点亮了津巴布韦的万家灯火。

在竣工仪式上，津总统埃默森·姆南加古瓦表示，他和津方官员为该项目的完工深感振奋和激动，中国和中国企业在该项目中作出了重要贡献，他访华时将就该项目向中国领导人当面致谢。

这一刻，我们听到了，石头真的会唱歌！

◆ 交融——共谱友谊篇章

卡里巴小镇，距离卡南项目部只有10千米。处于马图沙多纳国家公园内，随处可见攀上跳下的狒狒和顽猴，还能遇到条纹醒目的斑马群和野牛群、羚羊群。有幸时还能欣赏到象群和河马群一起蹒跚散步。

由于项目位于津巴布韦动物保护区内，项目部积极与当地环保部门沟通，注意做好环评工作，在生产活动中合理安排施工，尽量减少项目对保护区环境的负面影响。聘请当地国家森林公园人员进行动物保护培训，加强职工动物保护意识。

在电建人的努力下，当地的环境丝毫没有被破坏，反而成了一座"疯狂动物城"。在这里，你能轻易地看见成群的斑马在村庄旁或马路边悠闲地吃草，湖边水湾里有河马在沉沉浮浮，岸上有鳄鱼在晒太阳，远处草丛中有数不清的跳羚羊和小鹿，大树下象群在集结，秃鹫在空中盘旋。如果你足够幸运，还可以见到非洲雄狮从马路横穿而过。每当傍晚，成群的白鹭和野鸭掠过湖面，意境堪比"落霞与孤鹜齐飞，秋水共长天一色"。夜幕降临，一切归于寂静，大象成群结队走过湖畔，落日余晖映红天空，湖面瞬时光彩夺目。

中国电建的到来，还为小镇上的居民创造了更多的就业机会。

卡南项目为当地创造了 3000 多个就业岗位，外籍员工的职业包括工人、技术员以及各类专业工程师，对项目的实施发挥着切切实实的作用。

36 岁的卢旺达小伙 JEAN，是卡南项目技术员，负责对外协调和资料整理。4 年前，河海大学研究生毕业的他加入了水电十一局。在项目部没人觉得他是"老外"，用他自己的话讲，在中国电建这个大家庭，工作生活都很快乐。

受雇于中国企业的当地居民不仅钱挣得多，还能学到技术。31 岁的郭春昌被他的黑人徒弟称为"拇指哥"，他不仅有丰富的维修经验，传授技术也毫不吝啬。在中方师傅们的带领下，许多外籍员工都成为了能胜任电焊、金属制作、操作推挖机、汽车驾驶等工作的"技术多面手"。

项目部联合津巴布韦华商会、中国援非医疗队在卡里巴镇组织义诊活动，给尼亚穆卡中学的孩子们平整操场和足球场，帮助卡里巴地区行政办公室维修道路，为当地警局普法活动捐赠物品，为当地村落举行传统活动捐赠食物……

十一局人用实际行动悄然改变着卡里巴小镇居民的生活，也赢得了当地政府的关注和重视。

多成群从肤色上看，就知道是"老非洲"了。9 年前，他曾参与卡里巴水电站北岸（赞比亚）工程施工，工程结束后来到南岸，参与卡里巴南岸（津巴布韦）扩机项目。一条河，两个国家，他在非洲的这个卡里巴湖畔漂了 9 年，已经习惯这里的生活。像老多这样参与卡里巴南北两岸建设的职工，我们还有很多。

电建人把自己真诚积极地融入到了当地的建设中。

有诗赞道：

> 昔年赏遍蓝花楹，卡南湖畔芳草青。
> 吾辈欲知大爱重，直需看尽石头城。

卡南工程圆满履约，卡里巴湖畔回归了曾经的宁静，但是一水之隔的赞比亚，却将迎来更多的十一局人。在那里，他们承接了十一局历史上第一个百亿工程，继续书写着中赞两国的牢固友谊。百亿工程背后汇集了多少动人的故事，我们下一回详解。

参 考 文 献

[1] 李爱领，张昆. 《这里的石头会唱歌》，选自《十一局文化》第 49 期。

[2] 武伟亚. 《走进卡里巴》，选自《十一局文化》第 49 期。

第十九回
好事多磨力获百亿工程　网红齐拉笑迎幸福生活

奔腾不息的赞比西河通过水电十一局人的双手，给卡里巴南岸扩机工程源源不断地提供着能量，恩惠泽被两岸。顺着赞比西河的一级支流——凯富埃河溯流而上，有一座原本人迹罕至的峡谷，因为十一局人的到来，发生了翻天覆地的变化，一座"百亿工程"将傲然伫立于赞比亚大地。

2015 年 3 月 10 日，十一局在赞比亚卢萨卡召开第三次南部非洲市场开发会议。时任十一局党委书记张玉峰出席会议并讲话，要求强力推进投融资项目，创新商业模式，不断加强推进 EPC＋F 主模式，开拓 BT、BOT 等开发模式，拓展非洲市场。本次会议的召开，为十一局进一步开拓非洲市场又打了一针"强心剂"。

◆ 百亿工程的传奇身世

中国有句俗语，叫"好事多磨"。这句俗语用在下凯富峡水电站身上最贴切不过。为了拿到这个项目，十一局人走过了一段漫长而曲折的道路。

2003 年，在上凯富峡水电站修复工程顺利履约后，赞比亚国家电力公司同中国水电签署了一揽子合作备忘录，其中包括伊泰兹水电站项目、卡里巴北岸水电站扩机项目、卢西瓦西水电站项目，以及下凯富峡水电站项目。这之后，十一局进行了长期跟踪，大部分项目实现顺利签约。

合作备忘录签署当年，十一局着手对下凯富峡水电站项目实施可行性研究。那年，十一局从事市场开发工作的夏丽娟和西北勘探设计研究院的同事到赞比亚第一次递交卡里巴北岸水电站扩机工程项目建议书时，趁机考察了下凯富峡水电站项目现场。当时，连条进场道路都没有，到处都是荒山野林。他们拿树枝当拐杖，好不容易才来到进水口位置。

2010 年 6 月起，在集团公司协调和指导下，十一局对下凯富峡水电站项目建设进行了大量的勘探调研等准备工作。尽管凯富埃河河床断面测量和河心孔钻探难度极大，而且气候恶劣，地质条件复杂，参与勘探的员工毫不退缩，先后完成进场和勘探道路维修改造 25 千米，岩芯钻孔和压水试验 3875 米，地形测量 205 万平方米，各类断面测量 4.3 千米，场地平整 5000 平方米等各项施工任务，受到参建各方的一致好评。

同年，十一局会同西北勘探设计研究院向赞比亚国家电力公司正式递交下凯富

下凯富峡水电站前期勘探

峡水电站可行性研究报告。赞比亚国家电力公司同集团公司多次取得联系，就报告审查、疑问解答等内容进行沟通和交流。

2012 年 4 月 27 日，随着下凯富峡水电站下游围堰河心孔钻探施工任务的完成，由十一局承担的下凯富峡水电站项目勘探工作全部顺利结束。

在前期勘探和投标阶段，下凯富峡水电站项目历经五任总统，其间枝节横生。2012 年，尽管开工仪式都已举行，新上任的总统却突然取消了项目。

2013 年，又生变故，业主提出进行国际招标。第一个环节是资格预审。当时有 11 家公司参与预审，其中有 3 家中国公司。最后，通过预审的有 6 家，递交标书的只有 3 家。资格预审阶段原本是 EPC 合同，而到了 2015 年正式招标的时候，1号补遗里却提出采用 EPC＋F 模式。

由于项目规模巨大，集团上下都十分重视，十一局也自知重担在肩。备标阶段，西北勘探设计研究院负责设计，十一局负责项目跟踪的人员长时间在西安、北京和郑州三座城市之间辗转奔波，十分辛苦。

开标之前，十一局相关人员最后一次到北京汇报工作，电建国际总经理宋东升主持汇报会。汇报会是在晚上，宋东升对标的准备情况全方位熟悉之后，下达了军令状：这个标无论如何都要拿到。参与备标的人员一时间格外紧张，感到了前所未有的压力。

最终定标那天，国际公司领导和十一局领导在北京和郑州紧盯，刘恺、刘本江、张至森等人在卢萨卡紧张做标，调整标书，国内外三地沟通了一夜，连续 36个小时没有休息。所有的报价，刘本江带人又逐项过了一遍，唯恐出现纰漏。

2015 年 10 月 19 日，在"中非合作论坛约翰内斯堡峰会"即将召开之际，中国水电凭借良好的履约表现、成熟的技术方案、开拓性的商务融资、合理的报价顺利签约承建下凯富峡水电站项目，项目合同金额为 15.66 亿美元。这是中国水电坚持做优质工程、品牌工程所结出的一大硕果。

签约仪式上，赞比亚国家电力公司总经理维克多·穆特德表示，下凯富峡水电站项目是赞比亚长期推动的重点建设项目，该项目的建设将满足未来 5 至 10 年赞比亚国内电力需求，为赞比亚矿业、农业发展提供稳定的电力保障，助力赞比亚社会经济发展迈上一个新台阶。

2015 年 11 月 28 日，下凯富峡水电站项目现场移交典礼在凯富峡水电站培训中心隆重举行。

下凯富峡水电站现场移交典礼

赞比亚总统埃德加·伦古在致辞中指出，下凯富峡水电站工程是赞比亚 40 年来投资开发的第一个大型水电站项目，将从根本上解决赞国电力短缺现状，从一定程度上促进赞比亚经济发展。埃德加·伦古总统对中国政府长期以来各方面的支持表示感谢，希望通过下凯富峡工程的建设让中赞友谊再添丰碑。

中国驻赞比亚大使杨优明表示，中国一直以来大力支持赞比亚电力设施建设，从卡里巴水电站扩机项目到下凯富峡水电站项目，中国从资金、技术等方面对赞比亚给予帮助。未来几年，中国将会重点对赞比亚输变电线路等项目提供资金支持。同时希望中国企业在赞比亚将坚持履行社会责任，为当地社会经济发展做出贡献。

宋东升、张玉峰感谢赞比亚政府对中国水电的支持和信任，表示中国水电将会高标准、严要求建设好下凯富峡水电站工程，助力赞比亚社会经济发展。

◆ 玉汝于成的融资谈判

带着后方的殷切期望，水电大军向凯富埃峡谷陆续进拔。然而，万事开头难。下凯富峡水电站项目在前期面临着巨大的融资问题，而这一问题困扰了项目将近两年时间。融资问题如果迟迟得不到解决，项目后期实施起来势必陷入艰难处境。

在融资前期，银团内部评审和上级审批需要的资料收集难度较大。2017 年 3 月，双方开始就融资协议的条款进行商谈；2017 年 11 月 13 日，双方在赞比亚国家电力 2017 年 3 月，双方开始就融资协议条款进行商谈；2017 年 11 月 13 日，双方在赞比亚国家电力公司签署融资协议，标志着下凯富峡水电站 EPC 项目的融资推进工作取得实质性进展。

面对赞比亚日益增加的国别风险，电建国际公司和十一局高度重视，海外事业部和下凯富峡施工局精心组织，国内外融资团队克服放款条件繁多、资料收集难度大、涉及律师事务所及融资顾问结构复杂、放款文件错综复杂和关联性多等困难，紧密合作，把握大局，寻找突破点，用"锲而不舍的钉子精神"与时间赛跑，仅用7个月的时间完成了87个放款条件的资料收集和递交。

2018年6月21日，下凯富峡水电站项目满足所有融资放款条件，业主于当天签发提款指令。贷款方中国工商银行和中国进出口银行正式完成首笔放款4.79亿美元，标志着下凯富峡水电站项目历时两年半的融资完美收官。

此次融资的成功，解决了困扰项目近两年的资金问题，在顺利履约大型EPC项目的同时，投融资团队的能力也得到证明和提升。对于项目广大员工来说，实现成功融资，极大增强了信心，鼓舞了士气，心里也倍加踏实。而对于两千多名当地工人来说，他们可能并不知道什么叫EPC＋F，也不知道融资的艰辛过程，但是，他们无疑是成功融资的直接受益者，这其中就包括已变成电建网红的小镇青年——齐拉。现在的他，不仅出了名，而且票子和房子，妻子和孩子也已牢牢地攥在了手心。

◆ 小镇青年的幸福生活

2018年5月，中央电视台财经频道《国际财经报道》之《我与"一带一路"》栏目以"齐拉：赞比亚'小镇青年'的幸福生活"为题，对一个名叫齐拉的赞比亚小伙作了专题报道。8月，中央电视台《焦点访谈》栏目以"'一带一路'越走越宽"为题再次对他进行了报道，使他一跃成为全中国知名的非洲老外。其实，他不仅在中国很有名，在祖国赞比亚也是。2017年圣诞节，由十一局新闻中心制作的英文宣传片《和你在一起》在赞比亚国家电视台一频道黄金时段播出，使成千上万的赞比亚人民记住了他的名字和脸庞。

齐拉是下凯富峡水电站项目的一名小车司机，每天来往于项目的各个角落，接送中国员工上下班。现在的他提起下凯富峡，言语里满满地都是自豪。他说，自己亲眼见证下凯富峡发生了翻天覆地的变化，自己的生活也发生了很大变化，还遇见了同在项目工作的女朋友米兹，这样的幸福，自己以前想都没有想过。

中央电视台讲述齐拉的故事

时光倒转一年，他还是一个普通得不能再普通的赞比亚青年，皮肤黝黑，文化程度不高，走在人群当中，根本就跟路人甲没有两样。而且，和大多数同龄人一样，他兄弟姊妹众多，家境并不殷实，每天为了生计东奔西走、焦头烂额，直到命运女神向他抛来橄榄枝。

2016年7月，他幸运地成为

下凯富峡团队里的一员。尽管得益于他的工作性质，很多人都认识他，却没有人想到他有朝竟会成为中国和赞比亚国家电视台荧屏上的主角。现在，下凯富峡几乎所有的中方员工都记住了这个名字，这个名字也成为他们茶余饭后的谈资。对于发生在自己身上的这种"天翻地覆"的变化，他显得平静而淡然。他谦虚地说，自己只是一个普普通通的工人，是中国电建给了眼前的这一切，如果说谁是大明星的话，中国电建就是最大的明星。

　　他说得没错。在赞比亚，甚至整个非洲，"中国电建"都是一个驰名品牌。而现在，它又多了一张金字招牌，那就是下凯富峡水电站这个"百亿工程"。他刚入职的时候，下凯富峡正式开工才刚刚半年。如今，两年多过去了，那里发生了巨大变化。身处变化漩涡之中的他，心中自然有很多话要说。

　　当被问到对下凯富峡的最深刻印象时，他不假思索地说出了一个字——大。

　　对于他，项目的大小或许并不能从专业角度进行衡量，只能直观上做出判断：厂房、大坝和砂石拌合系统雄伟壮观，运营村漂亮宏大，高架输电线路翻山越岭，引水隧洞似乎无穷无尽，到处都是忙碌的工人、轰鸣的机器和川流不息的车辆，施工夜以继日地进行；总统、部长、大使等大佬们时而过来视察，看起来颇为高大上。

　　其实，下凯富峡还有很多个"大"，是他可能并不知晓的。例如，它是十一局历史上最大的海外工程，合同额近 100 亿元，它是赞比亚甚至整个东南非洲在建最大的水电站，它的砂石拌合系统在整个非洲都屈指可数……

　　自开工以来，项目为当地社会累计提供超过 6500 个就业岗位。这些员工来自赞比亚全国各地。他们齐聚下凯富峡，在这座百亿水电站，挥洒汗水，追逐梦想。这不，追逐梦想的齐拉，工资最近又涨了。他很开心，工作起来也更认真、更起劲儿了。面对采访人员，他一改往日的拘谨和严肃，调侃地说道："中国电建是个大公司，下凯富峡是个大项目，因此，我的工资也需要足够'大'才对，哈哈。"

赞比亚下凯富峡水电站碾压
混凝土大坝施工

　　像很多非洲青年一样，齐拉是中国功夫的铁杆粉丝。当被问到中国功夫一招制敌的关键因素是什么时，他思索片刻，说道："我觉得是速度。他们的动作很快，有时候快得简直令人无法相信。面对那样的速度，我一定会被打趴下的。"

　　在中国，"天下武功，唯快不破"是一句江湖定论。事实上，这句定论放之四海而皆准。尤其是在当今这样一个高速发展的时代，一朝落伍，可能永远就赶不上来了。干工程也不例外。

他每天往返于下凯富峡的各个角落，亲眼见证项目不断发生的变化。当被问到与他刚入职时相比，现在的下凯富峡有哪些不同时，他不无感慨地说："变化真是太大了。比如，两年前，大坝和厂房工地还显得很空旷，现在大坝和厂房都已经拔地而起，十分壮观。等过了十天半个月再看，又会发现不一样的变化。感觉很神奇。"

当然，这些分分秒秒的变化，只是直观上的呈现，具体细节和数据，他自然是不清楚的。他不知道，导流洞开挖提前14天完成，而导流洞洞身衬砌则提前了近1个月。他也不知道，厂房一期混凝土比计划工期提前了半个多月完成。他更加不知道，这些日新月异的变化背后到底有一股什么样的隐形力量在持续推动。这股子力量，如果用一句诗加以表达，那就是"既然选择了远方，便只顾风雨兼程"。

所谓"远方"，是基于赞比亚社会经济发展的长远打算，是十一局在赞比亚扎根发展的长远规划。为了实现这两个长远愿景，下凯别无选择，只能顶风冒雨。各作业处、各职能部门全体干部、员工在下凯富峡施工局和项目部统一部署下，相互协作，克坚攻难，充分发挥主观能动性，保障项目施工生产稳中有快地向前推进，结出累累硕果。

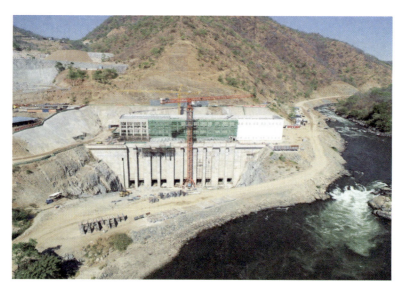

赞比亚下凯富峡水电站发电厂房施工

"前人栽树，后人乘凉"，等到齐拉入职的时候，项目面貌已经焕然一新。这些变化的取得，离不开远离祖国、舍小家为大家的数百名中方员工的辛勤工作，也离不开近3000名当地员工的努力付出。在他们手中，电站从无到有，从丛林一片到机器轰鸣，实现了华丽蜕变。反过来，他们自身的命运也因这座巨大的电站悄然发生着变化。尽管教育背景、技能背景不同，但在项目上，他们皆各得其所、得到提升，实现着人生价值和社会价值，改变着自己和家人的生活。可以说，在下凯富峡，集体和个人的发展历程中，唯一不曾改变的就是改变本身。

改变，也是齐拉在下凯富峡所取得的最大收获。一份高出国家工资标准的稳定的收入，使他渐渐有了积蓄。他和身为劳务营地管理员的米兹一见钟情，成为一对令人羡慕的情侣。后来，他在凯富埃镇盖了一幢又大又漂亮的房子，婚礼也提上了日程。

就这样，他们作为主角，走进了十一局新闻中心、新华社和中央电视台记者的视线，成为万千人关注的焦点和艳羡的对象。人们都说，他们虽朴实平凡，却拥有梦想，并为梦想穷追不舍，而下凯富峡为他们的梦想插上了一双翅膀。乘着这双翅膀，他们一定会飞得更高、飞得更远。世间图画种种，大概没有比这更美好的了吧。

说到美好，我们不得不承认，爱美之心，人皆有之。美好的东西总是令人心驰神往。

赞比亚下凯富峡水电站砂石系统

赞比亚高原，无论是在旱季还是雨季，都是美好的，自然风光赏心悦目。为保持这份美好，人类所附加在大自然里的事物也理应是美好的，与之相匹配的那种美好。如果我们附加了不美好的事物，那么整体的美就会遭到破坏，犹如墙上的污点和银幕上的噪点，总会给人带来或多或少的缺憾。

下凯富峡原本是一座人迹罕至、不受干扰的山谷，群峰耸峙，鹰飞猿鸣，凯富埃河一路奔腾，和两岸的草木、禽虫演奏着动听的协奏曲。后来，有一群"探险者"闯了进来，从此安营扎寨。他们就像一支原始的部落，逐"水草"而居。哪里有山，哪里有水，他们就去哪里。在赞比亚国家地图上，下凯富峡只是靠近南部国界线的一个不起眼的点，但因为这一支"原始部落"，这个点注定会像启明星一样，发出耀眼的光芒。

齐拉现在就是一颗熠熠生辉的星辰。这颗星辰也有一颗爱美之心。他的穿戴总是很整洁，他驾驶的车总是很干净。有时候，他还会戴上鸭舌帽和墨镜，耍一耍酷，令人眼前一亮。当被问到为什么喜欢保持干净整洁时，他指着被中国对外承包工程协会评为 2018 年中国海外工程杰出营地，也是中国电建唯一获此殊荣的项目主营地园区，打趣地说："周围的环境这么漂亮，我要是不干净，那就不搭调了。"

如果以他拿来打比方的主营地为中心，向四周辐射到项目区域的边界，在这个范围内，工作面多到数不胜数。保证所有工作面的"面子"都很体面、排场，并非易事。但是，就连齐拉如此爱干净之人，所到之处，都会啧啧称赞施工形象的好看。很多当地员工更是喜欢自拍，把自己和自己所在工作面的合影分享到社交网站，不无自豪地说"我在大拌合站""朋友们，这里是下凯富峡项目厂房"，等等，令人欣喜和感动。

赞比亚下凯富峡水电站主营地

在这些光鲜、亮丽的形象背后，齐拉和他们或许并不知道项目部都做了哪些复杂、艰难的功课。毕业于江西新余学院土木工程专业的大学生克里斯托弗，目前在质量部上班。他和齐拉一样，几乎每天都要去工地做与施工质量相关的工作。按理说，他在工程质量做得好与坏方面还是很有发言权的。

"做质量控制工作，最主要的就是注重细节。细节的东西做不好，质量就很难做好，就可能产生很大的问题。"他斩钉截铁地说道。而为了从细节上抓好质量工作，质量部门也是采取了许多措施。随着施工生产稳中有快地向前推动以及质量管控工作的不断强化和细化，项目整体和细部施工形象日益凸显，确保了中国电建在非洲的这张名片历久弥新，光彩不减。

2017 年 10 月 4 日，正值中秋佳节，赞比亚总统埃德加·伦古和时任中国驻赞比亚大使杨优明考察项目，对项目施工形象和质量给予高度评价。10 月 5 日，伦古总统又通过"脸书"网站，发表了一篇短文，写道：

"昨天，我见证凯富埃河实现截流，这为 750 兆瓦下凯富峡水电站施工铺平了道路。在凯富埃河上建造电站，即便连续几年少雨，发电能力也会得以维持，因为在这同一条河流之上就有三座电站：伊泰兹—伊泰兹水电站、上凯富峡水电站和下凯富峡水电站。下凯富峡水电站由中国进出口银行和中国工商银行提供贷款。对于中国政府在规模如此巨大的项目建设方面所给予的支持，我们表示诚挚感谢。这个项目和其他诸多项目旨在改善每一个赞比亚人的生活。发电量的提高将会降低费率，增加工作时间，并提高依赖电力的行业的税收收入。"

在这篇短文下面，伦古总统还配了几张他在项目厂房、大坝等施工现场考察，以及为项目技工培训学校剪彩揭牌的照片，可谓图文并茂。

伦古总统发表的这两段话，短短两天之内就得到数千次点赞、数百条评论和百余次分享。评论者中，既有政府官员和科技专家，也有大学生和普通工人，从不同角度发表自己的看法，表示对下凯富峡水电站的关注。网友戴维·纳木图卢发表评论说："这几年，降雨量减少，给赞比亚带来很大难题。这个项目建设得很及时。"网友吉尔伯特·穆旺萨发表评论说："凯富埃河截流是件令人振奋的事情。中国人工作努力，令人尊敬。"网友塞巴斯蒂安·帕苏瓦发表评论称说："总统先生，这真是太好了。现在，缺电少电都成为历史了。随着政府开发更多的水电站，我们相信，赞比亚一定会实现电力自给自足。"

其实，伦古总统5日发表在"脸书"网站的这段文字部分来源于他4日在下凯富峡水电站考察时发表的演讲。这次演讲一开始就指出，2015年11月28日，他出席了项目开工仪式，对中国水电截至目前所取得的进度表示欢迎。他表示，成功截流是项目建设过程中一个重要程碑和重大成就，值得所有人为之庆祝。

2018年6月6日，大坝碾压混凝土首仓开盘浇筑仪式隆重举行。仪式上，项目负责人周庆国郑重承诺：

"百年大计，质量第一。大坝的质量是整个项目成败的关键，因此我们将采用最先进的设备、最精湛的技术、最优秀的团队和最负责的态度来完成这个造福1700万赞比亚人的民生工程。2020年，我们今天在现场的所有员工将继续见证大坝竣工。此后，厂房发电机组将源源不断给赞比亚输送750MW的电力，助力赞比亚经济飞速发展。作为下凯富峡的一员，我们无比自豪。"

当时，齐拉在仪式外围的停车区域，远远地观望着、聆听着。对于项目负责人掷地有声的讲话，他感到十分振奋。他相信，下凯富峡一定能早日完工、早日发电，也一定会成为赞比亚最大、最好的水电站。但是，他不知道，他和数千名像他一样的当地员工能安安稳稳地在这里工作，项目能顺顺利利地往前推动，背后有多少人在负重前行。

在项目第一笔融资成功放款一个多月后的8月6日，他和米兹终成眷属，携手走入婚姻的殿堂。那一刻，电建吉娃聆听了他们对彼此的誓言，记住了他们脸上满裹着幸福的泪水。在他那场隆重而奢华的婚礼、婚宴和婚纱照拍摄现场，电建吉娃全程见证了他们的甜蜜与幸福。他的父亲说，这场婚礼是一场别开生面、与众不同的婚礼，不仅仅因为儿媳妇盖上了中国新娘的红盖头、发间插满了漂亮的珠花，更是因为这是凯富埃镇第一次有中国客人参加当地人的婚礼，让他们感受到了中国电建对当地员工的照顾和关爱。

齐拉说，他现在的一切——妻子、工作、新房、排场的婚礼——都是中国电建赐予的，他感谢中国电建给了他和家人这么多的帮助，并用有些蹩脚的中文说了一句："我爱电建。"

"因为家里没钱，兄弟姐妹又多，所以爸妈就想让我退学。是姐姐在下凯富峡工作，可以让我继续上学。"姐姐嫁人是件喜事，但对 18 岁的米奇来说却是百感交集。她说，今年就能去自己梦寐以求的大学了。

"我大学选了土木工程专业，梦想成为一名工程师。希望毕业以后有机会加入中国电建，学到更多的技能，拿到更高的工资，然后供弟弟妹妹读书。"米奇的一言一语，无不令人为之动容。

项目职工应邀参加齐拉和米兹的婚礼

跟中国电建干了两年多，齐拉看到了太多的变化——项目的变化，身边人的变化和自己的变化。他动情地说道："不管怎么样，有下凯富峡在，有中国电建在，我就会觉得很踏实。"

其实，对于他和很多热爱下凯富峡、热爱中国电建的人来说，这种踏实感会一直存在下去的。他依旧记得，2018 年 6 月 6 日，大坝碾压混凝土首仓开盘浇筑仪式上，项目负责人周庆国在的讲话中郑重承诺：

"中国水电作为全世界最大的水电承包商，与赞比亚政府和人民建立了 20 多年的牢固友谊，所以我们将继续履行企业社会责任，为当地人民提供更多的就业机会，为当地人民提供更多的捐助，培训学校将一直办下去，为赞比亚经济发展培养更多的优秀技术工人，积极帮助当地政府解决民生问题。下凯富峡水电站是中国水电在赞比亚乃至东南非区域的一张名片，同时也希望在座的各位能让更多的人知道这张名片，让赞比亚政府能给中国水电更多的机会，让我们和赞比亚深度合作，让我们参与更多的项目，修建更多的水电站、电力工程和其他基础设施工程，同时也诚邀更多的赞比亚人才加入我们这个集体，继续为赞比亚经济发展做出突出的贡献。牢记初心，不忘使命，兄弟们，我们撸起袖子加油干，幸福是靠奋斗出来的！让我们一起共创美好明天！"

字句铿锵，一诺千金，道出十一局人大胸怀、大气魄，这正是：

明星项目出明星，日新月异尽峥嵘。

问君何以争翘楚，金鼓未落又一程。

对于十一局人来说，"征程"就是常态，就是永不止步。他们的步伐迈入了非洲最西端的国家——塞内加尔，为塞内加尔人民打通了一条"黄金通道"。欲知后事如何，且看下回分解。

参 考 文 献

李金平.《下凯富峡水电站完成首笔融资放款》。

第二十回
赴西非建黄金通道　展大爱连中塞友谊

从上一回下凯富峡电站项目网红齐拉的故事中，我们看到了非洲朋友与中国建设者的情感交融。同样在非洲大陆的最西端，水电十一局人通过塞内加尔 DK 公路的建设，与当地人建立起了深厚的感情，共同抚育了包容、理解的友谊之花。

2018 年 2 月 19 日，由水电十一局承建的塞内加尔 DK 公路项目实现竣工通车，塞内加尔总统麦基·萨勒出席工程竣工典礼，高度赞扬了 DK 公路项目的施工质量，感谢中国电建为塞内加尔基础设施建设所做出的积极贡献。

道路通，百业兴。伴随塞内加尔 DK 公路的建成通车，这条被塞内加尔人民誉为通往幸福的"黄金通道"，给沿线人民带来了便利与繁荣。

◆ 筑梦西非，中塞共赢

塞内加尔，位于西非之角，面朝大西洋海岸。这是一个美丽的国度，塞内加尔首都达喀尔曾是因"达喀尔拉力赛"而闻名世界的城市。

2018 年 7 月 21 日，国家主席习近平对塞内加尔进行国事访问。塞内加尔是习近平这次非洲之行的第一站，也是习近平担任中国国家主席后访问的第一个西非国家。

两国元首高度评价近年来中塞关系取得的长足发展，一致同意继续携手努力，推动两国各领域合作取得更多成果，开创中塞关系更加美好的明天。

塞内加尔也成为了第一个同中国签署"一带一路"合作文件的西非国家，这也将中塞关系推向了一个新的高度。

时间回到三年前，2015 年 4 月 12 日，塞内加尔 DK 公路项目正式开工建设。塞内加尔总统麦基·萨勒出席开工仪式，并饶有兴致地亲自启动装载机。

麦基·萨勒总统对 DK 公路项目的建设给予了高度评价，他说，DK

塞内加尔总统麦基·萨勒出席
开工仪式并启动装载机

公路项目是西非沿海通道走廊的重要组成部分，对于增强塞内加尔与邻国冈比亚之间的商业交往，增强国民经济的吸引力和竞争力，改善当地居民享受社会服务等具有非常重要的意义。

塞内加尔 DK 公路项目是中国电建进入塞内加尔市场中标的首个公路项目，该项目位于塞内加尔南部 4 号国道上，主要施工内容包括丁吉拉伊至凯勒阿瑞普 40 千米国道和尼奥罗市 6 千米市政道路修复与重建、以及附属工程建设，由非洲发展银行出资。

◆ 攻坚克难　砥砺前行

项目一进场，一连串的"拦路虎"接踵而来。

气候是一大考验。工程所在地区属于内陆，平均海拔 22 米，热带草原性气候，常年都处于炎热干燥的季节，年平均气温达到 35℃。这里分雨季和旱季，7 月至 10 月为雨季，11 月至次年 6 月为旱季，历史平均年降水量为 698 毫米。

地质条件是一大难题。工程所在区域尽管地势平缓，线路较直，但当地土质为沙土地，有少量草皮、灌木、树木，土地盐碱化非常严重，这为随后的路基施工造成了一定困难。

其次，公路原有沥青路面损坏严重，其中 50％ 的沥青路面已经完全缺失。从项目起点到尼奥罗市，距离约 12 千米，施工范围内有很多树木生长在路床边线上，施工时需要移除。在尼奥罗市内还有电线杆等各种施工障碍物需要移除。

工期是最大的挑战。项目的合同工期跨越两个雨季，造成有效实际施工时间仅有 12 个月，工期非常紧张。

巧妇难为无米之炊。料场是亟待解决的难题，由于工程沿路附近符合合同技术条款要求的红土料场很少，无法满足施工要求。最后，项目部经过调研，在选定了离工程 100 千米的一个红土料场。

办法总比困难多。在克服砂石、油料、机械设备资源匮乏等一系列困难后，

塞内加尔 DK 公路沥青混凝土施工

项目部统筹安排施工计划，科学有序组织施工，各项工作稳步有序向前推进。

◆ 本土战略　携手共进

随着经济全球化的到来和知识经济的发展，国际化经营已成为企业获取竞争优势的重要手段，人力资源也成为企业竞争优势的源泉，而人力资源本土化成为国际

人力资源管理的发展趋势。

项目部审时度势，抓住机遇，根据塞内加尔当地民风淳朴、时局稳定的有利特点，确定并积极实行了人力资源本土化的的战略方针。

这其中，项目部共聘请当地翻译 2 人，测量 6 人，试验 2 人，技术 2 人，HSE 工程师 1 人，机械操作人员及劳务 300 余人，当地员工占项目职工总人数 89％。

在工程稳步推进中，项目部在充分了解企业文化和当地文化的基础上，与塞方人员就项目管理、工程施工等事宜进行讨论，交流看法。

恩冈姆是首都达喀尔大学的一名教师，在看到项目部的招聘信息后，专门乘坐 4 个小时的车来项目部应聘 HSE 工程师一职。令人惊讶的是他虽然没来过中国，却说着一口流利的中文，他表示虽然没去过中国，但是生活环境无时无刻不被中国元素影响着，切切实实感受到中国的强盛，这也让他意识到学习中文将会给自己的生活带来改变。在成功通过面试后，恩冈姆就全身心地投入到项目部紧张的工作中，不仅出色完成了项目部分配的任务，而且在当地人和中国人之间架起了一座沟通的桥梁，使项目部的工作在当地得到更多的包容和支持。

中方管理人员与聘请的当地测量人员　　　　　　　　　恩冈姆

加义·马马杜是当地的一名测量工程师，在 DK 公路项目部成立之初就加入到了这个大家庭中。由于文化的差异，还有工作能力的限制，在前期工作中，他测量的地形数据经常出现错误，工作普遍得不到项目部的认可。但是加义吃苦耐劳好学的品质还是令项目部对他抱有一丝希望，项目总工程师言传身教，经过一个月的交流学习，他一步步学会了使用全站仪、GPS、电子水准仪等测量仪器。后来的工作中，加义的工作得到了项目部的认可，同时项目部这种互帮互学的工作方式还得到了咨询工程师和公路局的大力赞赏。

项目当地职工

后来加义因事离开项目部的时候，跟中国员工一一道别，用学来的中文连声感谢中国朋友对他的照顾，以及对他工作的帮助。

项目部通过一系列的努力，使中塞员工对彼此的文化环境、传统习俗和宗教信仰有了更深的了解，项目部的管理方式得到当地员工的认可，这为工程实施创造了有利条件。

◆ 11 千米的距离 救援刻不容缓

2015 年 7 月 8 日清晨，沐浴在雨季中的塞内加尔考拉克省散发着醇厚的泥土气息，黎明的曙光揭去了夜幕的轻纱，地平线轻轻泛起的一丝丝亮光，小心翼翼地浸润着浅蓝色的天幕。

塞内加尔 DK 公路项目现场机械操作手童少宏和尚震像往常一样乘坐着一辆皮卡，沿着尼奥罗-丁吉拉伊路段前往施工现场，宁静淡雅的晨光透过车窗洒落在身上，一切都纯净得让人心旷神怡。

突然，道路边上熙熙攘攘的人群打破了宁静。

"估计是出交通事故了"，童少宏推测道，同时将车停靠在路边。

"你好，我们是中国电建的职工"，听到尚震自报家门，人群中一名警察匆忙上前与他们沟通，"先生，1 个多小时前，一辆满载乘客和货物的客车因为爆胎，侧翻到公路的边沟里，现在车身已压扁，而且扭曲变形；受伤的乘客已被送往了医院，但是现在车身横占着道路，当地资源条件有限，附近没有救援设备可供调拨，外地调拨救援设备最快也要一天。"

尼奥罗-丁吉拉伊路段，是项目部承接的道路修复与重建工程的一段，它属于西非经济走廊的一部分、塞内加尔国的主干道。道路的中断对塞内加尔和邻国冈比亚及塞内加尔各区域影响重大。

眼下，道路上已经堵塞有数十辆车了，看着当地警察和政府官员一筹莫展的表情，"救援还是继续赶路？"两位师傅交换了一下眼神，决定立即打电话告知项目经理此刻发生的事情。

项目领导接到消息后，要求立即开展救援，同时安排生产经理张金锋、HSE 部门卢光明和恩刚姆、机械修理工王晋英等人即刻带着钢丝绳、卡环、千斤顶、撬杠等救援工具赶赴事故现场，并且从就近的施工现场调拨一台推土机、一台装载机协助。

10 分钟后，救援小组、救援机械设备到达事故现场。生产经理与当地警察沟通后，决定先在事故前方 30 米的位置用推土机推出一条临时便道，疏散拥堵车辆，然后再将事故车辆拖出。

道路恢复后，职工们仔细查看了事故车辆的现状及周边地形地貌，研究决定，由修理工王师傅计算好角度，在事故车辆前后底盘钢架上绑好钢丝绳，由推土机拉着钢丝绳先把事故车辆扶正，为了防止推土机用力过猛把事故车辆拉翻到另一边，又安排装载机在一边顶着。

救援现场

准备工作安排妥当。随着生产经理1、2、3的口令，伴随着机械的隆隆声，事故车辆被慢慢地拉了起来，现场情况不断变换，机械设备也一次次地变换着角度，"偏右，偏右，停！再回转一点，起……"最后，随着事故车辆的"哐当一声"，近3个小时的救援活动落下帷幕。

现场响起了热烈的掌声和欢呼声，"Chinois，merci（谢谢你们，中国人）"，当地政府官员、警察和居民竖起了大拇指。

虽然事故发生距离营地11千米外，但事后，项目职工与当地居民之间已打破了这个11千米的距离。主动来项目上找工作的当地村民不断增加，而每每谈起救援的事情时，他们都会竖起大拇指点赞。对于职工来说，心里也是美滋滋的。这不正是大家所期待的：在履约工程建设的同时，实现着"责任的延伸"，而责任的延伸，更换得了共同的尊重与理解。

◆ 这段路　连接了中塞友谊

每年的2月11日为当地重大宗教节日"圣母节"，届时来自周边地区及国家的近百万教徒将汇聚尼奥罗市庆祝。

为方便当地教徒出行，2016年，应尼奥罗市长邀请，项目部在工期紧张、任务重的情况下，协调人员和设备对尼奥罗市内所有的道路进行了修护，保障了当地"圣母节"庆祝活动的顺利开展。尼奥罗市为此专门发来感谢信。在信中，尼奥罗市长高度赞扬了塞内加尔DK公路项目服务社会，勇于担当的精神，在他们每次提出帮助时，中国电建都能够不求回报，给予最大的帮助。

2018年2月19日，塞内加尔DK公路项目举办竣工通车典礼，总统麦基·萨勒出席，他高度赞扬了DK公路项目的施工质量，感谢中国电建为塞内加尔基础设施建设所做出的积极贡献。

卡提姆—迪阿玛村的村民马内兴奋地说到："这是我第一次看到这么好的公路。

以前，因为总是绕行，我们在这条路上花了不少钱。但现在，这条公路的修筑让我们看到了美好生活的希望。"

当地一位女士说："以前，这条路被严重破坏，有一次我带一个孕妇去医院检查，因为路实在太差了，一路颠簸，她痛哭尖叫，而我也特害怕她出事。"

卡马拉，考拉克-科拉伊普沿线的一名大巴车司机，他说："以前，这里的路况太差了，开车绕行的话，我需要花更多的钱来买燃油。现在新路修好了，10000 西法（约合人民币 118 元）的燃油，便足以让我从科拉伊普到达考拉克。我只能说太棒了。"

在 DK 公路建设过程中，当地主流媒体对项目建设进行了系列的跟踪报道。2016 年 12 月 19 日，塞内加尔知名报纸 L'Observateur 刊登了题为《跨冈比亚之丁吉拉伊至凯勒阿瑞普道路修复工程，社会经济基础设施繁荣之路》的文章，高度赞扬了由中国电建承建的塞内加尔 DK 公路项目。

塞内加尔 DK 公路

在文章中，公路局项目经理 Makhtarr Ba 先生说，在工程施工期间，项目同时完成了 12 间教室、2800 多米围墙、尼奥罗市及凯勒阿瑞普市汽车站重建、丁吉拉伊市和尼奥罗市的市场改善等多个基础设施建设。

尼奥罗市长在接受采访中说，DK 公路的建设，带动了城市的转型及发展，带给了工人大量的就业机会。中方修筑三间新学校及围墙，让孩子们可以安心地接受教育，非常感谢中国电建。

塞内加尔 DK 公路的建成通车，为当地经济社会发展注入了新的活力，这不仅是一条通往幸福的"黄金通道"，更是连接中塞人民的友谊之路。如今，达喀尔至拉各斯沿海跨冈比亚公路沿线城市中，居民都感受到社会经济的蓬勃发展，在 DK 公路沿线，无数教育、医疗、金融机构正在快速兴起。

有诗赞道：

西非几度容枯槁，持见初心人未老。
廖赠真意留晚照，更喜坦途风光好。

遥远的非洲大陆，十一局人用责任与付出换来了项目的圆满履约，维护了企业的良好形象。在神秘的美洲大陆，十一局人开拓进取的故事也广为流传。看十一局人如何轻舟驶过万重山，在美洲市场大展抱负，且看下回分解。

参 考 文 献

梁新栋，王雪清.《通往幸福的"黄金通道"》。

第四章

相约拉美

第二十一回
智博弈弄潮中美洲　勇克难打响大品牌

与塞内加尔隔大西洋相望，是同样充满热带风情的加勒比海国家。海风吹拂的伯利兹，面积狭小，却像一块巨大的翘板。从这里开始，十一局在美洲的业务逐步开枝散叶。

◆ 洽里洛的那事那人

2002 年，张至森和同伴们迈着坚定从容的步伐，来到了遥远的加勒比海国家伯利兹。那一刻，海风轻拂，海浪絮语，中美洲的热带风情迎面扑来。但是，异域风情虽美不胜收，他们却无以消受。他们当时只有一个想法：好风景，要留给更多的人看。

而这"更多的人"，不是悠哉游哉的观光客，而是翘首以盼，决计去美洲闯天下的水电十一局职工。

重任在肩，是压力，更是动力。

经过坚持不懈的努力，他们一举拿下伯利兹洽里洛水电站项目，使十一局首次进入以欧美人为业主的美洲市场。

国未交，智先取

说起洽里洛水电站，很多人会很惊讶地问道："十一局怎么能在一个跟中国没有外交关系的中美洲国家拿到工程呢？"

这里面，还有一段曲折的故事。

洽里洛水电站是加拿大一家私人公司开发的水电站，工程信息来源于窗口公司，十一局和这个窗口公司签订了以整体分包实施工程的合作协议。标书编制阶段还是比较正常的，在技术方面和商务方面都没有什么困难，但在确定报价的时候，合作双方却发生了很大争执。

该工程报价的构成是十一局的工程费用加上窗口公司确定的代理费、设计费和窗口公司费用。窗口公司负责该项目投标的是一位年轻的部门主任。他英语很好，自我感觉也很好，甚至可以说盛气凌人，每次开会必先拿出一盒"熊猫"烟放在会议桌上。他期望的施工单位是那种一切听从他们安排的施工队。他们确定了不低的设计费、很高的代理费和窗口公司费用。在工程成本之外加上这么多的费用，价格无论如何是低不下来的。加上十一局不是他们期望的那样一支施工队，而他们又急于中标，可以想象，两家一起确定报价，该有多困难。

果然，标书交出去后，业主认为价格过高，要求降价。为了合作的成功，十一局多次降低自己这部分的报价，但施工成本是必须发生的费用，降价空间是非常有限的。于是，十一局要求降低窗口公司管理费和代理费，结果遭到拒绝。这样，降价后报价仍不能被业主接受。

业主不得已在改变合同方式后，对该项目重新招标。为了达到他们的预期目的，窗口公司要求十一局将合作方式由分包改为劳务供应，十一局拒绝了这个无理的要求。是十一局为该项目做了大量的工作，编制了完整的标书，是工程成本之外的费用太高造成报价居高不下，窗口公司不但不降低不合理的代理费和牌子费，还无理地撕毁合同。在这种情况下，十一局就想为什么不自己投标？在距离开标时间一个星期的时候，局里和业主取得了联系，并在三天内重新完成了标书，然后将标书以特快专递寄给了业主。

由于这是加拿大私人公司开发的水电站，对于承包商而言，能否中标显然和所在国没有太大关系。因此，十一局自己投标时，没有了牌子费，没有了很高的当地代理费，报价的竞争力是显而易见的。业主在中国做了一些调查后，很快就决定和十一局接触并进行合同谈判。由于和加拿大有 12 小时的时差，在中标通知的前一个星期，投标人员每天半夜都要到办公室和加拿大那边联系，最终拿到了合同。而随着项目合同的终于落地，摩拳擦掌的水电大军向万里之遥的中美洲陆续开拔。

打先锋，甘坚守

2003 年 4 月 26 日，正值全球"非典"疫情的高峰期，洽里洛项目第一批进场人员带着厚厚的口罩远赴中美洲。经过 4 天的飞行后到达伯利兹城，还没来得及休息，就匆匆投入到了工程的前期准备之中。陌生的国度，陌生的环境，项目前期遇到了许多意想不到的困难，也涌现出一个又一个不怕困难、甘于坚守的职工。他们以拓荒者的精神，用自己的实际行动践行着十一局人扎根美洲的坚定信念。这其中，就有一个普通职工，叫周红良。

测量是施工的先锋。作为测量人员的周红良，责无旁贷，随即开始了紧张的定位放线工作。然而，仅仅过了不到 8 天，他就接到家里的电话，说妻子怀孕了。这无疑是个好消息，但对周红良来说，更多的却是担忧：爱人一个人在家，现在又怀了身孕，无人照顾，自己怎么放心得下。但是，他心里比谁都清楚：测量就是工程施工的"眼睛"，没有测量，工程根本就没有办法进行！自己刚刚才到项目，一大摊子事情等着处理，回家陪伴妻子肯定是不可能的。

洽里洛工程所在地是一片原始森林，外出行走都很困难，测量工作的艰苦程度可想而知。周红良一个人带着当地劳务开始了前期艰难的地形测量工作。白天在工地忙碌一天，晚上回来后还得继续编程序，绘图纸，计算工程量，可以说又忙又累。

2003 年 8 月 28 日，在测量途中，树林子里突然窜出一条蛇，急速地扑向他们。周红良一把推开身边的劳务，大声喊"快散开"，而自己却来不及躲闪，被毒蛇咬了一口，小腿上流出了淋淋的鲜血。吃完药，医生叮嘱他要休息一个星期。可两天后，他就一瘸一拐地回到了工地，继续他的测量工作。

伯利兹洽里洛水电站

11 月，家人告诉他，爱人即将临产。听到这个消息，他心理矛盾重重。工地当时就两个测量技术人员，另一个刚从国内过来，还不熟悉情况，而工地正处在紧张的开挖施工中，两班倒作业，一个测量人员肯定不行，因此，他就始终没有向项目提出休假的要求。12 月 1 日，项目部知道这件事后，当即同意他回国休假一个月，并赶紧给他办理回国签证。2004 年 1 月 3 日早上，女儿顺利出生，他心里充满高兴和激动。但是，等到 6 天后签证终于办出来时，他却犹豫了。现在工地这么忙，况且女儿已经出生了，是回去还是留下继续工作？思来想去，他最终还是选择留在工地，放弃了回家休假的机会。

10 月 26 日，周红良合同到期，可以明正言顺地回家探亲了。但这时 17 公里长的输电线路马上就要开始施工，需要一个懂测量、会管理的人负责这项工作。周红良主动请缨："让我去吧，输电线路的选线和测量都是我负责的，我更熟悉这里的情况，进入角色更快。"项目部经过慎重研究，把这项工作交给了他。于是，他又全身心地投入到了输电线路工作当中。

输电线路横穿莽莽原始森林，没有道路，山高坡陡，灌木丛生，野兽和毒蛇经常出没，条件艰苦，环境恶劣。他们首先要沿线路砍伐出一条 30 米宽的通道，但当地环保部门不准动用大型设备，只能采用油动锯、大刀、斧头等进行人工砍伐，每前行一步，都要付出艰辛的努力。森林里密不透风，潮湿闷热，到处是飞虫和蚊子，叮得人浑身起大包，又痛又痒。一次，当周红良带领人员伐树伐到一条小溪附近时，眼前突然出现一只美洲豹，原来这条小溪是美洲豹的饮水点。他们手持大刀、木棒，与美洲豹对峙了半个多小时，豹子才悻悻而去。从那以后，他们每次出门都要带上枪支，以对付野兽的袭击。

2005 年 2 月 19 日，国内大年还未过完，洽里洛工地施工还在紧锣密鼓地进行。周红良他们正在开挖杆坑，几只野猪突然从身后的密林中窜出，他们急忙爬上了树。过了一会儿，野猪悄然离去。周红良他们就从树上爬下来继续工作。不久，又有四五十只野猪向他们冲来。原来这一带是野猪的领地，野猪为了保卫家园，企图阻止他们工作，结果发生了人猪大战。野猪是群体性动物，比美洲豹更加凶悍。经过激烈的搏斗，一只野猪被手枪射杀，另一只负伤，其余四散逃跑。其中一个当地工人被野猪咬伤八九处，缝了 50 多针。

高压线路施工条件艰苦、环境恶劣，并且随时都有被野兽、毒蛇袭击的危险。周红良他们凭着坚强的意志和对工作的热情，带领当地工人，经过几个月辛勤工作，胜利完成了所有输电线路的线杆埋设，难度最大的尾部 5 公路的高压线坑开挖和电线杆的埋设也顺利完成，而周红良的孩子那时已经快两岁了，他却连一面都没有见过。

这就是周红良，十一局一个普普通通的海外项目职工。在他的身边，还有许许多多的周红良，在平凡的岗位上，默默地奋斗与坚守。正是这种奋斗与坚守，使十一局的海外业务在美洲这片陌生的大陆稳稳地扎下根来。2005 年 11 月 12 日，治里洛水电站正式并网发电，源源不断的电流不仅照亮了伯利兹的千家万户，也照亮了十一局扬帆美洲的宏伟蓝图。

◆ 在抉择中前行的帕图卡

帕图卡Ⅲ水电站是中国水电在洪都拉斯实施的第一个项目，也是洪都拉斯在建的最大基础设施项目，合同金额 3.5 亿美元，总装机 104MW，2015 年 9 月 21 日开工。

洪都拉斯气候包括热带、温带及热带雨林气候，迷人的旖旎风光令人流连忘返，但帕图卡Ⅲ水电站项目实施过程中所面对的理念差异、所经历的酸甜苦辣、所历经的艰难执着、所做出的两难决策恍如昨日，令参与过项目实施的每位员工刻骨铭心，难以忘怀。

艰辛谈判，融资落地

和伯利兹一样，同为中美洲国家的洪都拉斯也没有同中国建交。因此，在洪都拉斯开拓市场，也面临着很大困难。2012 年，中国水电与洪都拉斯国家电力公司签订 EPC 合同，2013 年，中国工商银行和洪都拉斯国家电力公司签订融资协议，历经 3 年时间直到 2015 年 1 月，中国商务部正式批准中国水电利用出口买方信贷及出口信用保险融资承建此项目。随后，由于洪方政府的换届更迭、业主管理人员的更替和国际货币基金组织对洪国外债的限制更加严格，推动放款之前的相关必要条件时，进展举步维艰，融资进程一度陷入僵局并面临流产的可能性。

自 2015 年年初至融资落地 8 个月的时间内，新的业主团队多次要求重新启动EPC 合同谈判并敦促合同额降价，面对业主新团队、财政部人员不清楚合同及贷款协议的实际情况，国际公司及十一局领导亲临洪都拉斯和洪方财政部及洪电业主、总统府律师团队多达 10 余次就 EPC 商务合同的技术、合同条款进行澄清答疑并提供相关证明材料，在业主一而再、再而三提出无理降价并增加合同外工作内容的情况下，中国水电团队沉着应战，耐心解释贷款协议及 EPC 合同，在保证自己利益的前提下做出合理的谈判和协商，终于在 2015 年 8 月 10 日实现第一笔融资放款。

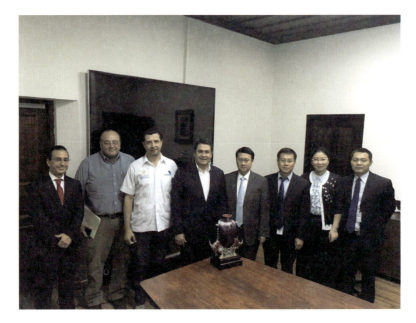

2014 年 11 月，时任水电十一局党委书记张玉峰拜会洪都拉斯
总统胡安·奥兰多·埃尔南德斯，并与总统及政府高层合影

另辟蹊径，办理保函

项目开工伊始，就面临履约保函办理这一十分棘手的问题。项目履约保函是近几十年来洪都拉斯金额最大的保函，银行没有足够的额度，在银行内部及洪都拉斯中央银行批准程序上相当麻烦和复杂，办理过程一波三折，持续时间长达 7 个月。其间，业主多次以保函未能按时办理和提交，威胁终止合同，并停止进度款的支付。

根据合同约定，履约保函应该在合同生效后 28 天提交，且要求为中国水电提供担保的银行为洪都拉斯当地银行，并且必须在国际分类范围内的 AAA 级。根据承包商对洪都拉斯四大银行保函业务深入细致的调查，当地银行不可能按照业主要求办理保函、信用额度不足、洪都拉斯中央银行批准费时较久的实际情况，以及合同规定保函办理的时限要求，承包商提出由信用等级符合 AAA 级的中国工商银行直开或中国工商银行美国分行直开保函，但均被业主否决。

在多次沟通无果、业主质疑保函办理进展缓慢并威胁终止合同时，承包商邀请业主直接参与和保函办理银行的沟通，此时，业主才了解到当地银行不可能按要求办理出保函，并认可中国水电是一家有诚信的承包商。经和业主多次讨论，最后业主理解并同意降低保函额度，按年度办理。随后，承包商多次敦促大西洋银行和中国工商银行合作开具保函，并敦促洪都拉斯中央银行批准大西洋银行办理保函。直到 2016 年 3 月 3 日，大西洋银行终于开具出履约保函，实现了历时最长、困难最多的保函办理，同时也成为十一局在海外项目通过修改保函金额办理保函的第一例。

洪都拉斯帕图卡 III 水电站

临危不惧，化险为夷

2016 年 2 月 18 日，在厂房基坑开挖至 40 米深的 EL.230m 高程后，基坑边坡和 EL.270m 平台陆续出现多条裂缝，下部出现局部坍塌，面对突然发生的安全隐患，项目部第一时间认识到问题的严重性，论证项目存在的风险，立即通知设计单位。为确保人员、财产安全，项目部立即要求厂房施工全面停工，另一方面要求管理人员 24 小时值班，做好厂房安全监测和信息预报。

3 月 6 日，中国电建贵阳勘测设计研究院专家到达现场，分析论证后认为厂房边坡处于临界状态，边坡随时有垮塌的风险。项目处于两难处境：一是对边坡锚索支护，需要搭设 40 米高的满堂脚手架，人员设备要利用脚手架这个平台进行施工作业，边坡一旦坍塌，必定造成人员、设备的巨大损失，酿成特大责任事故，项目和企业将无法承受。二是暂停施工，请专家论证，大家一致认为这是个稳妥且各方都可接受的方案。

但在洪都拉斯这个国家，办事效率低下，等专家拿出方案至少需要 2 个月时间，那时已到 5 月，而 5 月正是洪都拉斯的雨季，边坡一旦进水，势必加速坍塌，而边坡一旦垮塌，势必会影响国道的通行，工程将被迫停工，造成重大政治影响。面对两个月的窗口期，项目全体职工统一思想、知难而上、勇敢面对，以奇迹般的速度，第一时间从国内空运锚索设备，一个月不到，100 根 30 米长的锚索全部安装就位，阻止了势态进一步恶化，拯救了项目。

艰难抉择，设计突破

洪都拉斯帕图卡水电站项目配套输电线路，全程长 43.7km，电压等级 230kV，并在胡蒂卡尔帕市新建一座 230kV 变电站。项目部领导班子、专家、线路工程师多次讨论、研究国内设计和当地设计的优劣：国内设计工作效率高，与国内设备厂家沟通便捷，但对当地规范及要求不熟悉，不容易得到业主及监理工程师的批复，并可能造成工期延误；当地设计公司熟悉当地规范和各项要求，但设计进度缓慢，与国内供货厂家配合、沟通困难。为减少损失，项目部经过综合考虑，最终决定选择美洲当地设计公司进行设计工作；同时聘请国内设计公司作为设计咨询，为设计工作提供合理化建议，加快设计进度，协调促进外方设计与国内供货厂家的沟通交流，并对设计审核把关。

2017 年 4 月，时任水电十一局执行董事、总经理张玉峰到
洪都拉斯帕图卡Ⅲ项目检查指导工作

洪都拉斯本国设计公司规模小，能力低下，找不到可以承担此工程设计的公司。通过多方咨询，最终分别聘请哥伦比亚设计公司 Ingema 和两家洪都拉斯本地设计公司共同承担变电站的设计，另外聘请哥伦比亚设计公司 Optima 承担线路设计。

其次，在实施过程中，设计、生产、采购同步推进。由于设计单位多，同时设计工作涉及各个设备生产厂家，项目主管设计的工程师几乎是每天都在开会、协调、沟通解决各方提出的问题，每推进一步都困难重重。

第一，不同设计公司设计任务对接和设计接口问题层出不穷，每个问题都必须得到解决才能保证设计的正确无误和推进。

第二，最为困难的是设计及材料标准的对接和转换。由于线路的主材铁塔由中国厂家承担生产，而设计公司设计的铁塔材料为美标钢材，为了能够顺利通过设备生产审批，我方工程师同厂家设计人员对每个型号的钢材的机械和化学性能与美标进行一一分析、对照，整理出详细的对照表格，提供给外方设计和业主工程师。通过多次会议的讨论、沟通，外方设计和业主工程师最终批准采用同性能的国标材料替代美标材料用于铁塔生产。同时，项目部邀请业主、设计去国内厂家现场参观考察，详细介绍铁塔的生产工艺和材料标准情况。最终，外方设计和业主同意了项目部的铁塔设计方案，保证了铁塔按期供货到施工现场。

第三，在变电站永久机电设备采购方面，按照当地电力产业的要求，为了扶持当地企业的发展，业主要求部分电力设备采购需委托当地公司实施，但洪都拉斯本地并没有电力设备生产厂家。当地供货公司的设备采购来源主要来自周边国家，甚至欧洲和中国、美国、德国、墨西哥、巴西、危地马拉等地区和国家。通常，像帕图卡项目这样一个中等规模的变电站设备采购，中国完全可以提供全部的设备，但当地电力产业的这种要求使项目部不得不面临从多个国家采购设备的难题。在这种情况下，项目部没有自乱阵脚，而是安排专人跟踪、督促、检查各个国家各项设备的生产实施进度。为了保证设备供货的完整性和正确性，项目部技术人员需要详细对照每个设备的清单，不能有丝毫疏忽，甚至连螺丝的型号和数量都需要详细确认，及时跟踪。

未雨绸缪，规避风险

"天有不测风云，人有旦夕祸福"，海运过程中的小概率事件在项目进行到最后阶段竟然发生了。当项目第 87 批海运货物于 2017 年 10 月 30 日在海上航行至太平洋中部时，突然遭遇极端恶劣天气，由于风浪较大，部分货物坠海。

此批海运货物为最后一孔弧形闸门的金属结构，项目当时正在紧锣密鼓地进行弧形闸门安装。按照进度计划，这批金属结构抵达现场后若立即进行安装，在 2018 年汛期来临之前可以完成安装调试，并拆除大坝上游河道内的安装平台，确保汛期来水安全度汛；若在汛期之前未能完成安装和调试工作，此工作将不能在存在较大风险的汛期实施，仅能在下一个旱季开始时实施，进而会导致工期延误一年，并造成相关安装人员及设备相应时间段的窝工闲置。

在第一时间获悉此消息后，项目部深知此批货物的关键性及重要性，若重新制作并海运至洪都拉斯，需要三个月的时间，更为严重的是，由于船舶一直在航行中，船员无法及时对货物情况进行查看，无法确定坠海的是哪件货物，更不可能开始重新制作。在和船舶公司多次联系，坠海货物信息逐渐明朗时，为确保在汛期来临之前完成安装，项目部领导勇于担当，积极决策，及时联系弧形闸门设计、生产厂家，开始订购相关材料立即生产，并根据门叶生产进度，敦促后方积极联系后续船运公司，确定后续船舶的发船日期，确保及时制作门叶，并在汛期到来之前完成安装和测试，保证了安全度汛。

双管齐下，确保预算

洪都拉斯是个"重债穷国（HIPC）"，国际货币基金组织对洪都拉斯每年的国际贷款规定了上限，虽然中国工商银行已经可以提供充足的融资资金，但受借贷上限限制，业主和中国工商银行无法按已经审批的结算单放款。

根据施工进度计划，2016 和 2017 年的资金预算仅仅为项目需求的一半，承包商无法得到足够资金保证项目的运转，在开工伊始承包商就面临着垫资运行或减缓施工进度的两难抉择，项目一方面要保证工程进度，另一方面需要按照海外事业部的指示控制资金投入风险。

在此两难抉择面前，项目部一方面优化进度计划，合理使用资金，确保有限的资金用在关键线路及关键设备的订货上，另一方面向业主致函，说明由于资金短缺，承包商将不得不减缓施工进度或暂停施工，进而向业主施压，同时和业主一起定期向洪方总统、洪财政部等主动汇报项目进展及存在的资金短缺问题，并在当地电视台和报纸等主流媒体上刊发项目进度形象和项目为洪国创造的社会效益，包括解决就业、带动经济发展、履行社会责任、劳动及环境保护等，创造了积极的社会舆论，为项目赢得了包括国家高层、当地社区及业主的大力支持，并于2017年实现拆借增加预算4300万美元，保证了项目资金流及施工工期。

千余天的披星戴月、风吹雨打造就的洪都拉斯伟大工程，一个最大坝高54米、坝顶长200米、坝身高57米的碾压混凝土重力坝岿然伫立，总装机容量104MW的发电厂房已经完成安装和无水调试，在由业主负责承担的水库区域内的植得到清理、道路改线完成后，即可实现有水调试、蓄水发电目标。

2018年10月16日，帕图卡Ⅲ水电站主体工程完工。电站投产运营后，将为该国家电力系统提供约6％的电力，对洪都拉斯未来几十年的经济发展具有重大意义。

项目开工以来，不仅受到当地主流媒体的持续报道，还受到了洪都拉斯周边中美洲国家的广泛关注。哥斯达黎加国家报报道指出，洪都拉斯帕图卡Ⅲ水电站是中国第一次在未建交的洪都拉斯进行基础设施施工建设。随着哥斯达黎加及巴拿马先后与中国建交，萨尔瓦多主流媒体也对该项目进行了报道，提升了中国水电在美洲市场的品牌影响力。

在做好施工生产的同时，项目部还通过积极参与社会公益活动，与当地政府、居民建立了良好的关系，获得当地社区居民的一致好评和主流媒体的盛赞。

当地政府、媒体和百姓的认可与赞扬，是对项目全体参战职工努力付出的最大褒奖，也是对十一局坚持开拓海外市场的莫大激励。

有诗赞道：

> 异域风情不足夸，负重前行走天涯。
> 加勒比海潮头立，遍撒浪花到万家。

在加勒比海的另一边，有一个讲西班牙语的国家委内瑞拉，它是十一局人首次进入的南美洲国家，也是十一局人首次面对"一揽子"工程和首次承建燃油燃气电厂。在这里，他们铸就了属于自己的传奇。

参 考 文 献

[1] 夏水芳.《风雨洽里洛》。
[2] 宋东升.《国际工程二三事》。
[3] 李军涛，郭怀斌.《洪都拉斯帕图卡Ⅲ项目——第二故乡》。
[4] 张海峰.《举步维艰坎坷路 痛苦抉择砥砺行——洪都拉斯帕图卡Ⅲ项目管理侧记》。

第二十二回
南美洲首次建电厂　两项目互助结硕果

伯利兹治里洛水电站项目为十一局人打开了美洲市场的大门，自此十一局开拓美洲市场的势头一发不可收拾。勇于探索的十一局人认识到，与高端市场的合作既带来了挑战也带来了突破的机遇，他们一鼓作气，又相继在委内瑞拉承接了燃油燃气电厂和农业项目，开启了稳固美洲市场的新篇章。

◆ 初遇南美

2010 年 6 月，还在水电十一局尼泊尔项目工作的张建仓接到紧急命令：立即前往委内瑞拉新卡夫雷拉电站项目报到，参与电站的建设工作。

抵达营地后，看到住所被枪打的斑驳的墙面，全副武装不断巡逻的警察，他才知道，一个月前，上一批到达委内瑞拉的十几名同事遭遇了蒙面强盗入室抢劫，损失了部分财产。所幸人员平安。

新鲜劲儿一下子被紧张感所替代。

面对特殊的治安环境，项目部与州政府、警备司令部建立联系，安排特警对施工和生活营地 24 小时值班巡逻，所有外来人员，特警查明身份后才会放行，招聘的当地劳务都是通过当地警察局审核后才录用。除此之外，每一名来到项目部的同事都要接受系统的安全教育。虽然项目上给职工发了生活费，但是大家要么压箱底，要么拿去购物。项目部领导见此情景，给每个人发了 200 当地币的人身安全保证金，要求每个职工随身携带，并定期检查。

环境的考验之外，又遇到了语言考验。张建仓本以为自己也算老国际了，沟通方面应该不成问题，但是来到委内瑞拉却成了"哑巴"。委内瑞拉是纯西语国家，可项目职工几乎没有懂西语的，所有沟通只能靠翻译。面对这样的尴尬，只能"临阵磨枪"。项目部利用晚上和周末时间，组织翻译对现场人员进行简单的西语强化培训，以解燃眉之急。坚持下去还真收到了很好的效果，没过多久，大家通过简单的话语和手势，已经能和当地人像模像样地沟通了。

新卡夫雷拉电厂项目是在原电厂基础上完全重建一个新的电厂，旧电厂已经废弃了整整 30 年，要对原来的电厂设施进行拆除清理后再展开施工。由于厂区依山面湖，受原厂区位置及地势限制，整个厂区呈狭长布局，主要施工区域只有一个足球场那么大，燃油燃气管道布置都是沿着山体，有些地方施工机械根本无法触及。

施工就像被加上了镣铐，伸展不开拳脚。

除此之外，新卡夫雷拉电厂比一般电厂设计标准高，涉及系统繁多，结构也更加复杂。地上构筑物密集，地下各种电缆沟、地埋管道众多，循环水管道、油管、气管、雨水管等叠加交错，几乎每一平方米都有施工任务。干下来，整个施工区域都被掘地三尺，翻了个底朝天。

电站天然气增压站施工区域

电站主机施工区域

环境被动，专业陌生。十一局人主动迎上，积极对接。

当地水质条件无法满足开始签订的 MLS100 的轻型燃机，项目部技术人员及时和前期设计人员对现场范围进行测量，对业主提出增加部分征地条件的要求。经过充分论证，大家发现现场条件具备安装两台机组，可以将发电量提高一倍，该设计得到了业主的认可，合同额由原来的 3 亿美元变更为 5.33 亿美元。

项目部在设备没有到场的情况下，不等不靠，租用当地小型设备对现场进行清理，着手现场营地的建设，积极改造老电厂部分旧房舍，满足库房、修理间以及部分办公室使用。通过先期进入市场的中国中信公司，与当地军营沟通，租用军营用地，解决了现场狭窄的问题。10 月中旬，营地顺利建设完工。

2012 年初，现场掀起了大干高潮。但是旧厂区狭小，各种交叉作业同时开始，高峰期当地员工达到 1200 人，而中方管理人员只有 60 多人。怎样合理有序地安排施工顺序，怎样有效的利用空间，是项目管理人员每天面临的问题。加上第一次接触 EPC 项目，设计沟通、安装沟通、厂家协调、设备调配等等，每天碰头会都是事务满满。班子成员没有一个在晚上 12 点以前休息过。项目经理陈健房间的灯总是亮到深夜，用他的话说，"工期这么紧张，事情这么多，怎么能睡得着？"

EPC 给出的是一个框架，一个模式。十一局作为"EPC"中的"C"，不但要按照合同要求完成施工生产任务，还要承担起协调与设计、监理、业主和政府等多方关系的任务。这种跨越式的角色转换，要求管理者具有较强的控制能力，既要维护总承包商的整体利益，又不能在协调过程中以"势"压人，对某一方的利益稍加倾斜。

河南电力勘测设计院自行解决食宿有困难，十一局主动提供住宿、膳食、交通等后勤服务；设计院设计过程中，需要的一些测量数据，十一局测量队积极配合，及时给他们提供必要的数据，真正实现了资源共享。与火电一公司的现场交叉机会更多。为了减轻资源的重复投入，合同中明确了大型的吊装、运输设备都由十一局来提供。他们出厨师，十一局出厨房，现场的食堂就这样开张了；他们负责主机埋件的埋设，电焊工还没有到场，十一局的电焊工就借过去；分包商没有专门的西语翻译，十一局主动提供翻译负责沟通。急合作单位之所急，想合作单位之所想，这就是合作共赢。对于业主方来说，我们都是SINOHYDRO。

委内瑞拉新卡夫雷拉燃气电厂工程施工

2012年5月，项目部开展"大干120天、全力保发电"劳动竞赛。职工全力以赴投入到大干生产热潮之中。一千多名当地劳务分三组昼夜施工，中方人员严重不足，为完成生产任务，现场中方人员自愿加班到晚上10点。机关组织突击队，每周末到工地支援现场施工。

现场进入施工高峰之后，中方人员和当地劳务均告急短缺。为按期完成施工任务，项目部大量引进临时当地劳务，并将他们分成多组，24小时错时错峰施工，最大限度地提高现场工作效率。项目部统筹协调，挖掘人员潜力，许多人原本是电工、修理工甚至是翻译，都转行投入土建施工，确保现场施工昼夜不停。

2012年4月，1号、2号机组主变运抵现场；5月，GIS构建、全场电缆架开始安装；7月，开始铺设电缆；8月，开始为全场受电，现场调试；年底，业主的

新卡夫雷拉燃气电厂项目建成面貌

燃气接入现场，增压机调试顺利，各个辅机系统顺利调试结束。

大干的几个月时间里，瓦伦西亚湖畔的新卡夫雷拉电厂项目工地昼夜未有过片刻宁静。沸腾工地上，广大职工分秒必争，以顽强的斗志、敢拼敢抢的精神积极投入工作之中，确保了一号机组点火的顺利实现。

◆ "一揽子"工程的考验

2011年下半年，在距离新卡夫雷拉电厂项目400余千米处的巴里纳斯市，一个大型的农业综合开发工程正紧锣密鼓地启动。不同的施工内容，相同的是中国人的参与实施。

左帅民是该项目最早进场的人员之一。来这个国家之前，他只知道委内瑞拉石油多，农业单一落后，粮食、生活用品都依赖进口，这个项目就是委内瑞拉政府为了改变经济结构和促进国内经济发展而开发的。等他和同事们到了项目，了解了情况才知道，除了人身安全和语言障碍，对他们来说还有更棘手的问题。这次，以往干水电的施工经验几乎全部用不上了。

以前干工程，施工内容是既定的，工程量是准确的，节点目标是明确的，组织实施就可以了。可这个项目只有框架，没有具体的工程量和单价。整个施工区域1500平方公里，相当于中国一个县的面积，列出的项目有农田水利、农田灌溉、农牧业发展、农产品加工、生态园、畜牧区、种植苗圃区等等，但这些要在哪里实施，合同里没有规定。

2011年7月，时任水电十一局副总经理夏水芳与
委内瑞拉圣多明戈农业项目干部职工合影

大家感觉很茫然，不知道从哪里下手，一商议，干脆各个击破，把每一块当成单一的工程来干，一点点把这个难题攻下来。

按照这个思路，设计图纸报送出去了，被业主驳回；再修改报送，再被驳回。反复多次，一直得不到认可。随着时间的推移，大家焦虑日增。

设计得不到认可，归根结底是不符合当地规范，不符合当地人的使用习惯和需求。如何解决？大家围在一起开会讨论。

商量的结果是分两步走：一方面现有人员分成几个小组，带着翻译分组调研，分别与每个区域的负责人、社区的负责人、大农场主、社会主义农业开发区专业人员沟通；另一方面，大量聘用当地的工程师和设计公司，因为他们更懂当地人的使用习惯，只有依靠当地人，最后移交的产品当地人才能接受。

思想和布局上的改变带来了方向上的调整。这次的会议，对项目推进起到了扭转乾坤的作用。

思路清晰后，工作有条不紊推进。通过艰辛的调研、摸索、沟通，工程实现了和社会机关、政府部门、设计公司、当地百姓的高度融合，一个初步的规划蓝图逐渐清晰，细化确定后得到了业主的认可，项目终于可以组织实施了。

局面逐步向好的态势转变。

可对于办公室主任王正航来说，他的难题却还远远没有结束。到了委内瑞拉他才真正体会到，什么叫做"巧妇难为无米之炊"。

委内瑞拉是卖方市场，物资紧缺限购，常常是拿着钱买不到东西。食堂做饭需要面粉，超市每人每天限购一袋，没办法，项目部组织所有职工去超市排队，采购食品和生活用品。有些职工想吃挂面，当地超市连方便面都是稀缺之物，

委内瑞拉圣多明戈农业项目进场道路施工

挂面根本买不到，报计划向国内申请采购，漂洋过海买回来的挂面，早已经变了味无法食用。项目部需要采购车辆，跑遍了4S店，几乎都是空的，展厅内根本没有车。为了满足工作需要，项目部立即预订，半年多才提到车，并且高于市场价。

同样的问题也困扰着物资部的同事。施工需要大量的设备和物资，可是在这里，很多东西在市场上只能看到样品，想采购首先得报计划，审批后方能付钱订货，等提到货已经是几个月之后，周期往往拖得很久。曾经为了买一些配件，物资部的职工蹲在店里等了好几天才拿到货。溢流坝施工的时候，仓号准备就绪，因为采购不到混凝土，足足等了45天没有浇筑。

物资的高度匮乏，让项目上下感到十分惧怕。这样的情况，工程按期完工根本就是不可能的！

不能坐以待毙。大家你一言我一语出谋划策。

"要把计划往前赶，根据施工生产提前筹划好物资，同时要考虑突变因素，比如物资设备到不了或者晚到怎么办，要制定备选方案。"

"我们要主动和政府、业主沟通，争取他们的理解和支持，作为外资企业，能否对我们适当放宽政策。"

"咱项目的区域大，类型比较多，但是单个的工程规模很小。我们可以大量使用当地的分包商，切割成很多小的分部工程，物资这方面由分包商自己采购，就能解决大部分的问题。"

"我建议对整个市场进行调研，多找几家实力强的公司，同时拓宽采购渠道，通过当地的中资企业、民营企业、华人了解更多的消息。"

……

集思广益，效果显著。通过不断优化方案，多举措实施，情况得到很大改善。此后，施工没有因为材料的问题影响大的节点目标。

2011 年 11 月 22 日，农业项目溢流坝重建工程正式开工建设，一切都在紧锣密鼓中进行。

圣多明戈农业项目溢流坝施工

圣多明戈农业项目合作社
喷灌区喷灌设备安装

正当大家都认为在 5 月汛期前能完成既定目标的时候，一场灾难突然降临。

2012 年 4 月 12 日，还处在旱季的委内瑞拉突发洪水，农业项目所有工地受到了灾难性的冲击，尤其是已经施工近半年的溢流坝瞬间被冲毁，围堰被冲掉，基坑全部被淹，物资设备被冲得七零八落，整个工地满目疮痍。

洪水过后，大家在清理场地的时候，有人忍不住哭了。前期在设计上花费的精力、在物资上的投资，瞬间化为乌有。要重建和返工，不仅仅在工程上，在精神上对大家也是巨大的折磨。

天灾无情，5 月的汛期即将来临，那时溢流坝就不能再施工，如果放弃，整个工程要晚一年。这对企业的声誉和效益来说，都是巨大的损失。

只有一条路：一个月把基坑抢出来，确保主汛期安全度汛。

一场洪水，带来了冲击和压力，也展示了团队的战斗精神。工地紧靠城市，不允许夜班施工，项目和地方部门沟通，同意可以施工到晚上 12 点。大家主动加班，有些职工早上带着干粮出门，深夜才返回营地，就是为了多干一点。考虑到当地治安不好，项目经理杨社亚提醒过多次都不见效，心里既感动又担心。

经过职工 40 天的鏖战，溢流坝基坑被全部抢了出来，河道拓宽，节点目标按期实现，其他工区也顺利完成汛前既定目标。

圣多明戈农业项目溢流坝一期完工

◆ 钱和人的故事

国外施工，没有钱做保障，你将无路可走；没有当地劳务的合作，项目不可能按期完成。

同在一个国度，同是 EPC 项目，新卡夫雷拉电厂和农业项目都曾面临着钱和人的问题。

EPC 项目需要购买大量的永久设备，新卡夫雷拉电厂项目业主支付了前期预付款后，变更后的剩余预付款迟迟不能到账。很多前期采购的设备需要支付货款和进度款，项目面临严重的资金问题。2011 年下半年，问题已经到了不得不解决的地步。

摆在眼前的问题很明显：继续垫资还是暂停采购？

垫资将面临巨大的财务风险和资金困难，暂停采购将会严重影响现场的施工进度。该怎么办？

垫资不是长久之计，风险太大。为了给业主施加压力，项目决定暂缓采购，及时通过高层和现场给业主施压，让业主充分了解项目面临的困境，并积极协助业主推动项目纳入中委基金。

经过 3 个月的交涉和努力，项目终于纳入了中委基金，资金得到了保障，采购工作重新启动，这对项目的进度影响至少超过半年。利用资金支付迟缓原因，项目部据理力争，将项目发电日期推迟到 2012 年 9 月底。

2012 年初资金到位后，各种设计资料陆续提供出来，施工恢复。

在圣多明戈农业项目，一个关于钱的故事更加惊心动魄。

2013 年 3 月，王正航带着司机去首都办事，路上听了一段广播后，司机的神色突然变得十分凝重，对他说："我现在送你们去住的地方，你们先买点吃的。我们的总统去世了，晚上可能会比较乱，除非我来接你们，否则千万不要出门。"

委内瑞拉治安本就非常不好，遇到这样的大事，很可能出现大的动乱。王正航和同事在首都度过了一个心惊胆战的夜晚，第二天，匆匆处理完事情就赶回了项目部。项目部已经做好了重大险情应对部署，一旦出现大的骚动，以便及时处理。

这时一个重要的情况让项目人员十分恐慌。项目当时没有钱，国际项目资金使用流程比较复杂。形势紧急，如果遇到动乱，没有钱就是把职工置于最危险的境地。

项目经理杨社亚正在国内，听到消息一刻也没停留，火速带着财务人员前往北京，与相关部门沟通、协调，用最快的速度获得了审批，把钱打到了项目。事情办完，他立即买了机票飞往委内瑞拉。

万幸的是，项目所在的地区虽然出现过骚动和游行，但没有大的动乱，实现了平安过渡。

钱的问题是阶段性的，可是对于当地劳务的管理，两个项目刚开始都是头疼不已。

委内瑞拉当地工会的权力很大，所有工人都要服从工会，否则就找不到工作。刚开始，两个项目作为中资企业，没少受当地工会的"关照"。

当地工会要求严苛，除要求中方按照当地的劳动法，为工人配备劳保、进行培训、提供交通伙食外，还提出了很多额外的条件，如果不照办，就组织工人罢工。

比如现场高温施工，工会提出要给工人提供冰镇水。这对中方管理人员来说很不可思议，一方面中国人很少喝冰水，另一方面，施工现场提供冰镇水并不是很方便。项目部查阅当地法律，及时了解其他中资企业做法，知道喝冰镇水在当地很普遍，就立即找了一家制冰站，每天给施工现场送冰，保证了工人的需求。

虽然做了很好的交流、沟通、合作，但一旦工会和当地政府以及其他组织有利益纠纷，就会来工地召集工人开会，或者组织工人游行示威，往往持续好几天，给施工造成了很大的干扰。

要获得支持，就得入乡随俗，不然没法开展工作，但是任由其发展，施工常受影响。

两个项目与当地工会不停交涉、谈判，最终对方做出了让步。对方答应，如果准备开会和游行，会提前一天或者两天告知，另外不会要求工人全部参加，保证重点部位施工不停。

钱和人的问题解决了，两个项目的施工如火如荼地进行着。

◆ 相辅相成　共渡难关

2011年，结婚没多久的杨长青和梁志英被一起调往委内瑞拉农业项目，杨长青负责现场技术工作，梁志英做技术内业。由于农业项目前期住宿和施工条件不具备，而电厂项目进场早一年，施工区域相对集中，物资、设备、材料有所储备，因此和农业项目前期进场职工一样，杨长青和爱人也是先被暂时安排在卡夫雷拉电厂项目。期间，电厂项目从生活用品到物资设备材料都给予他们支持和关照，直到农业项目生活和施工条件具备，才搬离。

　　两个项目相距 400 余千米,农业项目人员去首都办事必须经过电厂项目,因此电厂项目就成了中转站。两个项目的人员不分彼此,互相照应。在农业项目实施过程中,小到面粉、方便面等食物,大到反铲、挖掘机、装卸车等设备,电厂项目都是无私地全力支持。

　　在农业项目施工高峰期,钢筋和混凝土急缺的时候,电厂项目经理带着物资管理人员前往市场帮助询价,为了第一时间帮农业项目采购到钢材,电厂项目安排专人在钢厂蹲守了几天才找到货源,确保了农业项目生产需要。

　　在电厂项目需要帮助的时候,农业项目也是给予了无私帮助。

　　2012 年下半年,电厂项目开展大干保发电劳动竞赛,施工进入高峰期,但是机组安装缺乏人手,紧急向农业项目寻求支援。

　　农业项目现场技术员小王,学的是机械自动化,机灵勤快,特别能吃苦,刚好符合要求。当项目部通知他去电厂项目支援的时候,小伙子就说了一句“没问题,保证完成任务。”立马收拾东西,下午就赶往了新的工作岗位。在电厂项目工作的半年里,不论工作再忙再累,小王没有提过任何条件,尽职尽责,服从安排。

　　两个项目之间的人员调动和帮忙,很自然频繁,在大家看来是顺理成章的,没有人提过任何条件。相同的身份让大家没有分彼此,互相扶持中感情愈加深厚。施工生产也在这样的氛围下快速推进。

　　2013 年 1 月 5 日晚 9 点,新卡夫雷拉电厂项目人影攒动,灯火通明。在指挥人员镇定的命令下,1 号机组点火成功。

　　喜讯没有止步于此。5 月 20 日,1 号机组并网成功,6 月 28 日,2 号机组并网成功。至此,新卡夫雷拉两台机组顺利并网,项目进入收尾期。1000 多个日夜,项目职工经历的是一场艰苦卓绝的战斗。

　　与此同时,农业项目也是捷报频传。2012 年 8 月 20 日,圣多明戈农业项目主农场和新农场基础设施工程竣工;2013 年 10 月 12 日,溢流坝工程竣工;2014 年 4 月 8 日,巴圭河区域灌溉系统工程竣工。

　　一千多个日夜,两个项目的职工为工程建设画上了圆满的句号。

　　有诗赞道:

雄心未与年俱廖,吾辈妙计生奇巧。
委内瑞拉花并蒂,直送胸臆上云霄。

　　委内瑞拉两个项目的成功实施,让十一局人认识到敢于突破、主动转型所带来的显著成果。前进的道路不会一帆风顺,进入新的领域注定要在灵魂深处来一场革命。这场革命,真实的在哥斯达黎加发生了。且看下回分解。

参 考 文 献

张建仓.《逆境突破》,选自《奔流到海——水电十一局成立 60 周年纪念》。

第二十三回

美洲花园遇碰撞　灵魂深处闹革命

与委内瑞拉两个项目同期，十一局又参与了哥斯达黎加楚卡斯水电站项目建设。这个项目是中国水电在中美洲哥斯达黎加通过竞争性投标签署的第一个合同，业主为意大利电力公司艾奈（Enel）。在哥斯达黎加这个高端市场，中国水电遭遇到东西方两种文化的碰撞，严格的 HSE 管理。从尴尬到碰撞，从冲击到"蝶变"，水电十一局人的尝试、探索如同奇妙的热带雨林中的荒野求生，触及心灵、碰撞思维，产生了强烈震撼。

◆ 现实的尴尬

2011 年 6 月 28 日，伴随着隆隆的机械声，哥斯达黎加楚卡斯水电站工程正式开工。56 名中方人员经过近半年的精心准备，个个摩拳擦掌、斗志昂扬、蓄势待发，迎接期待已久的施工大会战。

然而，一封来自业主艾奈（Enel）的停工令让一切戛然而止。停工的理由更是令人匪夷所思："由于承包商的开挖石渣掉入河道，污染了河流，现场必须停工整顿……"

大家认为这样的理由简直是滑稽，水电施工怎么可能不让石碴掉到河里。楚卡斯水电站所在的塔古拉斯（Tárcoles）河是一条流经首都圣何塞（San Jóse）的河流，上游有众多排污口，这样一条已经被污染的河流，居然不能掉入石渣，这个理由无论如何站不住脚。

8 月 24 日，业主通知：必须给现场员工配备防晒霜，以防止晒伤。现场厕所必须配置卫生纸、香皂和洗手液。

9 月 13 日，业主来函，通知中国进口的脚手架不能满足哥斯达黎加安全法规，禁止使用。

停工令频频而至，把现场搞得支离破碎，甚至无法组织连续一周的施工。盼望大干的高潮就这样被无形的绳索束缚着、压抑着。无名火不断在聚集、在放大。

平心而论，在进入哥斯达黎加之前，中方人员对中南美洲高端市场 HSE 管理的严格要求是有一定准备的，做了大量的前期工作。但是，显然不够充分。于是，重新了解当地的文化、习俗、市场以及管理差异，多次咨询 HSE 专家，其中有哥斯达黎加水电专家罗兰多（Rolando），专职律师阿塞尔（Hazel Cordero Bogantes），哥斯达黎加工程师协会，建筑商会，促使十一局人扩大视野，强化 HSE 管理理念，反复地修正自己的 HSE 计划。

◆ 思维的碰撞

但是，摩擦仍在继续。

劳保手套破一个洞不及时更换会被停工。

噪音高的施工区，必须带耳塞。

国内带去的菜墩会有木渣可能影响健康，禁止使用。

所有进场的分包商人员、供货商等都要先进行安全培训才可工作。

每一步施工活动都要先做安全风险评估，上报安全计划，才可以实施。

……

刁难！纯粹是鸡蛋里挑骨头！

业主的种种做法和要求，最初被认为是反客为主、先声夺人，是在为没有提供合法的图纸和伐树许可寻找借口，为反索赔找理由，或者为其设计争取时间，有意提高 HSE 的标准。为此，项目部据理力争，对于业主提出的停工理由坚决反对或是置之不理。确认要更改的也是边整改边施工，认为无理的则坚决提出索赔。固执的代价，换来的是相互关系的僵持，一度非常紧张。

然而，一些看似不得其解的事情，还是让大家有所触动。

聘用了几个月的当地安全官何塞（Jose）突然辞职。理由，他无力改变项目部的 HSE 状况。

聘用的一个来自哥斯达黎加南部迪基斯（Diquis）大坝施工工地的电焊工，第二天辞职。理由，项目部的 HSE 做得比迪基斯（Diquis）还差。迪基斯（Diquis）大坝工程由哥斯达黎加最大的建筑公司 ICE 承建，由于环保问题曾被停工 5 个月。

招聘的一个当地有施工经验的安全官，入职第二天辞职。原因，现场的中国工人不听他的管理。

这些外籍人员陆续辞职，引起项目部的重视。重新审视自己，难道我们做得真的没问题？

10 月 22 日，项目部组织中方人员参观了由 ICE 承建的哥斯达黎加最大的在建工程雷文特松（Reventazón）大坝工地。

参观前，项目部向雷文特松（Reventazón）的 HSE 管理部提出参观请求，3 天后得到答复，同意 10 天后参观。ICE 提供了一张参观路线图，详细说明参观注意事项和要自带的劳保用品，同时要求项目部提供参观人员的详细名单和车辆清单。细致入微的工作一开始就让中方职工深有感触。

在雷文特松（Reventazón）大门口，接受了门卫的严格检查。ICE 有严格规范的来访制度，对门卫的管理非常重视。共有 3 个门卫室，分设在入场口和出场口，所有出入人员都要接受严格检查、登记。当天值班门卫有七八人，整个工地保安达一百多人。门卫旁有一个 HSE 培训室，专门用于对进入工地人员的 HSE 教育。

在 HSE 培训室接受了 10 分钟的入场教育，内容主要是劳保用品的佩戴方法和工地安全事项。培训后，中方的参观人员得到了临时通行证。ICE 安排一名项目副经理和一名 HSE 人员专门陪同参观。

在工地现场，大家看到每个工作面都有为职工配备的储物箱，建造的小餐厅、换衣间以及移动式卫生间。参观时，正赶上午餐时间，在导流洞工作面有一个简易餐厅，木板制作的餐桌和凳子，给人感觉即使在一线，也一样有家的温馨。

营地给人的感觉更是不同。宾馆标准的员工宿舍，与专业医院相媲美的工地医疗站，同时容纳 500 人超过 3000 平方米的职工餐厅，带空调的公共卫生间，超市化管理的物资仓库都给参观人员留下了非常深刻的印象。

在导流洞施工现场，雷文特松（Reventazón）的跟进支护做得非常好，措施到位，非常安全。现场的临时道路，有非常规矩的排水沟，路面看不到一点积水。现场的停车场，也用方木刷上黄漆区分停车位，所有车辆按停车位停放，非常整齐。

一个细节更让大家意外。在 800 米的导流洞深处，手机信号也非常好；随着导流洞的开挖推进覆盖到所有工作面，通信畅通。

HSE 管理理念在工地现场处处得到体现，让人体会到"生命大于天"的真谛。参观人员受益匪浅，感慨万千。

一路过来，中方人员恍然明白：进入国际市场，与对方相比，自己竟有如此差距，心情多少有些不平静，也对这一个小国家的建筑公司肃然起敬。

◆ 关注 HSE 管理

2011 年 10 月 27 日，业主艾奈（Enel）与中国水电高层在首都圣何塞召开会议。会后，中国水电集团国际公司副总经理宋东升和十一局党委书记张玉峰立即召开项目部全体会议，号召大家要"从灵魂深处闹革命"，彻底改变国内施工中养成的不良习惯，树立中国水电良好的施工形象。十一局海外事业部副总经理兼项目经理付兴安带领大家认真分析前一段在生产中出现的问题，组织大家学习西方管理理念的基本知识，转变思想，提高认识，找出差距。

十一局人找出了自己 HSE 执行力的差距。

《HSE 计划》按规定呈报，执行中却发现并不轻松。大家在制定时并无执行意识，业主安全官却非常认真，逐字逐句地确认，自己编制的计划，熟悉程度甚至还不如他们。《HSE 计划》中规定"承包商在现场配备四轮驱动的救护车、先进的医疗设备，以支持受伤工人进行医疗救助……"，执行时发现必须是有当地医疗资质的单位才有权申请购买救护车和办理证件，必须配备齐全的救护设备，必须有医生和护士 2 人，救护车司机也必须有护工资质，医生要有在 INS（医疗保险）注册的医生资质。所谓"先进的医疗设备"包括得更多，甚至包括氧气设备、吸痰设备和心脏起搏器等，几乎是一个专业的急救室。没想到仅此一项要求，三年工期就要支出 30 多万美元。

大家找出了自己资源投入的差距。

ICE 工地形象确实比项目部好，这与他们的先天优势分不开。在哥斯达黎加，ICE 是最大的垄断企业，所有与电有关的能源、电力、通信和建筑都是 ICE 在管理，施工只需支付低廉的成本，甚至有些是免费的，施工材料和设备更是占有绝对优势，这是楚卡斯项目无法做到的。他们的导流洞开挖，上 4 台多臂钻，这对楚卡斯项目来说简直是天方夜谭。中国水电是在激烈的国际招标中中标，成本费用压至最低，显然和 ICE 在 HSE 方面不在一个起跑线上。但是，十一局人毕竟还是认识到了，加强 HSE 管理，既是开拓国际市场的外在需要，也是企业提升整体管理的必然要求。

◆ 痛苦的转变过程

挪威国家石油公司总裁哈德·维克说："建立和实施 HSE 管理体系是管理领域的一次革命"。十一局人体会到了转变的艰难。

项目部决定，采取开放式属地化管理模式，由地方高管组建 HSE 管理系统，招聘有当地资质的安全工程师、环境工程师、职业健康工程师。HSE 部门主管是哥斯达黎加大学 HSE 专业毕业，熟悉该国的法律规定和施工方式，在和业主沟通方面，很多问题都能及时解决。

楚卡斯水电站 HSE 管理团队

接受外国人的管理，刚开始心理上难以接受，不断地排斥、抗拒。多年积累的施工习惯被颠覆，十一局人真正地遇到了前所未有的习惯挑战。

比如，外方安全官认为，钻爆台车上面必须焊接防护栏杆，否则不能保证安全。中方钻工认为一旦发生危险系上安全带更难逃生，台车三面临墙，不会发生掉落的危险，坚持不挂安全带。外方安全员认为法律规定必须执行，发现没有挂安全带，必须停工。双方在这件事情上屡次争吵，最终还是按安全官的规定执行。

2011年11月，项目部准备制作一个200吨钢结构水池，考虑是临时设施，只安排几个电工负责电焊。安全官看到，调来2个有证的当地焊工，理由是只要存在安全隐患，不管是临时的还是永久施工，都不能违章。中方人员不听，安全官就停工，结果本来10天可以结束的工作，持续了半个多月。

外聘安全官执法十分认真，并不因为"中国水电"给自己发工资就留有丝毫情面。发现违章现象，仍会毫不留情地把整个工作面停下来进行全面安全教育。中方人员强烈不满，经常不理会安全官的指挥。外聘安全官就把业主人员叫来停工，双方情绪非常对立。在钻工佩戴防护眼镜的问题上，中方钻工打钻坚持不戴防护眼镜。但是，哥斯达黎加法律规定必须佩戴，安全官不能容忍。要求必须执行，几经对抗，只有接受。

◆ 初显成效

在激烈的碰撞中，中外双方都经历了一个痛苦的过程。外聘安全官逐渐学会了和中方人员打交道的方式，遇到违章现象时，首先做说服工作，讲明道理，实在不行再向主管反映。中方人员HSE观念在变，对待HSE安全官的态度也在变，慢慢形成习惯，听从安全官的指挥。磨合后的最大成效是双方共同之处多了，更加融洽了，也互相理解了。

项目部采取有力措施推动HSE管理的全面落实。

主动召开HSE座谈会。交流思想，讨论对HSE的认识，相互学习和提高，促进思想观念转变。

组织《HSE计划》培训。利用晚上时间学习HSE计划，熟悉每个人的HSE职责。

踏踏实实做好HSE计划。依据合同规定，参考《中水电国际项目管理手册》和相关标准、规范制定了《楚卡斯HSE计划》上报业主，获得批准。

严格做好员工入场教育和班前五分钟教育。入场教育涵盖每一位员工，即使是项目经理也不例外。培训合格才可以发放员工卡和劳保用品，进入施工现场。班前五分钟教育，每个工作面在早上和晚上换班时必须进行安全教育，所有参与教育者签字备案。

严格按照《HSE计划》对施工活动进行过程监控。聘用保安公司负责安保工作，聘用环保官巡查工地，及时整改。聘用有当地资质的医生，建立工地医疗服务站。与专业公司签订紧急救助合同，确保员工生命安全。

建立现场垃圾处理站。安排专职人员每天清理。与正规垃圾公司签订合同，每天清理垃圾和现场厕所。

为员工配备储物箱，在每个作业面增设休息室、咖啡小餐厅和卫生间，卫生纸、洗手液、垃圾篓一应俱全。

哥斯达黎加楚卡斯项目营地

经过 4 个多月的努力，楚卡斯的 HSE 形势发生了巨大的变化。来自业主方面的有关 HSE 的函件也越来越少，业主安全官对中方信任度逐步提高，项目运行开始走上正轨。

◆ 反思

在学习和实践 HSE 管理的理念、模式和方法中，十一局人逐步认识到：工程建设不能以破坏环境为代价，人的健康和生命高于一切，HSE 管理是需要用人力、成本和工期来做支撑的。如何把握 HSE 和工程进度以及经营效益的关系，让 HSE 为工程进度保驾护航，取得最好的经营效果，是项目部在工程一开始时就必须高度重视的重大工作事项。

哥斯达黎加楚卡斯水电站工程形象

当中方人员对 HSE 管理思考时，也在想自己的管理到底缺失了什么？触及灵魂的反思，撞开了灵魂之窗。

要从机构设置做起，要增设由专业人员组成的 HSE 部门。赋予 HSE 最高的权力。

真正把 HSE 做为一个专业管理，将 HSE 管理纳入成本核算，赋予项目经理应有的权力。

HSE 管理是最能彰显企业文化的一部分，要建立与市场相匹配的企业文化支撑。

中方人员常说西方人管理"死板"。差别在于，他们追求"结果"的同时严格"过程控制"，执行标准是"保证没问题"，而自己落实结果是"可能没问题"。

他们的"规则"不是不能变，而是要由授权的部门或授权人来改变，中方人员的"变通"和"灵活"却带有很大的随意性和不可持续性。

中西文化的差异和碰撞。如何找到不同文化的认同点，找到具有中国水电特色的国际项目的文化，只有破茧化蝶、涅磐重生。

这场意识革命，是一种观念的颠覆，也是灵魂的重塑。这场暴风雨的来临，对于十一局人来说或许是被动的，但它带来的触动却刻骨铭心。这次思维的彻底转变，成为楚卡斯项目成功的关键，不仅推动了项目的顺利履约，而且维护了中国电建在美洲的品牌形象，这是十一局人在美洲市场上迈出的具有深远意义的一步。

在楚卡斯项目即将完工移交的前夕，2016 年 10 月 9 日，中国电建集团董事长晏志勇前往哥斯达黎加查看楚卡斯项目，对十一局人为项目履约所付出的艰辛努力表示肯定和赞赏，中国驻哥斯达黎加大使馆商务参赞刘晓峰更是把项目的履约用五个阶段进行了总结：兴高采烈、举步维艰、痛定思痛、峰回路转、柳暗花明。

个中不易可见一斑。

十一局人千淘万漉，终迎来拨云见日，破茧成蝶。2016 年 12 月 9 日，楚卡斯水电站两台机组完成 72 小时试运行后，顺利移交业主单位，进入商业运营阶段。在现场，有人难掩兴奋神色，欢呼雀跃，有人偷偷拭去眼角的泪水。有些情感，无法言表。

在哥斯达黎加这个美丽国度，十一局人经过了五年多的风风雨雨，累过、哭过、笑过，在管理中求同存异，在逆境中突破求变，不仅培养出了专业化管理团队，而且首次在高端市场实现了良好履约。

有诗赞道：

> 初至拉美路艰难，竟起雄志未等闲。
> 思路遇阻终破冻，砥砺前行换新颜。

哥斯达黎加楚卡斯项目的成功实施，让十一局人认识到了主动适应、勇于求变是走出去的必然之路，也打开了十一局在美洲市场的新天地，这为随后开拓并巩固玻利维亚市场打下了基础。且看下回分解。

参 考 文 献

[1] 段京萍，付兴安，高中良.《灵魂深处"闹革命"》，选自《奔流到海——水电十一局成立 60 周年纪念》。

[2] 徐蕊，郑伟佳，刘佳，张波.《南美之旅——哥斯达黎加楚卡斯水电站施工纪实》。

第二十四回
南美屋脊筑生命工程　圣卡洛斯架连心桥梁

上回说道，楚卡斯灵魂深处闹革命，寻求变通与发展。而与这一脉相承的春风，同样吹遍了玻利维亚。

◆ 一桥飞架南北

洪水、翻车、趟水过河……

这是玻利维亚索如图河在雨季时的常态。索如图河地属热带草原气候，雨季持续时间长，河道宽且水位极不稳定，两岸居民连人带车摔进河里，甚至被洪水夺去生命的事件时有发生。

在主汛期，索如图河就像一道天堑，索如图镇就像一座孤岛，经常可以看到当地居民在岸边徘徊。索如图镇成立53年来，居民不断呼吁修建桥梁，却始终无果，几乎对修桥不再抱希望，而中国电建的到来让这一切成为了历史。这座桥不仅是中国企业帮助当地居民实现"桥梁梦"的过程，也是中国电建履行"建一个项目，树一座丰碑，造福一方人民"的企业理念的见证。

最初，民众听说中国公司要建钢便桥，很多人都半信半疑："建桥怎能不用混凝土呢？"项目员工以实际行动，让居民亲眼看到了构成钢便桥的桁架所具有的结构简单、运输方便、架设快捷、载重量大、互换性好、适应性强等优点。

为把桥梁造好，中国电建细心收集和研究了索如图河200年间的各项水文资料、河床基础的地质条件以及河道变化趋势等，确定了桥的选址、长度、跨度、高度等指标，并获得玻利维亚环保部门和河道管理部门的认可。

中国电建在建设蒙特罗-亚帕卡尼公路的同时，利用项目设备物资，从中国进口贝雷片，在短暂的旱季间隙里建起了索如图大桥。大桥刚建成时，遭遇连日暴雨带来的百年一遇洪水灾害。但是，它抵御住了洪水冲击，向人们证明了中国制造值得信赖、

建成通车的索如图大桥

经得起考验。

这座全长 132 米的大桥，结束了当地居民 37 年趟水过河的历史，解决了近 600 户、约 2000 人的外出通行问题。电建人用一个旱季的奋斗，实现了两岸居民 30 多年的梦想，用技术与实力、责任与担当，展现了电建智慧和"中国速度"。

2018 年 5 月 12 日，索如图大桥通车仪式隆重举行，玻利维亚内政部长、圣卡洛斯市长等政府官员以及当地民众参加仪式。圣卡洛斯市长阿涅斯表示："中国电建以先进的技术和经验帮我们圆了当地百姓几代人的梦想。索如图大桥连通了河流两岸，更连通了玻中人民的心。"当地报纸报道称："桥梁建设展现了中国企业时刻不忘为项目所在国的建设添砖加瓦的情怀。"

当地居民在索如图大桥上体验

◆ 万事开头难

在玻利维亚圣何塞水电站工作的人员都会记得这个日子——2018 年 1 月 17 日。对于中国电建人来说，这是一个值得铭刻于心的日子。这一天，中国电建在玻利维亚签约的第一个水电站项目——玻利维亚圣何塞水电站一级电站顺利实现并网发电！

圣何塞水电站于 2014 年 6 月 25 日签订合同，7 月 9 日业主下发开工令。但是，要在遥远的南半球进行施工，却没有筹备期，难度可想而知。项目所在地分为旱季和雨季，项目进点正好赶上雨季，这无异于雪上加霜。业主提供的施工便道由于雨水冲刷、山体塌方及泥石流的破坏，损毁严重，难以通行，远的施工点来回一趟就要一天时间，施工效率非常低。

面对战线长、点面多、地方干扰大等诸多问题的困扰，参建人员没有退缩，而是迎难而上，做好施工组织，加快人员进场，并结合工程实际，引进大型施工

玻利维亚圣何塞水电站顺利下闸蓄水

设备。

2014 年 8 月 28 日，圣何塞水电站正式开工。

随着工程的开展，问题接踵而至：设计图纸严重滞后、设计和现场实际情况相冲突，制约了施工的开展。设计是由业主聘请的西班牙设计公司，没有对现场地质情况进行实地勘察，导致设计的洞口位置处于堆积体，不能进尺，需要另行选址。清水库坝体为碾压混凝土设计，圣何塞的雨季下起雨来，连绵不绝，暴雨如注，无法进行施工，工期无法保证；而碾压混凝土施工投入的物资设备及相关配套设施都非常大，对项目来说都极为不利。

进，无路可走；退，无路可退。怎么办？

面对困境，项目部多次召开施工计划研讨会，转换思路，提出用常态混凝土替代碾压混凝土的施工方案，保障工期，减少施工设备的投入。但是，方案制定了，能否变更却还是未知数。圣何塞的设计方是西班牙人，对自己的设计方案推崇备至，变更方案的难度非常大！

打铁还须自身硬。项目部针对常态混凝土和碾压混凝土的施工方法以及环境的影响设计出几套方案，项目经理和总工程师带着设计的方案，走上了"变更路"。从现场监理到总监，从施工现场到总

玻利维亚总统莫拉莱斯考察
圣何塞水电站工程

部，开会讨论、私下沟通，一次次地碰壁，再一次次面带笑脸，继续争论、沟通……

经过不懈地沟通，业主最终承认原设计方案极其不合理，并引进了新的设计公司。至此，设计方案才获得业主和新的设计公司的认可。方案的成功变更，不仅为项目提高了结算单价、减少了资源投入，还赢得了工期上的主动。

◆ 润物细无声

艾尔西亚公路项目部自进场以来，积极履行社会责任，在道路抢险救援、社区建设和属地化管理的发展定位中注重长效机制。

2017年11月，科恰班巴省遭遇20年一遇的降雨，道路毁损，交通中断，沿线旅客大量滞留。艾尔西亚公路项目部连夜组织人员和设备，展开紧急救援，受到当地社会的高度赞誉。与此同时，项目部也认识到道路维护工作的巨大压力。为做好道路维护工作，项目部从K110和K113两处危险边坡的铅丝笼防护开始，对道路沉降区进行大面积修整，改建石铺路面；对损毁路面修补沥青混凝土，并加强滑坡段防护工程、排水沟清理、管涵加固等预处理。

2018年3月，为确保被毁损公路维护过程中的道路通畅，经中国电建牵头，成立了由玻利维亚公路局、当地警察和社区共同组织的联合救援行动组，推出多项"保通"举措：一是与业主和交通部门成立救援应急中心，公路沿线设立紧急救援公共电话标志牌；二是在拥堵易发段的坡道、急弯处安排装载机推送车辆，并安排专车、专人24小时昼夜值班；三是抽调人员、设备，对损毁道路、车辆交通事故等进行紧急救援。

艾尔西亚公路穿越崇山峻岭，长年以来通讯基本就是靠"吼"。自2017年6月进点以来，项目部受到通信问题的严重困扰，就连当地司机发生交通事故，需要紧急救援时，都无法和外界取得联系。项目部多次花重金请当地通信公司解决网络通信问题，但由于群山的阻隔和原始森林的包围，各类通信方式都收效甚微，项目部人员不得不跑到当地集镇上收发邮件、联系业务。

2018年1月，玻利维亚Entel通信公司请求项目部协助完成通信塔架设的基础开挖工作。由于每座通信塔都架设在山尖上，山路崎岖，运输艰难，再将反铲从一个山头拖运至另一个山头，仅开辟道路就是一项巨大工程。项目部在道路施工设备不足的情况下，依然抽调反铲、拖车等大型设备，派专人开辟便道，将反铲拖至山顶指定位置，挖掘基站基础，架设信号塔。这项艰难的工作持续了4个多月，所有的付出都是免费的，背后的艰辛只有参与此项工作的人员才能体会到。2018年5月，当地居民发现手机上标识3G信号时，还以为是手机出了问题。

2018年3月，项目部得知驻地村民小学长期存在饮水困难，校舍不同程度存在雨天排水不畅的问题，就利用施工间隙，多次派工程技术人员到学校实地勘测，主动设计供水路线和排水方案，并先后三次召开社区会议，征求对校园供水、排水方案的意见。真情换来真心，在反复修改和协商的过程中，社区居民不仅体会到了项目部的诚意，也看到了项目部彻底改善学生饮水问题的决心。

对学校来讲，4月8日是一个极其美好的日子：一份满载各类供水管道和大型水罐的厚重"礼物"，承载着中国电建人的满满爱心，使学生们轮流背水的窘境成为了历史。为感谢项目部在改善驻地居民生活方面做出的善举，社区政府在社区中心隆重集会，举行"感谢Sinohydro"慈善教育集会。

艾尔西亚项目部给玻利维亚西亚社区捐赠物资

2018年6月4日是项目驻地图纳里市建市48周年纪念日，图纳里市举行了隆重的纪念庆典。此次庆典规格极高，不仅有阵容强大的国宾乐队，就连嘉宾都是国家级的。在庆典来宾互赠礼物环节，艾尔西亚公路项目部给市长赠送的礼物是一件牡丹花木雕刺绣工艺品。正是这件寓意着美好生活和富贵吉祥的牡丹汴绣工艺品，让全场嘉宾眼前为之一亮，也让主席台上的玻利维亚总统莫拉莱斯站起来，同项目经理李延伟握手。双方握手的瞬间，全场响起了热烈的掌声，也将庆典活动推向了高潮。

◆ 天堑变通途

当地时间6月2日12时20分，在玻利维亚MI132公路项目伊其洛－伊维噶扎路段萨巴拉3号桥第二跨处，随着长35.6米、重达70吨的T形梁准确平稳地安装到盖梁上，项目架桥机架梁施工拉开了序幕。

该路段采用架桥机施工的桥梁共6座，需完成4榀35.6米梁、40榀46.6米梁的架设。为确保架桥高效、顺利进行，项目部配足资源，专人盯控，及时解决问题，排除隐患。

运梁所经的当地4号公路是双向双车道，总宽度只有7米，是玻利维亚的主干道。该公路的车流量约5000辆/天，也就是说平均每小时有200辆左右的车辆通过。早晚高峰期更多，交通压力非常大。35.6米梁和运梁车加起来总长近40米，到萨巴拉 3 号桥，需要在 4 号公路上行驶 25 千米，途径 4 个市镇，行经桥梁、转弯段时，必须临时封闭交通。

35.6 米梁高度 2 米，上翼缘板宽 1.2 米，腹板 20 厘米，底部宽度 75 厘米，总重 70 吨。由于梁体侧向挠度大，起吊、运输中极易出现横向断裂，这种结构的预制梁在国内很少采用。另外，受当地环境限制，运输过程中经过很多转弯半径小、单向横坡较大（普遍在 8％以上）的路段。梁体和运梁车自身总高度将近 4 米，通过这些路段时，稍有闪失，就会发生侧翻。46.6 米梁结构和 35.6 米梁相近，高度 2.5 米，总重达到 120 吨，运输难度可想而知。运梁成了架梁成功与否的关键。

为保证安全运梁，项目部提交的运梁路线方案包含了新铺筑的路段和已架设的桥梁，这样不仅能缓解 4 号公路的交通压力，也减少了外部的意外干扰。但是，业主和监理却迟迟不肯批复。对于业主和监理的质疑，项目经理彭朝晖说："咱们自己修的路、建的桥，自己都不敢走，还怎么交给当地人，怎么能让他们放心？运梁一定要过新桥、新路。"几轮磋商，业主和监理同意了又推翻，反反复复，犹豫不决。项目部严密论证，充分沟通，耐心解释，不断争取，计划运梁的前一天，方案最终得到批复。

由于 40％的路程走 4 号公路，为保证运梁车行进安全，项目部提前通知当地政府、警察局，并在当地电台多次对项目部运梁消息及行经路段信息进行广播，警察局派专人到现场配合，实施必要的交通管制。

两辆带有明显标识和警示灯的皮卡在前面引导，两辆皮卡车跟进，医生、救护车尾随，最前方和最后方各有一辆警车指挥交通，各自配置的两名旗手协助疏散、引导过往车辆，中间的运梁车在驾驶员熟练谨慎的操作下，匀速平稳行驶，场面蔚为壮观。项目部生产经理刘建伟、总工程师吴伟紧盯现场，前后呼应，协调配合，车行 25 公里，他们跑了近 30 千米。

由于前期准备工作做得很周全，第一榀梁在预定时间里安全到达萨巴拉 3 号桥。接下来，一切水到渠成。在克服场地狭窄、高空安全隐患等困难后，架桥机首架一

玻利维亚 I63 公路

小时便成功就位。首架成功,为项目后续架梁施工全面展开积累了实战经验,也为完成整体施工任务打下了坚实基础。

回望当初,十一局人进入玻利维亚,举步维艰,不同的法律制度、不一样的语言,犹如横亘在面前的两座大山。可是,十一局人没有迷失和彷徨,而是不忘初心、砥砺前行,在建设好工程的同时,把项目打造成培训基地,不断输出人才、技术和经验,为十一局在玻利维亚的市场开拓探索出一条道路。

有诗赞道:

知难而进意志坚,架桥铺路爱心献。

风雨兼程铸精品,砥砺前行勇争先。

项目履约、社会责任、职工关爱,这一路走来,十一局不曾停歇,来自各级党政工团组织的温暖也从未缺席。欲知详情,且看下回分解。

参 考 文 献

[1] 王欣.《不忘初心 砥砺前行》。
[2] 高建军.《塑造精品,风雨兼程我们在路上》。
[3] 刘田.《架梁记——玻利维亚 MI132 公路项目架桥机首架成功》。
[4] 电建微言.《过河!过河!过河!中玻友谊桥圆了他们 30 年的梦》。
[5] 电建微言.《刚刚,这座桥被登上了〈人民日报〉,故事还在继续……》。

第五章

云水共海天

第二十五回

铭初心践行党员使命　显关爱凝聚海外亲情

有一种颜色，一旦浸染，永不褪色；有一种精神，一旦嵌入，永放光芒。

30年来，从亚洲到非洲，再到中南美洲，十一局走出国门的海外党员和干部职工无论身处何地，在复杂多变的国际形势和文化融合面前，始终将"信念坚定"深深烙在思想深处，把忠诚镌刻在心底。

十一局在推动国际业务发展的进程中，面对所在国不同的政治体制、文化背景和社会环境，海外项目高度分散、人员调动轮换频繁、党员流动性强、党的工作具有保密性等诸多困难，从所在国环境和企业实际出发，不断加强海外项目党的组织建设，积极探索和创新海外党建工作模式，努力把海外党组织建设成为实施国际化经营战略的一线战斗堡垒。

首先，十一局各级党组织委持续健全海外党建工作体系，切实加强基层组织建设。组织建设是衡量党的建设的硬性指标之一，海外党员流动性强、管理难度大，各级党组织根据自身特点，克服重重困难，坚持"四同步四对接"，创造性地实现了党组织的"全覆盖"。其次，不断完善海外项目工作制度，做到运行机制全覆盖。海外事业部党委要求各海外项目党组织按党内重大活动与国内同步，日常活动因地制宜、灵活多样的原则开展党建工作，做到活动标准不降低、组织程序不缺失、理论学习不间断。第三，加强党建信息化建设，做到党内交流网络全覆盖。针对海外项目地域空间遥远、监督管理难、指导培训难、营造氛围难等客观情况，项目党组织充分利用内部加密网络等现代化信息工具，搭建内部交流平台，畅通海外项目信息化交流渠道，确保党建信息覆盖到位。

为突出服务中心工作，各级党组织还切实抓好党建工作"三个结合"。一是切实把海外党建工作与创"精品工程"相结合。各级党组织将党内活动同施工计划紧密结合起来，始终把确保工期、安全、质量、效益作为全部工作的出发点和落脚点，大力开展特色活动，激发施工生产活力，努力把党建工作这一政治优势转化为生产经营优势。二是切实把海外党建工作与创"党员先锋工程"相结合。海外各项目通过各种形式和载体，开展适应海外项目特点的"党旗在海外高高飘扬"等主题实践活动，激发党员立足岗位、争当先锋，确保各项生产经营目标的实现，也成为促进海外市场不断拓展的源动力。三是切实把海外党建工作与创"阳光工程"相结合。十一局两级党委纪委，认真落实"两个责任"，深入推进党风廉政建设和反腐败工作，通过现场警示教育、常态化座谈交流、立体化廉洁宣传、建立完善廉洁风险防控机制等措施，从源头预防和治理腐败，积极促进企业依法经营和规范管理，为海外工程项目建设营造风清气正的良好环境。

海外党建工作作为树立国家形象和企业品牌的载体，为十一局走出国门参与海外市场竞争，展示企业形象，凝聚职工力量，进一步开拓国际市场提供了强大精神动力，广大党员用实际行动诠释着践悟初心使命、争当时代先锋的决心。

◆ 尼泊尔山路书写老党员情怀

从加德满向尼泊尔上塔马克西水电站项目工地进发，有一条 62 公里长，极为艰险的施工便道，这是十一局为完成尼泊尔上马塔克西水电站项目，打通的一条道路。修建这条道路的背后，是一段段令人难忘的故事。

上马塔克西水电站项目部位于喜马拉雅山脚下的塔马克西河谷，这里人迹罕至，地貌几乎还处于原始状态。项目前期，为运送工程建设所需物资设备，十一局决定排除万难，打通进场道路。

接到指令后，项目部立即开始了"凿山开路"的战斗。由于工期短、任务急，全体队员把路修到哪儿，就在哪儿临时搭起帐篷，成立临时营地。由于前期进点人员少，负责物资管理的老党员李灵生同志就肩负起了临时营地后勤保障工作。

风餐露宿的日子是异常艰苦的，为改善生活条件，李灵生身兼数职：在做好各项施工物资收发和领用管理的同时，还当起了炊事员，让同志们吃上热乎饭；每天早上 5 点半和晚上 10 点半，他都会定时开关柴油发电机，让同志们睡个安静觉；他还肩负起了夜间巡逻警戒的任务，保护同志们的人身安全。他不知疲倦忘我工作的精神，极大地鼓舞了身边的筑路队员们，大家都以他为榜样，加班加点地施工。

道路修好后，路边的新房多了，就连公交车和农用车也都渐渐出现了。但是，山区的雨季很长，洪水、泥石流常常冲毁路面。为保持进场道路畅通，保障项目建设物资运输及时送到现场，项目部领导班子经过慎重考虑，又把多拉卡至新戈迪这段最为艰险的 34 公里施工便道维护保通任务交给了李灵生。

他每天都要沿路巡查，排除安全隐患，疏通排水沟，在被水冲毁和车轮碾压等原因造成的坑洼路面里铺设石块。为确保道路保通工作所需的人力，他挨家挨户地走访村民，吸收青壮年劳力加入到道路维护队伍中来。

后来，他租了一间民房住了下来，起早贪黑，翻山越岭，巡查路况。道路维护工作的最大特点就是，越是下雨天气就越忙碌。遇到山体塌方和路面冲毁的情况，他就带领工人抓紧抢修施工道路，弄得一身泥水。如果下班时间晚，回不去，他就在村民屋檐下、鸡棚里凑合一夜；饿了就吃点儿方便面，渴了就喝两口山泉水。就是在这种风餐露宿的艰苦条件下，他一干就是 5 个多月，直到雨季结束。

李灵生是一名有着 25 年党龄的老党员，也是十一局出了名的老国际。早在 1995 年 11 月，他就投身到了十一局在尼泊尔的工程建设。在泊尔工作 11 年来，他虚心学习尼泊尔语，最后达到了和尼泊尔人无障碍交流的程度。他利用在说尼泊尔语这方面的特长，在项目上开办了尼泊尔语培训班，授课 36 个课时，培训中方管理人员 65 人，为项目施工顺利进行作出了贡献。

李灵生还是一个全能手，担任过土建队木模工、木加厂木工、材料管理员、后勤管理员、护路员、外方劳务管理员等职务。参加工作 31 年来，他始终扎根基层、爱岗敬业，尽职尽责，熟悉他的职工都说他是任劳任怨的"老黄牛"！

李灵生和尼泊尔工人交流工作

2013 年，李灵生退休了。回国前，他对接替他工作的同事深情地说："我在十一局工作 30 年了，对十一局的深厚感情是无法用言语表达的。我给你留下了一个档案袋，里面是留给你的业务操作流程和重要资料。要是有不懂的地方，你尽管来问我。在今后的工作中，你只要时刻牢记自己是一名党员，凡事多思考、多奉献、勇于担当，就没有什么克服不了的困难。"

这就是一名老党员的情怀。他兢兢业业地履行着自己的职责、牵挂着企业的发展、关爱着新同志的成长，用他宝贵的精神财富描绘出一份信念如磐、忠诚如铁的人生答卷。

◆ 凯富埃河畔奏响老党员赞歌

2008 年，代可银从家乡三门峡来到赞比亚，开始了海外工作生涯，一干就是 10 年。这 10 年里，他参与了赞比亚卡里巴北岸水电站扩机项目、伊泰兹水电站项目、KC45 公路项目等工程的建设，在平凡的岗位上创造着不平凡的业绩。

2015 年 10 月，刚从卡里巴北岸水电站扩机项目回国休假的代可银接到紧急通知，立即返回赞比亚。到达赞比亚的第二天，他就带领首批施工人员进驻下凯富峡水电站项目，开始前期勘探、测量和地形图资料的收集工作。当时，从上凯富峡水电站到下凯富峡水电站只有一条狭窄的便道。在他和队友们的共同努力下，一条通往下凯富峡水电站现场的崎岖山路终于成形。接着，一座过河的桥架了起来，设备、物资陆续进场。

进场前期，现场条件异常艰苦，没有水、没有电、没有手机信号。施工人员白天跋山涉水做地下勘探，中午在山上吃带的盒饭。困难前面，他毫不退缩，事事以身作则，每天扛着测量仪器走几十公里的山路。功夫不负有心人，进点后的 1 个月零 8 天，第一台钻机进场取样，右坝肩 581 高程第一个钻孔形成，中国水电的施工速度和中国水电人对工作的认真态度赢得业主的高度赞扬。

代可银心态平和、积极乐观，再苦再累也能在工作中保持热情主动和全身心投入的状态。2016 年 5 月，随着施工的持续推进，大型设备、主材和人员都要大规模进场。代可银主动请缨，开始参与永久进场道路施工。从赞比亚国家公路 T2 路口到施工现场穿越荒山野岭，根本没有路形，设计图纸供应又不及时。最后，他在谷歌地图上找到一条小道，在小道基础上开始永久进场道路的开挖填筑。经过和业主主动沟通，优化线路设计，道路增加了 30 至 40 厘米的保护层，在减少开挖量的同时最大限度保护了路基层。进场路的全线贯通为大型机械设备和水泥、钢筋等主材的进场提供了便利条件。

测量是他的专业，爆破是他的特长。不管是前期地形勘探工作，还是永久道路填筑和营地建设工作，他一直坚持"认真做事、踏实做人"的原则，出色地完成了施工任务。2016 年 6 月初，厂房开挖开始，他又是第一个进点，带着设备清理树木、杂草及其它障碍物，再利用挖掘机、推土机、装载机、自卸车等进行开挖，拉开了厂房施工的序幕。厂房位于整个工程的最下游，距主营地三公里多。开工

代可银在下凯富峡水电站厂房施工现场

伊始，现场无水无电，他带领前期人员风餐露宿、加班加点，硬是将崇山峻岭中的羊肠小道改修成了可以通行大型设备的交通干道。

"两学一做"基础在学，关键在做。代可银在工作中身先士卒、以身作则，赢得项目广大职工的一致认可和赞誉。他不忘初心，投身水电事业，十年如一日地扎根生产一线，用辛勤和汗水为十一局海外业务的发展壮大贡献着自己的力量。

◆ 感悟新时代，勇担新作为

2017 年 10 月 18 日上午 9 时，承载着亿万人民殷切期待、肩负着继往开来历史使命的中国共产党第十九次全国代表大会在北京人民大会堂隆重开幕。十一局海外事业部和各海外施工局、驻外机构、项目部也纷纷利用有限资源，组织观看十九大开幕式现场直播盛况，聆听习近平总书记代表第十八届中央委员会向大会作报告。

大家聚精会神，不时在笔记本上做着记录。会后，更是热烈讨论国内外发生的变化，感叹十八大以来党领导全国人民走过的光辉历程和所取得的伟大成就，同时也被十九大报告所描绘的蓝图激励着、鼓舞着。海外职工纷纷表示，祖国永远是他们的坚强后盾，希望在党的十九大之后，在"一带一路"倡议的推动下，祖国能取得新发展，十一局海外业务能争创新业绩、实现新跨越。

曾在下凯富峡水电站项目工作、现已退休的老党员武庆国说："我入党已经 30 多年了，每当回想起在部队革命大熔炉中的入党宣誓，就激动不已。30 多年来，

我亲眼目睹了十一局由小变大、由弱变强，逐步走向国际市场的奋斗历程，作为一名老党员，我感到光荣和骄傲。感谢党组织的多年培养教育，感谢十一局这个朝气蓬勃、火热向上的大家庭，让我能把最美好的年华献给我最热爱的事业。虽然退休了，但我还会一直关注十一局的发展。衷心希望十一局越来越强大，职工生活越来越美好！"。

海外事业部党员张涛锋说："作为一名党员，内心有种莫名的自豪感！在国外，要时刻保持良好的形象，坚决做到不利于国家和企业形象的事不做，不利于国家和企业形象的话不说，要坚定维护国家和企业形象，因为你代表的不是个人，而是一个集体。"

玻利维亚圣何塞水电站项目青年党员郑伟佳说："还记得 2006 年大二时，我申请入党，想努力成为党组织优秀的一员。入党至今，我不断地提醒自己，要时刻保持党员先进性，时时处处以党员的标准来要求自己，不断加强业务知识的学习，努力实现自己的职业生涯目标。"

新时代老中青三代党员的声音，饱含着他们强烈的使命感和为十一局持续健康发展贡献力量的决心！如今，海外业务已经成为十一局发展的重要领域。在新时期党建工作的总要求下，十一局把坚持党的领导、加强党的建设作为企业发展的"根"和"魂"，为加快实施"走出去"战略提供了坚强的组织保证和政治引领。

在生产施工中，党组织是团队的领头人；在日常生活中，党组织更是职工的主心骨。海外党建工作在与创"和谐工程"相结合的过程中，又有哪些暖心的画面在讲述，又有哪些温暖的情谊在流淌呢？

◆ 喜迎新年海外项目欢声笑语

年，我看到了你新的味道，
在世界的这一边，
营地同事们的一颦一笑，
联欢晚会在紧锣密鼓地筹办，
节日的食谱把温馨细细体现。
从领导到普通员工，
他们正把对亲人的思念化作忘我奉献，
撸起袖子使劲儿干，
向公司和亲人交上一份满意的答卷！

由公司海外项目职工创作的这首《年，我闻到了你熟悉的味道》，用只言片语描绘出了海外职工过"中国年"的情景。春节，意义不仅仅只是一个假期，

当地工人在海外项目部张挂灯笼

它代表着太多的元素：团圆，相聚，亲情，友情，鼓励，快乐，健康……对于海外建设者们来说，国外项目的年味儿丝毫不比国内少。

除此之外，热闹的"舌尖上的海外"更加点燃了喜庆气氛，来自五湖四海的职工们精心制作、尽情品尝各自家乡的美食，并邀请当地政府、业主、员工主动参与联欢，感受中国文化。春晚大餐、土著舞蹈，通过网络视频传回国内，传到每一位海外职工家中，捎去每一位海外职工对家乡故土的眷恋、对远方亲人的思念。

每年春节前夕，十一局海外事业部都会在国内组织开展海外职工家属座谈会，邀请职工家属欢聚一堂，为企业与海外职工家属搭建连接情谊的桥梁。每逢传统节日，十一局各级领导都会深入施工现场，与职工一起欢度节日，巩固党组织的群众基础，激发职工心系公司、奉献企业的热情。

海外项目部年夜饭

海外事业部举行海外职工家属春节联谊会

这些工作的开展既加强了管理者和职工之间的沟通、信任，提高了项目职工的向心力、凝聚力，也为项目职工营造了安定、祥和的生活和工作氛围。

◆ 斗战酷暑工会送凉情润人心

与国内相比，海外的工作环境具有一定的特殊性与复杂性。奋战在海外的十一局人肩负重任的同时，还要承受生活和工作环境上的压力与挑战。

2018 年，巴基斯坦南部的纳瓦布沙出现高达 50.2℃ 的气温，而且是在 4 月。联合国世界气象组织表示，纳瓦布沙打破了全球 4 月气温的最高纪录。

巴基斯坦气温的持续上升，给 M5 公路项目施工带来了极大挑战。M5 公路项目主要是户外作业，高温给职工的身体健康和生命安全带

巴基斯坦当地居民在渠道中消暑解热

来严重考验。为打好"高温战",保障施工人员的身体健康,确保施工生产有序进行,项目部开展了一系列准备工作。一方面响应十一局要求,结合项目实际情况,制定了《防暑降温措施管理办法》,更改作息时间,错开高温时段,给职工发放花茶、绿豆汤、水果、饮料等,同时向职工普及中暑症状与急救方法知识。另一方面成立安全检查小组,对中方营地、当地劳务营地用水用电、现场施工安全生产进行全面检查。重点做好防触电、防火灾等高温引起的危险源防范工作。同时通过喷洒消毒水、检测饮水用质量、检查宿舍食堂等方式做好环境卫生工作。

M5 公路项目部开展送清凉活动

工会是企业联系职工的桥梁和纽带。面对海外员工远离祖国、远离亲人、工作艰苦的情况,十一局海外各级工会组织牢固树立"关爱职工从点滴做起"的服务理念,坚持把改善职工的生活和工作条件,为他们提供优质的后勤服务作为日常工作的重要内容。项目部专门建设了篮球场、羽毛球场、健身房、娱乐室、环形健身步道等,丰富职工业余文化生活,为职工营造舒适的生活和工作环境。各项目还加强与驻各国外使馆联系,突出抓好项目驻地的安全防范工作,确保职工的生命安全,。

海外项目部配置的医护人员

与此同时,十一局利用自办黄河三门峡医院的优势,为大部分海外项目配备了随队医生、护士,并于 2007 年专门成立海外家属后勤服务处,及时解决职工家庭的生活困难。

基于海外业务特点,2018 年,十一局海外事业部创新思路,为海外员工引入专业心理咨询 EAP 服务,即"员工帮助计划",是自愿、免费、保密、专业的心理咨询服务,旨在解决职工在情绪、压力、职场问题、婚姻家庭、亲子教育等方面的个人问题，帮助海外职工提升心理健康水平、减少潜在风险。

有诗赞道：

> 党员初心志本坚，万水千山只等闲。
>
> 海外新年传笑语，企业关怀润心田。

人是企业发展中最重要的资源。在国际业务施工中，十一局如何关爱、培养和使用海外业务人才，且看下回分解。

参 考 文 献

[1]　王云鹏.《年，我闻到了你熟悉的味道》。

[2]　水源，孙留镇.《高温下的"烤"验》。

[3]　张富平.《十一局海外职工的"娘家人"》。

[4]　崔宇.《EAP咨询，一位与你真心交流的朋友》。

[5]　苗红亮.《项目上的"尼泊尔通"》。

[6]　贺伦.《朴实勤恳的共产党员：代可银》。

第二十六回
多措并举培养人才　同心聚力筑梦国际

　　企业对海外职工无微不至的关怀，无数党员无私奉献的示范引领，为十一局国际业务人才成长提供了正能量十足的外部环境，极大地促进了他们在岗位上快速成才，在事业上稳步前进，这也是十一局海外业务三十年快速发展的源泉与动力。

　　自 20 世纪 60 年代以来，历史的画面中已有水电十一局人走出国门援建国际项目的身影。此后，经历小浪底、阿曼等国际工程的锻炼，一批有国际理念、国际视野、国际经验的人才源源不断充实进十一局海外职工队伍，为国际业务的前进扬帆掌舵。

　　随着质量效益型国际强局发展战略的实施，十一局通过不断完善人才培养和人文关怀措施，逐步建立起了一支稳定、优质的国际人才队伍。这支队伍，成为十一局国际业务走向更广阔天地的命脉与基石。一路走来，他们的成长历程，也见证着十一局国际业务的发展历程。

◆ 初出茅庐　霜刃已试

　　在下凯富峡施工局，李海腾这个名字被很多人熟知。这个 90 后年轻人 2016 年从武汉大学研究生毕业后，在不到一年的时间里迅速成长为百亿项目技术部门负责人，接触和了解到他的人，都对他的努力和聪慧竖起大拇指。

　　事物的发展是内外因共同作用的结果，李海腾的成长，也正是个人勤奋钻研和企业关怀培养的共同结果。一毕业能接触到下凯富峡如此大规模、综合性的国际项目，李海腾深感机遇难得，努力抓住机会让自己获得更多的锻炼和成长。项目部从业务能力到生活环境以及职业规划，对新人投入了更多关注。2016 年 9 月 1 日，李海腾与下凯富峡施工局技术部经理靳俊杰签订导师带徒协议，从此业务上有了专人传帮带，思想上有了前辈引导，进步明显。

　　2016 年底，李海腾接手了导流洞及进水塔钢筋号表制作任务，那时他对钢筋号表完全不了解，师父靳俊杰手把手地带他，指导他如何规范填写、如何结合施工实际进行调整，很快他就做的得心应手了。师父尽心教授，徒弟也认真勤奋。每次靳俊杰给他传授经验，李海腾总要问个透彻。

　　很快，在施工局的培养以及师父靳俊杰的指导下，他陆续参与了导流洞、厂房等重点部位施工方案编制和技术交底工作，不论是图纸绘制还是方案编制，他都上手很快，做得很出色。虽然主要做技术内业，但是他对施工过程抱有极大兴趣，自己写出来的方案是如何实施的，施工工艺和细节要求是怎么样的，他迫切想去实践。由于营地与施工现场相距较远，而且工作面比较分散，去工地并不方便。这时他试着提出自己的想法，施工局立即作了相关安排，满足了李海腾与其它技术人员的需要。

条件具备了，李海腾迅速展现了自己超强的学习能力和甘于吃苦的品质。在方案制定时，他充分熟悉施工情况，不断完善方案可操作性，在方案实施过程中，他全程守在现场，监督方案的执行，协助解决发生的问题。经过理论的学习和实践的锻炼，李海腾的业务能力等到了快速、全面的提升。

2017 年，正在国内休假的李海腾去看牙齿，医生告诉他情况不容乐观，要尽快接受治疗，大概需要一年。施工局了解到情况，原本已经在国内给他安排好工作，但是李海腾主动提出来要保守治疗，坚决回到了下凯富峡项目。

工作中的李海腾

"下凯富峡正是我学习的好地方，现在是项目较劲儿的时候，也正是需要我的时候，我现在最重要的任务就是把下凯富峡项目的事情先做好。"李海腾这番诚恳的话，闻之令人感动。

小荷才露，锋芒已试。凭借着优异的表现，2018 年 6 月，李海腾被提升为下凯富峡项目第一作业处技术质量部经理，成为一名国际业务技术骨干。

从李海腾的身上，我们看到了一个年轻人对学习的热忱和对事业的执着与敬畏，同时也看到了十一局对刚走出校门的年轻人全方位的关心与培养。除了依托大型工程项目、重点项目以老带新外，十一局还及时把具备一定业务能力的青年人才放到重点岗位锻炼提高，促进他们尽快成才。

杨长青的故事，可谓是重压下出人才的典型。2007 年，他毕业于长春工程学院水利工程专业，此后在十一局海外项目上一呆就是十一年。从阿曼到委内瑞拉，再到玻利维亚，从施工到技术，再到商务，他在国际业务的舞台上得到充分的成长和历练。

2011 年 5 月，完成阿曼项目的工作任务后，杨长青到了委内瑞拉农业项目。这是个纯西语的国家，而且是"一揽子"项目，新的语言环境和建设管理模式对他来说都是不小的挑战。经过阿曼项目的锻炼，他已经具备了一定的施工和技术工作经验，项目部领导班子果断将技术和质检工作安排给了他。

既然揽了"瓷器活"，就得有"金刚钻"。杨长青主动到其它中资企业拜师学艺，和驻地工程师沟通交流，在短时间内熟悉了当地的施工规范，提高了西语水平，实现了和业主监理顺利对接。由于农业项目覆盖范围大、包含项目多，验收移交工作非常琐碎，最初业主坚持整体进行移交验收。杨长青采取了迂回办法，安排灌区内道路首先投入运行，让当地农民种植的香蕉等农作物可以第一时间运到市场销售，这样先完成移交运行的项目便提前创收。事实胜于雄辩，业主最终同意了分单元验收移交的建议。这样，杨长青负责的区域在所有施工项目中最早完成了移交。

2016年7月，杨长青接受安排来到玻利维亚圣何塞水电站项目。这是个单价项目，清单达1200多项，不仅结算账单工作量大，且现场变更和索赔事件发生频繁。项目部经过深思熟虑，将合同管理任务交给了责任心强、头脑灵活的杨长青。

从没有接触过合同工作的杨长青又一次扛起了重任。凭借着在委内瑞拉项目打下的西语和专业基础，他很快得到了业主和监理的认可，不仅短期内完成了各项结算与沟通任务，还主动与监理工程师对现场的变更、索赔事件资料进行全面收集上报，对零星工程量反复计量，高效推进了结算工作，为项目赢得了资金支持。

工作中的杨长青

多年的历练之路，杨长青在多个岗位上都出色的完成了任务，很快得到认可和成长，其中有企业重视人才、培养人才的好环境，也依赖于他高度的责任感和进取心，将个人的成长融入企业的发展需要，勇挑重担，一路坚守。

◆ 优化管理　砥柱中流

1982年出生的于立波，2005年一毕业就主动申请去了十一局的海外项目。13年间，他对国际项目的热情丝毫不减，足迹跨越三大洲五个国家，专业涉及市政、水电和公路，职务从设计组组长、责任工程师、项目经理到施工局局长，他的成长之路验证了一句话：努力加进取造就成功。

阿曼马斯喀特污水收集项目是于立波参与的第一个国际项目。在中东国家干工程，而且是市政工程，对十一局人来说是第一次，很多工作刚开始推进的非常艰难。于立波由于计算机方面的特长刚开始被分配到了技术部，一个多月后，项目经理突然找到他，和他进行了一次语重心长的谈话，希望他去工区，多学点东西，其中有一句话他记得非常清楚：做国际业务，必须要懂得学习，不能有太明显的弱点，干工程最注重的是动手能力，只有熟悉了现场，你做的方案才能让别人接受，才更容易执行。一席话，让于立波茅塞顿开，他立即接受了领导的建议，开始干起了施工。

阿曼项目涉及到顶管技术，对当时的十一局人来说是一个崭新的课题，而且所有顶管从日本进口，造价非常高，还需要用专门的机械进行安装。于立波当时刚当上工区主任，工期和成本给他的压力非常大，当时项目班子当机立断提出，要做施工技术方案优化，把顶管工艺修改成明挖，具备修改条件的只有于立波所在的工区。

由于工作面距海边只有约200米，全部在淤泥里面施工，难度非常大。于立波顶着压力，冒着40多度的高温每天晚上都在现场加班。夏水芳、石宣喜、张卫东等项目班子领导每天晚上都和职工一起干，讨论方案、解决问题，最终优化后的方案得到顺利实施，不仅攻克了高水位坚实砂砾石层和软基流沙涌集无可控性的开挖难题，还节省了三个月的工期，节约了几十万元成本。

阿曼项目后来遭遇到了飓风。飓风过后，顶管里全部是淤泥、沙子还有垃圾，条件限制只能采用人工处理。当时项目班子成员先下去查看情况，保证安全之后，再让职工下去，带着职工一麻袋一麻袋地将淤泥扛上来，最后将管道全部清理干净。

这些事对于立波的触动非常大，让他了解到项目管理是可以通过优化、挖潜达到解决问题的目标的，这让他在后来面临困境时解决问题的思路发生了转变。更重要的是，从项目班子成员的身上，他看到了当好一个项目管理者所要具备的要素，所要全盘考虑的内容，感受到了企业文化所带给他的震撼与感动。他将这样的领悟投入到了工作中，所负责的工区，在后续的几个月中每次考核都是第一。

在阿曼项目，于立波呆了六年，这个项目培养了他，也造就了他坚韧的品质和果敢的管理方式。后来，在赞比亚伊泰兹水电站和哥斯达黎加楚卡斯水电站，他克服了疟疾对身体的严酷考验，经受了与非洲、美洲市场思维的强烈碰撞，到了玻利维亚后，他已经摸索出了一套属地化管理的模式，带出了一个能打硬仗的优秀团队。

2018年，玻利维亚施工局成立，于立波任局长。组织机构的设立，更加有利于区域内合理、有效地调动资源，更好控制成本。于立波带领施工局班子成员，将属地化管理模式深入推进。在玻利维亚圣何塞水电站，中方的工区主任主要职责是检查工作，具体事务由当地工长来做，工长下设班长，从安全到质量都是当地人在管理。圣何塞水电站推行的属地化管理获得了各方认可，2017年人民日报对此进行了专访。

除了属地化，于立波在管理中推行了专业化的理念。以前工人在这个项目做桥梁，到下个项目可能就干别的，而在玻利维亚，一名中国人带领一群人只做一件事，这样就能保证工作的连续性，做得更好、更快，可以发挥更大的效力。例如在玻利维亚鲁雷项目做管涵预制的人，到了西亚项目还接着做管涵预制，这样既节省了成本，也培养了大批年轻技术骨干。

于立波与圣何塞水电站项目职工合影

"在国外项目，能力再突出想要单打独斗是很难的，没有团队你将做不成任何事情，每个成绩的背后都是整个团队的努力。幸运的是我一直都处在优秀、高效的团队里，一直跟着团队在学习。"

"在国外这么多年，我感觉十一局是最团结最有战斗力的团队，在我无数次遇到困难的时候，许多老同志、老专家都无私的帮助我，所以我要把这种好的传统坚持下去，帮助青年人尽快成长成才，这是我的责任。"

于立波在对别人说这些话时，眼里呈现的是坚毅和感动。他用积累的成绩、真诚的感恩，诠释了80后十一局人的责任、担当和热忱。

许多从事国际业务的人，他们的语言不华丽，但是一举一动都散发着光芒，昭示出一种力量。现任十一局下凯富峡施工局局长，70后的青年干部周庆国，在海外业务的历练中，一步步成就了自己的干事创业梦想。

2009年4月，周庆国的儿子刚刚出生7天，还没更多体会到初为人父的喜悦，他就服从安排前往博兹瓦纳，担任骆察尼项目经理，开启了自己的国际工程之旅。

第一次出国就担任大型国际工程项目经理，周庆国的压力很大，而且骆察尼项目部班子成员平均年龄只有30岁，很多人都是第一次出国，普遍缺乏国际工程施工经验。怎么把工程干好，一向有魄力的周庆国给大家讲了两句话：团队年轻，但是有冲劲有创造力；缺乏经验，通过学习可以克服。

他一边组织职工自建营地，一边带人到博茨瓦纳其它项目学习经验，结合骆察尼项目情况统筹安排施工计划。与此同时，他发现语言交流成为一大障碍，首批进场的6个职工，只有1个会说英语。他将自己善于学习、勤于学习的习惯带到了管理中，每天晚上组织职工从最简单的常用单词学起，就这样，靠一个小黑板和几张单词表，把职工的英语水平在短期内迅速地提升起来，满足了工作需要。

由于采矿证办理的延误和恶劣地质条件的影响，骆察尼工程施工进度一度严重滞后。面临如此严峻的情况，2011 年 5 月，周庆国带领团队风风火火的开展了一场劳动竞赛。"一流职业素养、一流业务技能、一流工作作风、一流岗位业绩"的口号打出来，党员、积极分子和共青团员都到一线去；中方职工、当地劳务全部投入到劳动竞赛中，项目部设立出勤奖、劳务奖、特殊贡献奖和红旗设备奖等多个奖项，全面掀起了生产高潮。

快速推进的工程进度和专业的质量安全水准，极大地扭转了形势，2011 年 10 月初，项目部大坝填筑达到坝顶高程，提前实现节点目标。这个年轻的团队用 5 个月的时间完成了全年的施工生产任务，打了个漂亮的翻身仗，来自中国的工程施工团队赢得了监理工程师和业主的赞赏与信任。周庆国站在大坝上，心里涌起的是惊涛骇浪，他知道，这一次出征，成了！

那段时间，承受了多大的压力，付出了多少艰辛，周庆国都历历在目。尤其自己第一次从博茨瓦纳回国，正巧是孩子一周岁的生日，妻子带着孩子去机场接他，一看到他，妻子忍不住留下了心疼的泪水。由于忙于工作，身材高大的周庆国当时连腰也直不起来，立即被妻子拉去医院做了检查，确诊为腰椎间盘突出。本来想回国好好照顾妻儿，没想到变成了妻子照顾卧床养病的他。

2017 年 4 月 11 日，十一局成立第一个海外施工局——赞比亚下凯富峡施工局，聘任周庆国为下凯富峡施工局局长。施工局以百亿工程下凯富峡水电站项目为依托，肩负着赞比亚及周边市场开发和十一局国际业务新模式探索的重任。

有了 8 年国际工程施工经验，经受了尼泊尔等工程艰苦条件的考验，周庆国这一次心里是有底气的。结合施工局实际情况，他带领班子成员量体裁衣，加强成本控制，推行属地化管理，创新施工工艺，一系列举措取得良好成效，各项工作推进的顺顺当当。

对于人才培养，他倾注了更多的心力，定期对人才进行梳理，了解他们的发展现状，

周庆国与职工在下凯富峡水电站项目

有机会就和关键业务人才、重点对象个别谈心。

"要出色就要实干、苦干、用心干，大家的天分都差不多，拉开差距的恰恰是后期吃苦耐劳和多学多做的程度。"在对新分学生入场教育的时候，他分享了自己的成长经历：经验的积累切不可狭隘，如果本职工作是厂房作业，那么有时间就要学学大坝施工，如果本来是学土建的，有时间就要去看看安装的图纸。年轻就有无

限可能，最怕的就是画个圈，贴个标签，限制住自己。

在他的带领和严格要求下，下凯富峡施工局逐步培养起了一批有技术、有能力、有想法的年轻干部，干事创业的氛围十分浓厚，更多的人才如小溪汇入大江，在这里尽情发挥自己的才干。

周庆国的战略眼光也同样投向了施工局的长远发展中。作为管理者，他知道仅仅守住赞比亚市场是不利于可持续发展的，如果将施工局的属地化管理、成本控制和资源协调方面进一步加强，在同行业的同台竞技中，核心竞争优势就会更加突出，再加上赞比亚周边的广阔市场，施工局才有生存和发展的更大空间。他不遗余力的专注于这项工作，同样成绩显著。目前，下凯富峡施工局的管辖范围覆盖至莫桑比克、津巴布韦、纳米比亚等周边国家，对施工局的管理职能提出了更高的要求。

用心去做每一件事情，当所有的事情都能做得很好的时候，机会自来。这是周庆国刚参加工作时勉励自己的话，实践表明，这也是他走向成功的根本所在。

◆ 千淘万漉　扬帆引航

说到水电十一局的国际业务，有个工程的名字不能不提，就是小浪底。这个工程在十一局国际业务的发展历史上有着举足轻重的作用，不仅仅因为它声名远播、声势浩大，更重要的是这个工程为十一局培养了一大批专业、优秀的国际业务人才。

1994 年，刚毕业的李珊珊被分配到小浪底施工局工作，担任翻译。和很多刚走出学校、成绩优异的新人一样，她对自己的事业满怀憧憬，对自己充满信心。但是到了工作岗位后，现实的严峻让她的自信瞬间瓦解。对施工现场知识的匮乏，对技术标准、合同条款的陌生，对不同国籍人员不同口音的茫然，让她一度感到压力很大。

李珊珊身上有股子韧劲，这股韧劲让她对自己的事业始终保持着高度的责任感和进取心。她主动跑现场，学习合同条款，熟悉工程专业术语，和不同国别人打交道，克服各种口音带来的困扰，经过 3 个月的磨练，就胜任了合同、工程、财务等翻译工作，能和不同的业主顺利沟通，她自己也很快被大家所熟知。

作为为数不多的翻译人员之一，李珊珊的工作量非常大。指挥部和几个工程处所有与业主的谈判都需要翻译人员，常常是一拨谈判还没结束下一拨谈判已经在等，除了中午吃饭的时间，李珊珊几乎一整天都呆在业主办公室。晚上回来，还要处理繁重的函件来往业务，经常工作到半夜。也正是那个时候，练就了她连轴转的工作习惯和高效精准的业务素养。

正是在小浪底打下的基础，在随后雅迪鲁霍等工程的翻译工作中，李珊珊完成的非常出色。2003 年，到了伯利兹洽里洛水电站项目，根据工作安排，她开始负责劳务管理。

伯利兹当时人口不到 20 万，技术工种几乎没有，劳务资源紧缺，工程无法正常推动。李珊珊立即和当地社保局、劳工部取得联系，请对方协助招聘，同时学习当地《劳工法》，熟悉招聘流程，前往伯利兹其他地区，甚至尼泊尔等国招聘劳务。项目部地处偏僻，出行路况极差，常常坐车半天才能见到人。短短几个月，李珊珊跑遍了伯利兹的每一个村镇，和各个地区的劳工部取得联系，招聘劳务总计 3000 余人。由于强大的工作负荷，她一个月内瘦了 20 多斤。

洽里洛电站机组试运行期间，任务繁重，人员紧缺。李珊珊除了劳务管理，还兼着项目部往来信函翻译、文件汇编以及机械部分验收翻译工作。白天在工地跑，晚上持续加班，超负荷的工作使她身体极度透支，晚上要多次吸氧才能继续工作。大夫和项目部领导很心疼她，多次劝她休息，但当时是验收的关键时刻，强烈的责任心驱使下，她始终在坚持。

2007 年 10 月，回到国内的李珊珊开始从事合同谈判工作。从小浪底开始，她就对合同谈判抱着极大的兴趣，事实证明，在这项工作里，她的天赋和专业都发挥得淋漓尽致。2007 年 10 月，李珊珊初次跟随团队奔赴赞比亚，参与卡里巴扩机项目合同谈判。睿智果敢的她，第一次与业主交锋就取得了惊人的成绩。谈判中，她抓住世界经济危机美元和当地币贬值的机会，坚持用固定汇率换算，为项目部争取到了 200 多万美元的外汇收益。2008 年 1 月，李珊珊前往博茨瓦纳进行迪克戈洪大坝项目合同谈判，原招标文件中本没有预付款，她仔细研究合同，在谈判桌上据理力争，成功地为项目部争取到了 15％的预付款，缓解了项目前期资金上的压力。

由于在谈判中的优异表现，在哥斯达黎加楚卡斯项目中，李珊珊首次作为主力坐在了谈判桌的中央。该项目的业主是全球著名发电公司，对合同谈判要求极为严苛，整个谈判历时半年多，辗转 4 个国家多个城市，合同历经 4 次修改，过程异常艰难。2007 年第一次谈判，业主方十几人，包括 5 名全球顶尖律师事务所律师，中方人员只有李珊珊一人。她事前做了充分准备，现场随机应变，始终主导着谈判节奏，对中方的立场充分阐释，对业主方律师抛出的问题有理有据进行解答，扎实的功底和专业的表现给业主方留下了深刻的印象。后续的合同谈判中，业主方律师经常会为了合同中一个单词反复讨论几个小时，双方思路和文化的碰撞十分频繁，但是在她的主导下，中方的立场和诉求基本得到认可，促成了合同的最终签订。该项目也成为十一局走向中美洲高端市场一个典型，同时李珊珊"舌战群儒"的故事也被大家所熟知。

除了合同谈判，李珊珊肩上还承担

李珊珊在商务谈判中

着国际项目投融资的重任，这又是一个极度考验身心的任务。这份工作意味着大量的投融资条款、协议等需要学习，往往一个项目要追踪三到五年甚至更长的时间，要同时和银行、信保、业主等多家单位沟通，没有强大的业务能力和顽强的毅力支撑，几乎无法胜任。一旦有投融资项目跟进，李珊珊每天只睡 2 至 3 个小时，不论身在国内还是国外，手机 24 小时不离身，保证随时能被联系到，不吃饭不睡觉是经常的事。自 2009 年开始推动融资项目以来，经她主导推动签约的融资项目多达 12 个，合同金额共计 49.3 亿美元。

洪都拉斯帕图卡水电站是李珊珊开拓融资项目的一个经典案例，也是洪国总统批准的 1 号项目。该项目在未建交国家采用中信保中长期买方信贷保险护航，商业贷款模式推动水电站项目的顺利签约并放款，创造了国内第一例。在推动项目签约过程中，李珊珊每个月奔赴洪都拉斯，与相关部委、高层领导沟通谈判，与中信保、银行等机构多次交流，于 2013 年 9 月顺利促成项目签约。2015 年 8 月，经过近 4 年的努力，项目第一笔放款终于完成。得到消息的李珊珊，眼里含满了泪水，期间所经历的艰辛，她感触最深。

2016 年，由于海外业务转型升级需要，十一局成立了投融资管理部，负责投融资项目的投标及推动。李珊珊挑起了这个重任。首先摆在她面前的，是十一局历史上第一个百亿工程——赞比亚下凯富峡水电站项目的融资任务。

赞比亚下凯富峡水电站是该国最大的水电站项目，合同金额为 15.67 亿美元。为了推动该项目的融资落地，李珊珊经常往返郑州、北京、赞比亚三地，在业主、银团、代理行、中信保、银团律师之间协调，参与银团与业主贷款协议的谈判。经过近 2 年的艰辛努力，2017 年 11 月，项目贷款协议签订。为了解决放款前的资金压力，李珊珊带领团队与银行进行谈判，通过无追索出表保理融资业务将应收账款卖断，大大减轻了项目的资金压力。2018 年 6 月 26 日，项目第一笔放款落地，取得了十一局国际业务投融资工作的巨大成功。

有人曾经说，一年三百六十五天，李珊珊二百多天都在世界各地出差，跟长期出国没什么分别。这句话形象地描述了她的工作状态，但是她并没有觉得累和苦，只要有工作，她就能立马像一个战士一样去奋斗，没有时差的概念，没有性别的顾虑，没有退缩的念头。平常人往往无法想象的睡机场大厅、27 个月不能回国、连续飞行 17 个小时全身浮肿、签证被拒签、行李被弄丢等事情，她全部经历过，而且丝毫没有影响她的工作节奏。

柔弱的外表，坚毅的内心，李珊珊曾被人笑称为十一局的"铁娘子"。由于出色的表现，很多更大的企业向她伸出了橄榄枝，但是她从内心里热爱十一局的文化，感谢十一局的平台，离不开这个团队。她曾经说过这样一段话："十一局的文化，我是非常受用的，每届领导对人才非常包容，善于用人所长。在十一局的舞台上，我希望用尽我自己的每一份力量，为十一局的国际业务做出贡献。在自己能够做到的程度，我要做到尽善尽美，做到自己能够做到的极致状态。"

站在岁月前头，崭新的是时光与面孔，不变的，是传承与信念。

有诗赞道：

奔山赴海千万重，勇挑重担显才能。

所历韶光终不负，留得壮志在我胸。

在十一局从事国际业务的员工队伍中，有一群特殊的人，他们一路追随，在十一局海外业务的发展中发挥着特殊的作用。且看下回分解。

参 考 文 献

［1］　李金平.《Mr"闪电"》。

［2］　李金平.《周庆国：人生就像建水电站》。

［3］　杨长青，王欣.《一路征程一路歌》。（原文刊登于《十一局文化》）

［4］　高建军，水源.《于立波：我的无悔青春》。

第二十七回
谈索赔尽心竭力奉真心一路相随

上回说道，十一局为海外人才培养下足了功夫，然而不仅仅是中方职工，十一局对外来职工的关爱培养也从未放松。倾心付出，换来的是他们的信任以及对工作的尽心尽力。

◆ 投我以木瓜，报之以琼琚

那年的四月，充溢着难得的暖意，草木葳蕤，生机葱茏。

齐达华在这样的春天里，来到了郑州。

拥有着这个与中国人如此肖似的名字的他，是十一局的尼泊尔籍员工。

不仅如此，他还是与公司签订合同的第一个外籍正式员工，也是第一位列席职工代表。

在明媚若此的春光里，齐达华和何志权开展了一次格外美好的谈话。

"十一局给我最大的感受就是近几年发展非常快，未来很有前景。但在国际标准管理方面，与世界先进的企业相比，需要改进提高，特别是施工现场管理方面。"在与何志权的交谈中，齐达华真诚地谈到自身感触。

齐达华浓眉黑眼，目光深邃，身材高大结实，有一口流利的美式英语，给人的印象很是干练、帅气。

作为公司少数几个外籍正式职工之一，已经在公司工作 17 年的齐达华，求学于印度，1995 年土木工程水工结构专业毕业，回到尼泊尔一家公司从事水电工程建设。他与十一局的缘份是巧合，可以说他的成长，见证了公司国际业务发展历程。

说起和公司的结缘史，就得从尼泊尔莫迪水电站工程说起。当时公司和尼泊尔一家当地公司组成联营体，建设莫迪水电站，在两年的联营体合作中，由于这家当地公司出现问题，公司全面接手独立承建，同时将这家当地公司的设备和人员也全部接收了，齐达华就是其中之一。从此，齐达华与公司结下了"不解之缘"。从 1996 年开始，齐达华一直在公司不同国家不同项目工作，2007 年公司与他正式签订合同，成为公司一名外籍职工。

在公司工作的十几年间，齐达华一步步成长，从一名普通的职员成长为公司合同及索赔领域具有丰富经验的外籍商务"专家"级职工。到现在，他先后参与公司尼泊尔、巴基斯坦、莫桑比克、埃塞俄比亚和哥斯达黎加五个国家的项目建设，而其中很多项目都处在尾工阶段，涉及到变更索赔方面的工作。正是这些经历，历练了齐达华在商务合同索赔方面的能力。"每个工程现场都不尽相同，从每个国家的国情到工程建设的标准，再到工程师的性格，应对起来需要不断加强自己的认识和能力。"言语中，齐达华如是说："作为商务人员，必须研究合同条款，熟悉菲迪克条款，同时还得兼顾不同标准，如哥斯达黎加的商务合同就属于混合型合同，不适用于菲迪克条款，需要重新学习，抓住合同中出现的新特点，探索运用新手法灵活处理商务合同、变更索赔的新问题，这对我来说是一个挑战，也是自我经验积累与提高的过程。"

谈起工作以来那些令他难忘的事情时，齐达华侃侃而谈。2000 年至 2003 年底，齐达华在公司尼泊尔唐神公路项目工作。尼泊尔市场资源匮乏，现场没有足够的设备，小的零部件采购也非常困难。

"当时工作非常困难，气候条件冷热交错，我们就在集装箱里办公，条件不好还是其次，最主要问题还是设备不到位。"身为合同部经理的他，看着合同履约进展非常缓慢，他十分着急，就一门心思地研究商务、技术合同，积极寻找后期索赔的关键点，并随着工程建设慢慢顺利展开，及时搜集现场资料……

"经过与中国领导、同事的共同努力，最终唐神公路实现了按时完工，业主非常满意，生产经营实现了平衡收官。在唐神公路的工作经历，对于我商务工作经验的积累和能力的提高非常重要。"齐达华回忆起这段经历时，仍显得激动而自豪。

作为商务合同人员，齐达华非常认真地强调："调价，要对所在国家的相关各类物价基数、指数了然于胸，时刻关注价格水平浮动情

齐达华在现场（右一）

况和一些政府政策信息，能够做到第一时间知晓，这些在工程建设报送账单时间点上的把握非常重要。""这就需要平时做功课，不断学习，研究技术、商务合同。另外，施工现场清晰的照片不能忽视，有时候一张照片往往可以达到事半功倍的效果。"在谈论之余，他也不无感慨："工作初期，很多事情不了解，需要学习很多，现在回想，如果当时有些事情放到现在做就不一样了，这可能也是我成长过程中必须经历的吧！"看得出，他把企业当成自己事业的那份真诚、执着与坚定。

在公司工作的这么多年中，齐达华结识了很多中国朋友："中国人很友好，也很勤劳，我很荣幸能得到这份工作。与中国的同事们一起工作，比较轻松，也学到

了很多，中文就是工作过程中学到的，虽然会得不多。"说着说着，欢乐溢于言表，齐达华爽朗的笑音弥散开来。

窗外绿草如茵，窗内暖意融融。

温柔的阳光落进齐达华深邃的眼瞳里，像是沉进了深而平静的湖水中。一切都是静谧无声的，然而岁月自会记下他的坚持与隐忍，他的平和与强大。

在这样悄然流逝的时光里，十一局与他，彼此成就。

◆ 相知无远近，万里尚为邻

亨利是十一局赞比亚下凯富峡水电站项目上的一名电焊工，准确地说，他是一名拿到权威机构颁发证书的电焊工，拿到这个证书意味着在赞比亚甚至整个非洲他都可以在任何一家公司从事电焊作业。

为了筹备这次焊工测试，机电部的杨海涛早在凌晨五点就带车去卢萨卡接工程师了。"这次测试是项目部专门从 ALFRED H KNIGHT 公司请来的测试人员，测试一名电焊工的费用是 4000 当地币，所以不能有一点马虎，要做好充足准备以保证他们能通过考试，尽最大努力帮助他们取证。"

随着工程的进展，厂房机组安装和压力钢管安装需要焊接的地方越来越多，对焊工的电焊水平的要求也越来越高，需要的电焊工数量也越来越大，国内电焊工已经远远满足不了生产需要，为降低成本，提高属地化管理水平，项目部决定加大对当地电焊工的培养和取证工作的力度，真正帮助他们实现电焊作业正规化、规范化。

于是，考证费用项目出、培训学校提供练习场所、考到证书的人再涨工资，一系列鼓励措施陆续出台，赞方电焊工个个摩拳擦掌、跃跃欲试。亨利凭借多年的电焊经验，对考试早已成竹在胸。

亨利取得证书时激动不已："非常感谢中国电建一直以来为我提供的工作机会，并出资让我去考取电焊工操作证，也感谢中国工程师毫无保留的教我工作技能，使我顺利的拿到了这个证件，我会继续努力地工作下去，以报答你们的帮助。"

"看，这是我的证书，有了他，我就会拿到更高的工资，再也不用担心以后的生活了，我要挣更多的钱，换个大点的房子，为孩子们提供更好的生活环境。"亨利有时会自豪地向他的小伙伴们展示他的证书。

看到徒弟亨利"事业有成"，师父张青山也感到万分喜悦。"亨利是 2008 年从卡里巴北岸扩机项目开始跟着我工作的，刚开始是打钻，爆破工作结束后，他开始学习金结加工和电焊作业。"提到自己的得意弟子，张青山满脸骄傲："他肯吃苦、喜欢学习、责任心强，和中国人的性格很像，遇到困难从不退缩，而是虚心请教、细心揣摩，他干出来的活，我放心！"

由于亨利的虚心好学和责任心，张青山总是把重要的工作交给他。由于在国内制作和运输过程中，机组肘管稍微有些变形，导致在安装过程中接缝不是很严实，需要把肘管顶起来进行校正，肘管大概重 35 吨，亨利自己画个简图，标好尺寸，用千斤顶和倒链调慢慢调高程。经过他的细心调整，肘管顺利安装完成，焊缝平整光滑，没有气孔和夹渣，达到理想效果。

亨利与师父张青山

10 年的师徒情谊，亨利和张青山配合得非常默契，一个眼神相互之间就明白要干什么，是师徒，更是兄弟！

为帮助师傅减轻工作压力，在做好电焊工作的同时，亨利还兼职班组的安全员，每天上班前，帮助同事检查安全绳、安全帽、口罩等劳保防护用品。由于水平高、人缘好，班组中的劳务都喜欢跟着他干活，亨利也很乐意把自己的所学交给新劳务，在他的帮助下，很多都成长为工长，到新的工作面带班了。

"亨利是我最要好的朋友，我的电焊技术都是他教的，现在我已经在 2 号机组当工长，工资和亨利一样，是电焊工里最高的，在下凯富峡工作很开心，我爱中国电建！"谈到亨利，他的同事托马斯感恩不已。

亨利有一个幸福的家庭，大儿子 6 岁，小女儿 2 岁。2015 年下凯富峡项目开工后，亨利用积蓄在上凯富峡买了间房子，住的地方离工地近了，也方便他回家照顾家庭。每次发薪，项目部送劳务的通勤大巴经过他的家门口，孩子们就会在路口等着他，然后一块到超市买面包和各种零食。有了新房子，才是幸福的生活，他上班挣钱，老婆在家照顾孩子，一家人生活其乐融融。

自 2008 年入职卡里巴北岸扩机项目，10 年来，随着中国电建在赞比亚业务的不断增长，亨利的经济状况和生活条件都发生了根本变化，从一名单身汉到两个孩子的父亲，拥有了一个温馨的家，从无一技之长到拿到"铁饭碗"，经济来源得以保障。工作顺心、家庭和谐，亨利的幸福生活才刚刚开始。

◆ 山河不足重，重在遇知己

"辣子"，原名 Yama Nath Neupane，他出生在尼泊尔一个叫努瓦科特的小城市。1989 年，辣子成为水电十一局尼泊尔巴格曼迪灌溉枢纽工程的一名测量员。2018 年，他仍然在赞比亚 KC45 公路项目工作。

1989 年，辣子 17 岁，年少懵懂；十一局 34 岁，初出国门。

"尼泊尔和中国接壤，隔着一道山，我们知道另一边是一个物产丰饶、地域辽阔的国度。那时候我姐夫是巴格曼迪灌溉枢纽工程的一名翻译，说一口流利的中文；是他，激起我对中国的向往；也是他，带我走进了水电十一局这个大家庭。"

尼泊尔山多地少，耕地分布不均衡，40%的耕地没有灌溉设施。在当时物质匮乏的年代，以解决农业灌溉为目标的巴格曼迪灌溉枢纽工程的开工对于当地居民来说无疑是雪中送炭。"巴格曼迪由拦河闸、冲沙闸、鱼道和引水闸组成。"提起第一个项目，他还是掩饰不住的激动，"我们从来都没有见过那么大的项目，建成后对当地的影响也是我们当时无法想象的，也就是那时候坚定了我跟着中国水电干下去的决心。"

辣子人非常聪明，测量放线等工作他基本上一看就会，加上勤奋踏实，受到中方人员的一致认可。也正是因为这种勤奋，使他用了短短一年的时间学会了中文，能满足日常的交流需求。"在工地上闲着没事的时候，中国人会告诉我这个东西用中文怎么说，那个东西用中文怎么说。有时候句子太长理解不了，就记下来回去问姐夫"，日积月累的兴趣和勤奋使他说了一口流利的中文。

"吴存喜是当时的项目工程师，也是我的第一任师傅。"说到师傅，他的眼眶有些湿润，"他现在应该退休了吧，毕竟我都已经老了。"感激之情，溢于言表。他喝了一口水，喃喃自语："那时候没有相机也没有手机，遗憾的是连一张照片都没有留……"

尼泊尔伊拉姆水电站、唐神公路，埃塞俄比亚麦克纳久公路、AD116公路，坦桑尼亚IM95公路，尼泊尔上马相迪水电站，赞比亚KC45公路……提到大半生的经历，辣子如数家珍。

他跟着中国水电的脚步行走在不同的国际航线上，一走又是数十载。

尼泊尔的"春节"是每年的九月，正是旱季大干的时候，所以即使是"春节"辣子也很少回家。"都记不清这是第多少个中国年了，也记不清有多少次没过过尼泊尔年了。"他在2017年除夕夜跟朋友聊天时说道。这么多的记不清，是他对中国水电无悔的追随和热爱。

辣子是2015年来到赞比亚KC45公路项目的，2016年由于政府资金短缺导致项目停工，2017年项目全面复工之后，他又是第一批回来的老员工。2018年，辣子依然在青格拉工区，依旧钻研测量工作。

由于项目一直推行的扁平化管理模式，辣子作为第三方国家劳务与中方人员一起奔跑在一线，一人独挡"数"面。

"在负责青格拉这边的测量标线工作的同时，他还管理劳务和组织现场施工生产。"青格拉工区主任索鹏说道："因为他中文比较好，所以我们之间交流起来也比较容易。辣子又聪明，

认真工作的辣子

所以我们搭档起来比较顺心。"现在，混凝土浇筑、路缘石开挖……辣子做起来都得心应手。

2018 年，他 47 岁，将知天命；水电十一局 63 岁，砥砺前行。

对于以后的打算，辣子表示："我年纪也慢慢大了，干完这个项目可能要回尼泊尔不会再出来了，我想回去好好教育两个儿子，将来子承父业，希望他们也有机会来到中国水电，成为你们常说的'水二代'甚至以后还有'水三代'。"

近 30 年的漫长时光，他一直追随着十一局，与十一局共同向前，留下一路芬芳。正所谓：

相聚不惧越山海，唤声知己抒胸怀。

回首当年凭栏处，光阴如水奉情来。

真心以待，携手共进，这样美好而深刻的情谊，深深镌刻在十一局海外业务 30 年的发展历程中。艰难有时，喜悦亦有时。与他们共同分享喜悦，分担痛苦的，也许正是远在千万里之外的意中人。且看下回分解。

参 考 文 献

何志权.《"老外"齐达华的十一局情结——记公司尼泊尔籍员工齐达华》。

第二十八回
陈孟娟意外结良缘　常少华用心得正果

上回说到，在遥远的海外项目，十一局与外籍员工相扶相携，一路向前。与此同时，更有无数远赴他乡的中国逐梦人，将爱与坚守，都留给了自己。

◆ 等你五十米

最初的相识，要追溯到那个平平无奇的下午。

经家里人牵线，本意并不愿相亲的陈孟娟，认识了她如今的归宿。

认识了他，她才知道原来百家姓里还有一个边姓，才知道了世界上有一个国家叫安哥拉。

那时两人都存着应付差事的心思，觉得年龄、时差、距离都是不可消除的阻碍；可是谁知道，碰到错的人，什么都能成为继续走下去的阻碍，然而碰到了对的人，一切障碍也能成为甜蜜的考验。

他说："要不你追我吧，你追我，我将就将就就跟你混了。"

她说："不追不追，我百米跑二十秒，这速度追谁都追不上。"

他回答："那我在五十米的地方等着你，背你走完一百米。"

无需海誓山盟，往后余生，就从这句简单的话开始了。

那时候，相隔万里，每次拿出手机看时间的时候，陈孟娟都会不由自主地减去"7"，她是清晨，他是深夜；她身处中午，他刚刚早起；他比她大七岁，安哥拉跟中国的时差是七个小时，所以他们的儿子叫边小七。

那时候，经常是聊着聊着天他就消失了，因为安哥拉的网络特别的不稳定，比小孩的脸变得还快；聊着聊着，他就不吭声了，因为那里没有供电，只有自己的发电机，那时候还没有开工，为了节省资源，只有在早上、中午、晚上才会发电。

有时候恩泽托的网络开始耍脾气，好几天都没有他的消息。

那时候陈孟娟知道了一个软件叫阿里通，打国际长途很便宜，可是多数的时候还是他打回国内，因为只有恩泽托心情好的时候营地才会有信号，但是那时候的恩泽托就像一个更年期的女人，信号的有无是那么的不可让人捉摸。直到现在，陈孟娟背得最流利的一句英文仍然是"Sorry, the number you have dialed is not available at the moment. Please try again later"。

这是在无数个思念的日夜里，那个承载着爱与希望的号码，所给过她最多的声音。

后来，陈孟娟也进了十一局，她在宝郏一标，他在恩泽托。

好几天没有他的信息的时候，她在睡觉时也穿得整整齐齐，因为这样即使半夜他突然打来电话，她也能随时拿起手机跑到外面去接。这样的守候，她不曾埋怨，甚至不曾特意提起。

心是暖的，所以即使是在寒冬的夜晚也感觉不到凛冽的寒风。她独立成一树风霜，只待他亲手点上满目琳琅。

一年以后，陈孟娟的出国手续办好

陈孟娟一家

了。局里通知她 4 月 6 号出国，可是他是 4 月 8 号回国的机票。她就跟领导申请延期，领导非常痛快地同意了。

2012 年 4 月 18 日，两人在三门峡领取了结婚证。两人内心充满了激动与幸福感，一大早就跑到了民政局——那时候还不到民政局的上班时间。回忆起那次经历，陈孟娟仍然记得很清晰。"三门峡的民政局是在二楼，我们站在楼梯口，上来一对准夫妻看到我们俩，就说'你看他们俩长的好像'。我心里就想，千里姻缘一线牵也许真的不是说说而已，缘妙不可言，也许真是早就注定的。"

因为休假时间有限，他们领完结婚证没有办婚礼，匆匆忙忙就去了安哥拉。那是 2012 年 5 月，初到罗安达，陈孟娟心里忍不住想，这样的地方怎么好意思叫首都，应该叫罗安达村，从首都坐车去恩泽托，路上得整整一天，没有高速公路，没有服务区只有馒头咸菜和一路的颠簸，她想国内应该只有无人区才有这样的路况。等到 2013 年底两人回国时，已经有了平坦的公路，直通恩泽托，路上只需四个多小时。

改变的是落后的基建状况，而深且坚的感情，从来没有变过。

那一年恩泽托项目大干，他在恩泽托，她在姆班扎。姆班扎的超市只有当地的食品，买不到国产的零食，恩泽托有同事回国带回来一些小零食，给了他两颗山楂糖、一个西梅、一个橙子，他舍不得吃，托给陈孟娟所在项目拉沙子的司机送到了姆班扎，二三百公里的路程，时至今日，每次回想起来，陈孟娟仍旧抑制不住眼底的酸胀。

所谓相聚，不过一个国家，两个项目，相聚数百里而已。但是对于爱的人来说，哪怕距离缩短 1 米，也足够让人兴奋。

纵使"所爱隔时空"，有了你，一切皆可跨。

◆ 与子偕老

他们相识在小浪底，相爱在十一局，最终在尼泊尔喜结同心。

他叫刘嘉乐，她叫魏巍，两人因工作相遇，在小浪底中德意联营体二标情愫暗生。这座具有历史性意义的工程，也成为了二人的红娘。

有志于海外事业的刘嘉乐在小浪底工程结束之后申请调来了十一局，而后与魏巍先后去了尼泊尔的不同项目。

同一个国家，魏巍在苏莎里项目，刘嘉乐在莫迪水电站项目，两地相隔六百多公里。刘嘉乐回忆起这漫长的距离时，语气轻描淡写，眼神却很坚定："六百多公里……看怎么说，也就是一天。"

那个年代的异地相守，是不容易的。一封信，寄出之后，要辗转二十余天，才能得到一缕姗姗来迟的回音。

"通讯在当时是比较崩溃的事情，手机几乎就没有。在项目部，要是想给魏巍打一个电话，需要开车四十分钟去附近的一个镇子上。"刘嘉乐说："当时她所在的项目部条件稍微好些，是在尼泊尔一个比较大的城市的郊区。他们租用了一个砖厂作为项目营地，所以设施比较齐全一点。当时那个项目的规模在咱们公司的排名是比较靠前的，规模在那儿，它的条件就会好一些，人也多一点。"

但是即使是经过大半小时的车程，打出的电话也只能到达项目部，若是遇上魏巍不在营地，这一来一往，就都成了无意义的奔波。但大概"爱"，就是在不知结局的情况下，也殷殷付出。

刘嘉乐与魏巍相识于1997年，两年后，两人在尼泊尔举行了婚礼。

"结婚的时候我俩的年龄合适，我29岁，她比我小一点。经历了工作的历练，思想也比较成熟了。我俩性格互补，她喜欢看书，我喜欢运动，对外部世界有好奇心，而且我们都是水电子弟，成长环境相似，三观一致。"时至今日，刘嘉乐回忆起当年时，眸光仍然是热切的。

在尼泊尔时，刘嘉乐的项目领导是武富光，魏巍的项目领导是夏水芳。当时是十月份，恰逢尼泊尔举国欢庆德赛节，劳务都放假了，很多中方工人也回国了，所以项目上不如平时一般忙碌。这时双方领导提出给两人举办婚礼，趁此两个项目也可以交流一下感情。

"夏总是娘家人，武总是婆家人。当时只是办婚礼，就没有过多地通知国内。正好有人从国内到项目上来，就捎了一些装饰用的彩纸、喜字之类的。当时国内操持这件事的是海外事业部办公室主任杜雪梅，也是大管家，当时还叫国际部。她很操心，她是一个很能干，事无巨细的人，她把喜字啊这些后面能准备的都准备好了，也跟我们的家长联系了。"

婚礼虽然简单，但情谊与爱意却一点也没有少。婚礼地点设在距离莫迪水电站项目较近的一个旅游城市——博卡拉，那里有一个非常漂亮的风景区，叫做费瓦湖。

"费瓦湖是一个很漂亮的雪山湖，被雪山环绕，从你的左耳根到右耳根这样的视角，都可以看到耸立着的雪山。"20年前的婚礼景象，对刘嘉乐来说仍然是浪漫而深刻的。"那里有一家华人开的酒店，叫兰花酒店，我们也经常在他们那里落脚，就联系了他们，他们也挺高兴的，就定了 10 月 18 号。这不符合当地风俗，尼泊尔结婚是约等于咱们公历的五月之前才可以结婚，但我们是中国人，就不用遵循这个。"

当时送亲的队伍开着皮卡车，还有一些自卸车，从孙莎里项目出发，一路浩浩荡荡，经过六百多公里，将魏巍送到了刘嘉乐身边。

婚礼结束之后送亲的"娘家人"就早早离开了，他们还担任着领导交给的运送物料的任务。"他们项目给我留了一辆皮卡车，还给我安排了一个司机。我和魏巍去了博卡拉，那里还有一个叫做蓝毗尼的旅游胜地，是传说中释迦牟尼诞生的地方，只要世界上有佛教信仰的国家都在那里设了一座寺庙，但是我们走到一半路程，发洪水了，只能折回来，去了一个热带雨林的旅游区，那里可以看大象。在那儿待了两天一夜，然后去了加德满都，我送她上飞机去她们项目部，我就自己搭车回了项目部。后来我去过她们项目部一次，一年多以后魏巍就回国了，我回国更晚一点。"两人的"蜜月旅行"不到一个星期。

在国内工作一段时间之后，刘嘉乐又一次踏上了海外事业的征程。出国前夕，他才得知魏巍怀孕了，海外工作一段时间之后，又遇上国内非典，无法回国。等到刘嘉乐终于回到家里时，孩子已经两岁了。说起这件事，刘嘉乐的遗憾之情溢于言表。他提到："为了避免这种情况，工程局也在改变，改变了从前因循的惯例。现在鼓励人才到工程局来，也鼓励有恋爱关系的到一个项目工作。以前是不允许夫妻双方在一个项目工作，不是因为制度上的规避，是因为没有那么多的工作岗位可以提供。现在公司很关注这些问题，因为如果家庭都不稳定的话，何谈事业？如果不去考虑这些，是做不长远的，企业没有人情味儿，是很不好的。"

"其实回想这些年，最幸福的事情，我倒说不出来，反而是有很多遗憾的事情。但是全家人在一起，就是那种点点滴滴，在一起的鸡毛蒜皮就让人感觉幸福。"

当时相聚艰难，奔波中总是分离，但是携手这些年，风风雨雨都看过，时光里缱绻的情义，却从来没有削减过分毫。

◆ 一生一次

他是饼哥，常少华，自称拥有一张不那么像饼的饼脸；她是饼嫂，郭田甜，着迷于那张饼脸。他们相识于坦桑尼亚，故事平凡却不平淡。

从相貌来讲，饼嫂要占绝对的上风。饼哥谈起她时，眼里带着笑，语气里是略微的骄傲："是啊，我媳妇儿就是很漂亮啊！"再看饼嫂，一窝浅笑，顾盼生辉。饼哥回忆，他对饼嫂一见倾心也是因为这浅浅一笑。

漂亮的她，被他的温柔包围着。

他并非生来如此，追求她的时候也曾发过两次很大的脾气，不过他改得很快，直到现在，也没出现过第三次。

他看着她的时候，深色的瞳眸里溢满了柔情。

他说："我不想让她伤心，所以我戒了。"

"戒了"二字，看起来简单，实际上却是这份感情最好也最深刻的注解。海誓山盟不一定要赴汤蹈火也无需甜言蜜语，白首相伴要的只是对彼此的这一份心和珍惜。

他们在坦桑尼亚大使馆登记结婚，日期是她的生日。她出现在这个世界上的日子，从此以后，不再只是她的生日，亦是这份无比笃定的婚姻的生日，是余生相伴的起始。

领取结婚证的过程，可以用"匆匆"两个字来概括，当时她在区域部，他在项目上。前一天半夜他匆匆地从项目上赶到区域部，第二天他们匆匆地照结婚照，匆匆地去大使馆递交资料，第三天一早他又匆匆地赶回项目。手捧结婚证，隆重的宣誓，简单的祝福，恍然如梦，过程很匆忙，时间也短暂，但是幸福洋溢。他紧紧地握着她的手说："从此以后你就是我的老婆了，再也跑不掉了。"

那一刻，两人在异国他乡的五星红旗下拥抱，落下了激动的泪水。

让他觉得感动的是，她说结婚了，总不能啥都没有吧，总得添点新的东西吧，所以去买了四件套，作为他们新婚的家什。再平常不过的物品，满满的都是温馨。

饼哥与饼嫂在玻利维亚

让她觉得感动的是，有一次他喝多了酒，泪眼婆娑地紧紧抱住，对她说，他会让她成为这世界上最幸福快乐的人，他们现在没有的一切，他都会努力让她得到。这个男人，平日里不常提起这样深重的承诺，却在用自己的行动，一点点践行。

工程建设单位，聚少离多，转眼间他和她结婚1年，相聚了1个月。

现在他们都先后来到了玻利维亚，同一个国家，不同的项目，相隔170千米。她挺满足，至少没有了"白天与黑夜的距离"，至少还能在同一片蓝天下呼吸，至少还能在对的时间里互相说句"晚安"。8月6日当地国庆节放假，饼哥去看饼嫂，肋生双翅，一骑绝尘。

数百里奔赴，也不过是想给你一个怀抱。

有诗赞道：

> 两心相知两处同，三分誓言三生浓。
> 君携春色万里遥，我寄白雪一枝冬。

人这一生中，会有无数种爱，携手一生共度白头是爱，不畏艰险共同奋斗是爱，为十一局海外工程所在地老百姓奉献社会责任也是爱。大爱无疆，且看下回分解。

参 考 文 献

[1]　雷阳.《三生三世　饼哥饼嫂》。

[2]　陈孟娟.《所爱隔时空　时空皆可跨——记我在安哥拉的爱情故事》。

[3]　朱英姿.《触不到的恋人》。

[4]　段京萍，何志权.《好妻子的"好"——记海外事业部首届"好妻子"焦换层》。选自《奔流到海——中国水利水电第十一工程局有限公司成立60周年纪念》。

第二十九回

异国同筑梦想　他乡共谱华章

如果说爱情就像巧克力，你永远不知道，下一秒的惊喜在哪里，那么友谊恰如一杯醇香的热可可，即使寒冷，纵使风雨交加，与你相握，也能感受到温暖和力量的传递。

当赞比亚人民敲起非洲鼓，跳起欢快的民族舞的时候，就标志着一个喜庆时刻的到来。北京时间 2017 年 10 月 4 日，赞比亚总统埃德加·伦古到下凯富峡水电站项目视察，为中国水电下凯富峡水电站技能培训学校揭牌。伦古总统表示，经过一年多的辛勤努力，下凯富峡水电站工程面貌焕然一新，中国电建还在下凯富峡建设了中学、宾馆、警察局和医院，给赞比亚人民提供了约 5000 个就业岗位，通过培训学校培养了一大批有技能的员工，中国电建不但给人一条鱼，重要的还要教人会钓鱼，是一家社会责任感很强的中国企业。

赞比亚总统埃德加·伦古为下凯富峡水电站技能培训学校揭牌

广为人知的外籍"电建网红"——赞比亚下凯富峡水电站项目的齐拉说："到水电十一局承建的下凯富峡水电站工程工作后，我不仅收入是原来的几倍，盖起了漂亮的新房，还邂逅了美丽的爱情，过起了让许多人羡慕的幸福生活。"

近年来，水电十一局跟紧集团国际业务"三步走"战略规划，以完善驻外机构岗位职能为切入点，以推进实施项目管理制度为突破口，以"强化履约、提质增效"为平台，通过让"中方技术管理人员从简单、重复的工作中解脱出来"入手，逐步吸纳、培养当地雇员全方位进入管理层，全力推进属地化进程，最终向国内延伸。目前一般的生产岗位和管理岗位全部使用本土化人员，为国际业务的稳步发展奠定了基础。正是通过多年来的积累，水电十一局培养了一批适应国际化经营的复合型人才，形成了一支会经营、懂技术、善管理、能营销的海外业务管理实施团队。

赞比亚 KC45 公路项目表彰当地优秀员工

赞比亚伊泰兹水电站项目开展职工娱乐活动

赞比亚 KC45 公路项目的辣子说："我 1989 年就是水电十一局的外籍职工了，我一路追随中国电建近 30 年，我退休那天一定好好教育两个儿子，将来子承父业，希望他们也有机会来到中国电建，成为你们常说的'水二代'甚至以后还有'水三代'。"

尼泊尔上马相迪 A 水电站项目的职工桑托什说："项目的建设使我得到了一份稳定工作，现在我有钱了，可以去建房子，生活条件也得到大大改善。之前我每天九点之前没起过床，现在我遵循公司的规章制度，养成了很好的生活规律和个人习惯。我还学会了很多专业性的技能，责任感也增强了，还学会了一点中国话，了解了中国的人文风情，开阔了眼界，我很高兴。"

安哥拉琼贝达拉水电站的年轻职工路易斯说："我很荣幸在中国电建与中国人一块工作，在工作期间我得到了丰厚的报酬，解决了家庭吃饭问题，同时在工作中我也学到了一些东西，比如混凝土浇筑，脚手架施工等，我个人的能力得到提升，感谢中国电建给我的这个机会。印象最深的是有一次中方工程师让我绑钢筋，我不会，他很耐心地教我，一遍又一遍，直到我完全学会为止，很负责任。我觉得中国人很容易相处，在一起工作，就是一个大家庭。虽然我们语言不同，肤色不同，但我们的心是一样的。"

安哥拉当地居民阿戈斯蒂纽说："我弟弟在中国电建工作，差不多有两年了，工程凝聚着你们的心血和汗水，付出总算得到了回报。工程竣工意味着该区域的用电问题得到解决，这将是一件有利于达拉市发展的好事。你们技术精湛，也有着良好的组织，才使得项目进展的如此顺利，我相信以后你们单位会越来越好。"

30 年来，水电十一局在建项目的良好履约以及良好的公共关系，在与各国友谊的长卷中描绘出浓墨重彩的一笔，成为深化国际合作和融入地方经济建设的经典案例。多国元首、政府高官、地方企业多次到项目视察、调研，对中国电建甘于奉献的精神表达了高度的赞扬，对工程的总体履约情况给予高度赞赏，也为其他中资企业树立了榜样。

赞比亚总统伦古通过社交网站宣传下凯富峡水电站，他说："对于中国政府在规模如此巨大的项目建设方面所给予的支持，我们表示诚挚感谢。此外，中国电建开办的技工培训学校为当地工人提供各种技能培训，由我所执政的政府将开发更多的水电站，而这所技工培训学校将随时可以派上用场。我相信，当地工人在这所学校学到的技能不仅会用于未来的电站项目，还会促进工人自身的发展。"

葡萄牙监理亚历桑德罗说："最令我印象深刻是中国电建全体团队合作精神强，不怕困难，迎难而上，而且勇于承担社会责任，为社会和他人伸出援助之手。你们中国有句俗语叫：一分耕耘一分收获。我相信这句话用在这里再合适不过了，相信以后中国电建会发展得越来越好。"

埃塞俄比亚政府人员吉萨说："中国电建帮我们修通的这条路，是送给我们最好的复活节礼物。中国电建为我们做的贡献太大了，以后有什么需要协助的我们一定鼎力相助。"

尼泊尔当地居民毕努说："中国电建上马相迪 A 水电站项目从成立到现在，为我们建设了学校、医院，对我们当地的基础设施建设做出了很大贡献。现在项目结束了，我很失落，因为我的中国朋友们都要回家了，要离开我们了。"

30年间，身在异国他乡的十一局人始终将驻外机构和海外项目作为企业开拓海外市场、增强国际竞争力的重要阵地，作为展示中国企业形象、树立品牌的窗口，作为党建工作凝心聚力、鼓舞士气、培养人才、展示作为的新领域和主战场。

◆ 坦桑尼亚的"生命之水"

在坦桑尼亚，这片东非大地的莽原之上，人们一眼望去的是坦赞铁路，它像一条大动脉，横贯坦桑尼亚后进入赞比亚，一直行进到卢萨卡。时间走过了40多个春秋，这条象征着中非历史友谊的铁路依然散发着浓浓的中国味儿。在离坦赞铁路300千米的坦桑尼亚 Iringa（伊林加市），是水电十一局坦桑尼亚 IM95 工程的起点，从2011年8月开工以来，中国水电建设者在筑路的同时，为当地人民钻井取水，用实际行动诠释着价值、责任和奉献。

IM95公路是十一局首次进驻坦桑尼亚区域的工程，刚来到这个地方时，友好的当地人民看到公司职工，会脱口而出"毛泽东、毛泽东"，上年纪一点的老人甚至还会唱"北京的金山上"，种种的场景让人既惊喜又亲切。在深入当地之后，才发现，拥有丰富矿产资源的坦桑尼亚，却在水资源方面严重匮乏。

IM95项目主要负责 Iringa - Dodoma 公路施工，在这长长的红土地上，当地男女老少每天早上第一件事，就是拎着大小不一的汲水塑料桶，或赶着驴车，成群结队、寻觅汲取生产生活用水。在这里，你能深刻的体会到"生命之水"的含义，这里的人真是在为水而活着！

IM95项目一工区于2011年6月8日进入 Nyangolo（杨奥洛）村附近建营地。但是进驻后，营地内打井的工作因地质勘探、当地施工队迟迟不能到位等原因而停滞，项目部遇到的第一件难题就是"用水难"。

无奈下，只能在营地和杨奥洛村周边寻找水源。在搜罗了方圆十几千米后，得知杨奥洛村边有一处积水坑，占地面积约500平方米，坑里的积水仅靠每年的雨水进行蓄积，所以水质并不干净。到了旱季，方圆十几个大小村庄的村民每天赶着牛车、驴车到这里汲水。甚至连一些孩子要被迫废弃学业，每天提着小桶来回奔波。

由于营地的房建工作需要用水，刚开始项目的拉水车来取水时，村民们虽然不愿意，但是为了工程的进展，当地人民只能忍痛割爱。随着旱季的到来后，积水坑里水量日趋减少，村民们开始认为每天项目都来拉水，会把这里的水提前拉完，甚至表现的不太友好。

每每看到当地村民责备的眼光，项目所有人就觉得愧疚难当。本来十一局是帮助这里搞建设的，是帮助这里的人们尽早摆脱贫困的，现在反而要与他们争夺这"生命之水"。想到这里，项目领导和员工一致决定为当地人民打口"生命之井"，并且这个决定变得更加迫切和坚定。

当年7月中旬，一工区营地水井钻井完成，但是工区的水井流量仅为每小时3

立方米，这只满足工区营地自身的生活用水，为当地村民提供生活用水的愿望随之化为泡影。

8月，项目进入主体道路施工阶段，道路施工的基础碾压料拌合用水和道路降尘用水的需求量也随之增大。水源，成为制约现场施工的瓶颈问题。项目领导萌发了施工沿线多打几口井的想法，解决用水难题。

项目部各方人员，为寻找合适的水源积极筹备；项目主营地、二工区、沙石料场为打井做好筹备工作，每天派专人对沿线水文水源情况进行逐段调查；物资设备部门积极采购、调拨深井抽水泵、PVC水管、电线电缆，发电机等。

经调查了解，发现杨奥洛村边有一口被当地人废弃的水井。这口水井出水量为每小时8立方米，井深约80米，水量较为充沛，不属于枯井。由于水井需要手压泵取水，但是井很深，需要反复压泵七八十次才能压出水来，费时费力，成人都很难压出水来，更何况是老人、妇女和小孩；再加上村里没有对水井进行维护，基本上压不出水。

如果将此处水井恢复，即可省去打井的时间，又可解决当地村民和项目施工用水的问题。项目研究决定后，立即派人与杨奥洛村主席取得联系，商议恢复水井事宜。

村主席了解了项目的用意后，许诺一旦开始施工，村委立即会派出两名村民来帮助中方人员维护水井周边的治安秩序、看管设施器材等。

终于等到这股东风。一工区的中方员工憋足了劲头。9月16日，项目一工区中方人员组织十几名当地籍劳务，开始了围绕着水井的配套设施建设。"我们村马上就要有水"的消息在杨奥洛村里散开，周边村民都怀着迫切心情，三五成群地凑到这里围观，看着中方员工开始有条不紊地施工作业。

第一天，抽水用的发电机及水泵房建成了。

第二天，木结构的简易水塔竣工了，盛水量5方的塑料水罐架上了4米高的塔上。

为了尽快让村民用上放心水，项目领导每天到现场进行技术指导和质量把关；项目主管水电安装的王红锁师傅，带着当时仅有的3名当地籍水管工、电工，每天从主营地乘车颠簸20多千米前来助战。

为了节省时间，王师傅每天来之前带上一点干粮、一壶水，从早上七点一直工作到晚上7点天黑。

到了第4天，杨奥洛村的供水站完成了，试运转一切正常。

9月20日，水站彻底完工，正式开始向当地村民提供全天24小时不间断供水。

随着发电机的一声轰鸣，水泵开始运转，沉睡已久的地下水终于跃出地面，哗哗地流淌着跳入人们的眼帘。当地的村民被水的到来惊呆了、乐疯了。孩子们欢呼着，"我们有水了"；人们奔走相告、聚集而至。

原本的一片荒芜旷野，现在，沸腾了。男女老少纷纷赶着车从四面八方争先恐后地汇集到水塔下排起了长队。为了帮助那些挤不到前面的老人、妇女和孩子，项目部专门选派了两名村保安和两名工区当地籍员工，帮他们提水。

数天过去，村民们对这里的迷恋程度丝毫不减，不约而同到这里聚集。男人们碰到久未来往的亲朋好友，大家相互问候、相互致意；妇女们在这里洗衣、聊天；小孩儿们在这里围着取水平台玩耍嬉戏。一旦在这里遇到来进行电机、管路维护的中方人员，男人们都会钦佩的竖起双手的大拇指，嘴里不住的喊着"China、China""毛泽东、毛泽东""Rafiki、Rafiki"（朋友、朋友）；女人们见到中方人员即使是头上顶着接满水的水桶、行动不便，也要停下来，对着中方人员行曲蹲大礼，感激之情无以言表。

为了表示感谢，杨奥洛村主席带着一些村民专程步行到一工区中方营地表示感谢。村主席表示，水站的建成，解决了方圆 20 多个村、数千人吃水用水的问题。

又经过近两周的紧张施工，一座容量 400 立方米的浆砌石蓄水池在这里顺利建成。一工区的施工现场施工用水基本得到了保证，周边村落牲畜的饮用水问题彻底解决了。

十一局人回报当地为坦桑尼亚人民打井

在离公路施工 58 千米处有一个小自然村，为数不多的十几户人家零星散落在公路两侧。这里距离杨奥洛村仍有十几千米。

项目职工在上下班路过这个小村时，经常看到一名衣衫褴褛、步履蹒跚的当地老妇，今天在这家门前徘徊，明天在另一家门前就地而坐，像是在等待着什么。有人禁不住好奇向当地籍员工打听情况。原来，这是一位孤寡老妇人，因无力去杨奥洛村水站打水，每天只能向街坊四邻讨点水用来生活。

听后，项目所有人心里都不是滋味，工区主厨陈锦华打破了沉闷寂静的气氛，"这样吧，我们可以在每天往工地送饭的时候，捎带着给老太太送些水"。说干就干，第二天陈师傅找出一只大号塑料桶，装满清水，和中方员工的饭菜一起带着上路了。

当陈师傅提着水出现在老妇人的茅草屋前时，老妇人惊诧不已，不知道眼前发生了什么。当司机和加水工将水抬进老人家里，把老人家里所有能够见到的盆盆罐罐都装满水的时候，老妇人这才回过神来，这是来给她送水的。陈师傅告诉她，以后每天这个时间都来送水。老妇人才如梦初醒，猛然跪倒在陈师傅面前。他们赶忙搀扶起老人，老人的眼睛里流出了两行热泪。

一天天过去了，每天中午从这里经过的中坦员工发现：老妇人精神状态极好，衣衫也变的整齐干净，每天中午准时守在路边，像是在等待离家已久的亲人归来……

数月过去了，如果从这里经过经常会看到这样一幅景象：一工区的送饭车到老妇人家门前的路边停下，车上的中方带车人员和司机下车后抬着一个大号的塑料桶向老妇人家走去，老妇人围着他们忙前忙后；在送饭车回工区时，老妇人经常会把车拦下，送上自家种的水果，并目送着项目人员远去。

在随后的一段时间，项目部、沙石料场、二工区等各区域内加水站的陆续建成，在近 60 千米的路段内共打井、改造水井 5 口，极大程度的缓解了沿线当地村民吃水难、用水难的问题。

这些只是公司实施国际业务一路走来的一两个瞬间，十一局人始终秉持着"回报社会"的使命和宗旨，在开展国际工程的同时，积极履行社会责任，通过勤劳的双手改善当地人民的物质生活、丰富人民的精神生活。

路在脚下，情在水中，坦桑的"生命之水"像坦赞铁路一样，源远流长。

◆ 他乡当故乡

水电十一局不仅给"中国电建"品牌赢得了声誉，也为当地做出了巨大贡献。公司的海外项目在亚、非、拉美各个市场国别通过捐建学校、为当地社区修缮道路、联合中国医疗队开展义诊活动、参与重大事故救援、开展社会捐赠等形式，广泛参与社会公益事业，积极履行社会责任，成为央企"走出去"履行社会责任的经典案例，人民日报和央视等主流媒体对十一局赞比亚和玻利维亚等境外有代表性、有影响力的项目进行了宣传报道，提升了企业的信誉度和品牌影响力，取得良好的社会反响。

在海外，民族文化多元，宗教信仰多样，十一局对外聘人员一视同仁、平等对待，尊重当地员工，尊重穆斯林的饮食、宗教习惯。严格按照法律法规给职工办理保险，提供必要的劳动保护措施。非洲一些国家是艾滋病高发区，十一局为项目当地员工进行防艾滋病宣讲和心理辅导。如坦桑尼亚 MF93 项目部与坦桑行政首都多多马市医院签订合同，积极开展艾滋病预防宣传活动，每两个月派医生做艾滋病预防宣传，累计 2837 人参加。

尼泊尔上塔马克西项目修复当地喇嘛庙

2008 年，十一局首次进入安哥拉市场，面对当地居民生活上的困难和问题，积极为当地捐款捐物、打井修路、造福当地，提升了中国水电在当地的知名度和影响力。在恩泽托市，项目部累计招聘当地劳务 460 人，对在职劳务实施奖励、工伤待遇等制度，每月开展优秀劳务评选活动。2013 年，安哥拉恩泽托突降暴雨，部分城区出现严重内涝，居民住所被淹，道路毁坏，造成车辆阻塞。市政府请求支援，项目部派遣机械赶往阻塞现场，维持道路通行，将灾难损失降低到最小。在北宽扎省恩达拉坦多市，项目部捐款 50000 当地币。针对附近村庄居民生活用水困难，项目从营地内水井直接引水，在村内建公共取水点，极大地改善村民生活条件。安哥拉南隆达省达拉市一所小学在暴雨和飓风中损毁，新学期即将开学，师生面临停课问题，应当地政府恳求，十一局琼贝达拉水电站项目为当地捐建了学校教室，促进了与当地关系的和谐，为企业赢得了信誉。

2011 年圣诞节前夕，委内瑞拉巴里纳斯市人民广场上人声鼎沸，圣多明戈农业项目部联合当地工会组织，积极融入地方公益活动，向周边社区的孩子们赠送圣诞礼物，慰问社区贫困家庭。当地新闻媒体相继跟踪报道，介绍了中国水电在巴里纳斯市从事的利民工程，强调了中国水电对当地农业及生产的帮助。2012 年 4 月，当地媒体《巴里纳斯市新闻报》以"迎着风浪，溢流坝施工继续进行"为标题，对正在施工的溢流坝复建工程给予赞誉。

安哥拉琼贝达拉水电站项目修复当地学校

哥斯达黎加楚卡斯项目部将哥斯达黎加农业大学（UTN）部分旧房改造为管理营地。工程竣工后无偿捐助给 UTN 大学，捐助金额约 37 万美元。另援建 UTN 大学基础设施建设，约投入 3.3 万美元。从 UTN 大学至工地现场，有 3.5 公里的公共道路，项目部主动承担起维护责任，投资修建了 200 米长的碾压混凝土路面，投入约 3.6 万美元。塔古拉斯河过河桥是一座建成几十年的老钢桥，年久失修，项目部投入 1.2 万美元帮助修复。

"晴天颠簸尘土扬，雨天泥泞积水坑"，看到周边市镇群众出行的路况，洪都拉斯帕图卡Ⅲ项目部派出大型机械，平整路面，修整排水沟，历时 4 天，完成 12 公里的道路修整，改善了交通条件。2011 年 10 月，当地遭受洪灾，项目部调动设备积极进行救助，并捐赠了救灾款物。

为了加强与当地政府及安保部门的沟通联系，切实维护好三方关系，保障项目顺利实施，巴基斯坦 M5 公路项目联合当地政府及安保部门，对当地医院及学校捐赠药物、学习用品，折合人民币 1.2 万元。

巴基斯坦 M5 公路项目为当地医院捐赠药品、器械

　　儿童节期间，十一局海外项目会向当地学校、孤儿院进行慰问，捐赠生活、学习用品，并带去丰富多彩的富有中华文化色彩的文艺表演和免费体检。

赞比亚卡里巴北岸扩机工程儿童节慰问当地学校、孤儿院

　　从亚洲到非洲，再到中南美洲，水电十一局在加大"走出去"步伐的同时，把他乡当故乡，不仅认真履行合同责任，更注重融入当地，参与公益活动，承担社会责任，在市场拓展中实现着"责任的延伸"。

　　有诗赞道：

此间风土非吾乡，却担道义耕作忙。

莫问前程图何事，人间大爱本无疆。

　　水电十一局在为所在国奉献精品工程和优质服务的同时，积极推动跨国界、跨

洪都拉斯帕图卡Ⅲ水电站项目儿童节组织孩子们做游戏

文化融合，形成了与当地共同发展、合作共赢的良好局面，品牌美誉度持续彰显。而公司十三次党代会的胜利召开，又为我们描绘出了公司国际业务新的蓝图，且看下回分解。

参 考 文 献

[1] 徐蕊，赵洁洁，吴晓东.《坦桑尼亚的"生命之水"——坦桑尼亚 IM95 项目部为当地人民钻井取水侧记》。

[2] 段京萍，李爱领.《他乡当故乡——水电十一局"走出去"勇担社会责任侧记》。

[3] 王金辉.《水电十一局国际业务社会责任报告》。

第三十回
风劲扬帆正当时　重整行装再出发

都说 30 而立，岁月如歌，有多少过往回忆和感慨犹记。我们在回忆中感慨，在感慨中思索，在思索中前行。

从 1988 年到 2018 年，十一局的国际业务以扬帆海外、建设宇内的坚定行动，奋楫在中国改革开放的大潮中，谱写出踏海而立、破浪前行的乐章，是中国建筑企业走出国门、融入经济全球化的见证者、实践者、受益者。从新兵到海外市场尖兵，从最初的 135 万元起步资产到如今资产 61 亿元，累计签订合同金额近 1000 亿元人民币，目前合同储备 270 亿元人民币……30 年，昔日体量较小、竞争力不足的十一局国际业务已悄然崛起、蓬勃发展。

经过 30 年的发展，如今的十一局已成为年施工能力 200 亿元以上、拥有"双特双甲"资质的国有大型综合建筑施工运营企业，国际业务也已成为公司发展的重要依托。遵循"高端切入、深度开发、创造需求、相关多元"的营销方针，十一局集中力量开发优质区域市场，深度耕耘成熟国别市场，推进国际属地化和区域市场营销，加强自主营销，在市场中锻造"钢筋铁骨"。一项项国际工程，既是工程所在国的经济支点，亦是展示中国优秀文化的载体；既是企业"走出去"融入世界发展的坚定信念，亦是践行"人类命运共同体"理念的坚实行动。

经过 30 年的发展，如今的水电十一局已形成了非洲、美洲和欧亚三大区域总部，2 个海外施工局，3 个海外分公司，1 个子公司，3 个区域经理部，17 个海外代表处；国际业务共签约项目 148 个，足迹遍及亚非拉 33 个国家和地区。30 年来，十一局国际业务先后荣获中国建设工程鲁班奖 1 项、中国电建优质工程奖 12 项、电建集团科技进步奖 11 项，国家级专利 5 项、工法 10 项，获得中国海外工程杰出营地奖和示范营地奖各一项等诸多荣誉，多项技术达到国内国际先进水平。

一个时代有一个时代的主题，一代人有一代人的使命。2018 年 11 月 1 日召开的水电十一局第十三次党代会，描绘了企业改革发展的新蓝图，勾勒了未来发展的美好前景。公司党委书记、董事长张玉峰在工作报告中强调要全面加强党的建设，推动高质量、高效益、创新型发展，努力把公司建设成为企业强大、职工幸福的综合建筑运营服务商，成为股份公司领军企业。这既是向更高目标奋进的冲锋号，也是公司面向未来的宣言书。今后一个时期，公司的国际业务要围绕这一目标，抢抓发展契机，重整行装再出发，为企业新一轮的持续健康发展建功立业。

水电十一局第十三次党代会会场

　　重整行装再出发，就要进一步树立更加开阔的国际视野，坚持国际业务"三个不动摇"，因势而谋、应势而变、顺势而为。加快建立适应新阶段要求的管理体制，进一步强化海外事业部国际业务战略的组织者、执行者、引导者和服务者职能。抓紧做实做强国际区域部和海外施工局，加快构建区域内立体营销体系，积极探索区域化、本土化管理等模式，力争在海外重点国别、优势地域、重大项目取得新的进展。创新海外业务商业模式，努力开创国际融资新局面，着力提高国际业务的发展质量和效益，着力提高国际业务对企业发展的贡献率。

水电十一局第十三次党代会与会代表

重整行装再出发，就要进一步加强和创新海外党建工作。党的十九大和全国国有企业党建工作会，对加强国企党建工作提出了新的更高的要求，海外各级党组织要结合实际，认真抓好贯彻落实。继承和弘扬"支部建在连上"光荣传统，扎实推进"基本组织、基本队伍、基本制度"建设，切实做好海外党员教育管理和职工思想政治工作，把抓基层打基础作为长远之计和固本之举。把全面从严治党延伸到海外各项目，着力强化作风建设，不断深化廉洁教育，持续加大巡察监察力度，有效防范海外业务经营和廉洁风险，防止海外国有资产流失。积极稳妥推进"走进去"，打造"符合国际业务战略目标、适应世界发展潮流、反映企业特色"的国际文化。推动"党员先锋工程"持续发力，把国际工程生产经营中的急难险重任务作为党建工作的切入点和落脚点，保障公司生产经营的良好态势，以党的建设新成效引领推动企业实现高质量高效益的新发展。

重整行装再出发，就要进一步加大国际人才的引进、培养和使用力度。采取各种行之有效的措施，加强对国际项目管理团队的管理能力、个人素养、政治觉悟、业务水平的提升和培养。加大对国际业务人员的引进及培育力度，推动关键领域领军人才和技术团队的储备。加大优秀年轻干部的培养使用，有计划地安排他们到海外艰苦项目、复杂环境、关键岗位去砥砺品质、锤炼作风、增长才干。

重整行装再出发，国际业务还有很多工作要做，还有很多业务需要升级和创新。同时，国际业务是一项全局性的工作，需要全局上下积极参与、大力支持。相信通过大家的齐心协力，到国际业务实施35周年、40周年的时候，十一局的国际业务还会有更大的起色，对十一局实现企业强大、职工幸福的宏伟目标贡献率更大。

一切伟大的成就，都是接续奋斗的结果。从党的十九大到二十大的五年，我国正处在实现"两个一百年"奋斗目标的历史交汇期。融入了"禹开三门、砥柱中流"精神的十一局人，从建国初期成立的一刻起，就注定与祖国同呼吸、共命运、齐发展。30年沧海桑田，十一局以宏大的叙事方式，在世界各地建筑领域的版图上镌刻了一座座建筑丰碑。

所有过往，皆为序章，所有将来，皆是可盼。今天，接过胜利的旌旗，展望美好的未来，新的长征路不会一马平川，在历史的接力赛中，需要所有十一局人同心同德、同向同梦，以"不到长城非好汉"的坚定志气，"众志成城泰山移"的高昂士气，迈开脚步，跑出加速度，跑出高质量，为谱写十一局高质量高效益发展的新篇章、建设企业强大职工幸福的综合建筑运营服务商而努力奋斗！

有诗赞道：

> 改革开放红旗展，国际业务新航开。
> 九州挂帆逐浪去，四海奋楫踏歌来。
> 卅载同心傲云水，万众共襄起层台。
> 一带一路风正劲，更看我辈锦绣裁。

国际业务 30 年大事记

国际业务 30 年大事记 1964 年—1966 年，公司承担几内亚金康水电站援建工程。

1972 年—1974 年，公司承担几内亚丁基索水电站援建工程。

1980 年，以劳务输出方式参与伊拉克摩苏尔水电站援建工程。

1986 年，公司提出"一业为主，多种经营，立足河南，走向世界"的战略方针。

1987 年，公司提出"搞好大转变，开创新局面"的战略决策，开始参与国际工程投标，直面市场竞争的考验。

1988 年，公司成立对外工程公司，当年签约尼泊尔巴格曼迪拦河闸工程，正式开启海外发展的征程。

1994 年，以集团公司名义成立的"中国水利水电工程总公司驻尼泊尔经理部"是公司在海外设立的第一个驻外机构。

1995 年，公司成立国际工程部。

1996 年—2000 年，公司相继承建印度尼西亚雅迪鲁霍大坝修复、尼泊尔伊拉姆水电站引水隧洞、尼泊尔莫迪水电站等工程。

1997 年，国际工程部转为"独立核算、自负盈亏、自我发展、自我约束"的经济实体。

1998 年，公司提出了"要坚持国内、国际两个市场共同发展，进一步参与国际工程的投标竞争，扩大国外市场"的战略方针，国际业务开始走向探索发展阶段。

1998 年—2003 年，公司相继承建尼泊尔苏莎里—莫朗三期灌溉、尼泊尔唐神公路等工程，尼泊尔首相柯伊拉腊出席莫朗三期灌溉工程开工仪式。

1999 年，公司首次进入非洲大陆参与投标，次年签约赞比亚凯富峡电站修复工程项目。

2003 年，公司签约伯利兹洽里洛水电站工程，开创了在无外交关系的国家开展工程建设的先河，首次进入美洲市场。

2003 年—2006 年，公司相继承建刚果（布）布昂扎水电站、莫桑比克 169 公路、约旦死海 18 号大提修复加固、埃塞俄比亚麦克纳久公路、莫桑比克克里马内城市供水等工程。

2004 年，公司首次签约超过 1 亿美元的阿曼马斯喀特污水系统工程，当年签约泰西尔水电站工程，首次进入蒙古市场。

2006年，公司提出"搞好国际工程建设，拓展发展空间，努力使公司成为集团国际化经营主力队伍"的战略思想，经营规模进一步扩大。

2006年—2010年，公司相继承建莫桑比克利跨瑞水处理设施、尼泊尔西克塔灌溉项目渠首、巴基斯坦旁遮普公路、伯利兹瓦卡水电站、埃塞俄比亚砂石料供应、莫桑比克楠普拉市供水管网扩建、莫桑比克彭巴市供水管网扩建等工程。

2007年，公司秉承"无内不稳，无外不强"的发展理念，适时提出"优先发展国际业务，建设质量效益型国际强局"的战略思想。当年签约赞比亚卡里巴北岸扩机水电站工程，合同金额18亿元，是我公司承接的第一个海外EPC工程项目，公司国际业务正式步入长足发展阶段。

2008年，国际工程部更名为海外事业部，代表公司开展国际经营业务，并根据公司国际业务发展的需要，全权负责公司国际业务的拓展和管理，是公司国际化战略的制订者和组织者。当年相继签约博茨瓦纳迪克戈洪大坝、博茨瓦纳FR78公路、尼泊尔库里卡尼水电站等工程，首次进入博茨瓦纳市场。

2010年，公司签约委内瑞拉新卡夫雷拉燃气电厂工程，是公司承揽的第一个规模超30亿元的EPC工程。当年相继签约巴基斯坦M4高速公路、巴基斯坦曼格拉移民、委内瑞拉圣多明戈农业综合开发、尼泊尔上塔马克西水电站等工程，其中上塔马克西水电站是尼泊尔迄今为止最大装机的水电站，施工领域拓展至燃气电站、农业综合开发。

2011年，公司首次进入哥斯达黎加、坦桑尼亚市场，签约哥斯达黎加楚卡斯水电站、坦桑尼亚IM95公路、坦桑尼亚MF93公路等工程。

2012年，公司签约洪都拉斯帕图卡III水电站工程，开创了中资企业在未建交国家采用国家主权担保下买方信贷模式推动工程实施的先例。当年签约津巴布韦卡里巴南岸扩机工程、尼泊尔上马相迪A水电站工程、赞比亚卡里巴北岸到凯富峡西330KV输电线路等工程。

2013年，公司签约安哥拉琼贝达拉水电站修复工程，是集团公司在安哥拉第一个也是最大一个水电站项目。当年相继签约赞比亚慕松达水电站、赞比亚KC45公路、埃塞俄比亚BZ92公路等工程，公司国际业务稳步向前。

2014年，公司首次进入玻利维亚市场，签约玻利维亚I63公路、玻利维亚圣何塞水电站等工程，其中I63公路工程是集团公司在玻利维亚的第一个项目，也是近年来中资企业在玻承建的多条公路项目中，第一个顺利实现移交通车的项目。

2015年，公司海外项目模式从单一施工承包向EPC、投融资转型，签约公司最大海外项目——下凯富峡水电站工程，合同金额98.66亿元。

2016年，赞比亚卡里巴北岸扩机水电站工程获得"境外工程鲁班奖"，此奖项为境外工程最高荣誉，我公司首次获此殊荣。当年签约巴基斯坦M5公路、巴基斯坦风电、埃塞俄比亚HC66公路、塞内加尔LL42公路等工程，施工领域拓展至风电。

2017 年，公司认真贯彻执行国际业务"三步走"战略，调整赞比亚下凯富峡施工局职能，促使海外业务组织管理模式日益完善，管控持续前移。当年埃塞俄比亚 HC66 公路、塞内加尔 LL42 公路、安哥拉恩泽托市政一期二阶段、莫桑比克 ML88 公路、玻利维亚艾尔西亚公路、玻利维亚伊比利苏水电站Ⅱ标、津巴布韦太阳能等工程开工，施工领域拓展至太阳能。赞比亚总统埃德加·伦古亲自为中国水电下凯富峡技术培训学院揭牌，对学校的开办及培训效果给予高度评价，洪都拉斯帕图卡Ⅲ水电站荣获"中国海外工程示范营地"奖。

2018 年，公司提出坚持国际业务优先发展"三个不动摇"国际业务引领方针，国际业务优先发展深入人心。组建玻利维亚施工局，明确海外施工局职责，海外区域化管控模式、体制机制进一步优化，海外业务区域化管控能力进一步提升。当年相继签约莫桑比克昌巴水电站、尼泊尔上博迪克西水电站、巴西伊利亚和朱比亚水电站升级、刚果（金）布桑加水电站发电厂房、坦桑尼亚新瓦米大桥等工程，首次进入巴西和刚果（金）市场。同年津巴布韦最大水电站——卡里巴南岸扩机工程全面建成投产，洪都拉斯帕图卡Ⅲ水电站主体工程完工，赞比亚下凯富峡水电站荣获"2018 年中国海外工程杰出营地"称号。

主要国际工程名录

序号	工程名称	开工时间	竣工时间
1	几内亚金康水电站工程	1964 年	1966 年
2	几内亚丁基索水电站工程	1972 年	1974 年
3	尼泊尔巴格曼迪灌溉工程	1989 年 5 月	1996 年 7 月
4	印度尼西亚雅迪鲁霍大坝修复工程	1995 年 7 月	1998 年 3 月
5	尼泊尔伊拉姆水电站工程	1995 年 9 月	1999 年 12 月
6	尼泊尔莫迪水电站厂房工程	1996 年 4 月	2000 年 7 月
7	尼泊尔逊莎里 II 期莫朗灌溉工程	1998 年 8 月	2003 年 3 月
8	尼泊尔唐神公路工程	2000 年 6 月	2002 年 6 月
9	赞比亚凯富峡电站修复工程	2001 年 1 月	2003 年 8 月
10	伯里兹洽里洛水电站工程	2003 年 2 月	2005 年 10 月
11	刚果布扎里昂水电站修复工程	2003 年 6 月	2005 年 5 月
12	苏里南国家电视台发射设备工程	2003 年 9 月	2004 年 1 月
13	莫桑比克 169 公路工程	2004 年 5 月	2005 年 8 月
14	科莫罗电视台发射设备工程	2004 年 6 月	2004 年 12 月
15	巴基斯坦马兰坎 III 水电站工程	2004 年 6 月	2005 年 9 月
16	约旦死海 18♯海堤修复工程	2004 年 9 月	2006 年 11 月
17	埃塞俄比亚麦克纳久公路工程	2004 年 10 月	2006 年 5 月
18	蒙古泰西尔水电站工程	2004 年 10 月	2007 年 10 月
19	莫桑比克克里马内城市供水工程	2004 年 10 月	2006 年 10 月
20	阿曼马斯喀特污水系统工程	2004 年 12 月	2013 年 4 月
21	莫桑比克利跨瑞水处理设施工程	2006 年 1 月	2006 年 9 月
22	尼泊尔西克塔灌溉渠首工程	2006 年 7 月	2010 年 5 月
23	莫桑比克克里马内城市供水管网复建工程	2006 年 9 月	2007 年 4 月
24	巴基斯坦 P4 公路工程	2006 年 11 月	2010 年 4 月
25	伯利兹瓦卡水电站工程	2007 年 4 月	2010 年 5 月
26	莫桑比克 maxixe 市政道路工程	2007 年 5 月	2007 年 10 月

续表

序号	工 程 名 称	开工时间	竣工时间
27	埃塞俄比亚 AD116 公路工程	2007 年 8 月	2011 年 12 月
28	埃塞俄比亚砂石料供应工程	2007 年 12 月	2009 年 3 月
29	博茨瓦纳迪克戈洪大坝工程	2008 年 3 月	2012 年 2 月
30	尼泊尔库里卡尼水电站工程	2008 年 4 月	2018 年 2 月
31	莫桑比克楠普拉市供水管网扩建工程	2008 年 5 月	2010 年 7 月
32	莫桑比克彭巴市供水管网扩建工程	2008 年 5 月	2010 年 7 月
33	博茨瓦纳 FR78 公路工程	2008 年 9 月	2012 年 2 月
34	赞比亚卡里巴北岸电站扩机工程	2008 年 11 月	2014 年 7 月
35	埃塞俄比亚 GD99 公路工程	2009 年 4 月	2013 年 5 月
36	埃塞俄比亚 AK97 公路工程	2009 年 4 月	2013 年 1 月
37	博茨瓦纳骆察尼大坝工程	2009 年 4 月	2012 年 6 月
38	巴基斯坦曼格拉移民工程	2009 年 12 月	2012 年 12 月
39	莫桑比克 MA－MA 公路工程	2010 年 1 月	2011 年 3 月
40	莫桑比克 C－C 公路工程	2010 年 1 月	2010 年 6 月
41	巴基斯坦 M4 高速公路项目	2010 年 2 月	2015 年 1 月
42	尼泊尔上塔马克西水电站工程	2010 年 9 月	在建
43	安哥拉北宽扎省护理学院工程	2010 年 10 月	2011 年 8 月
44	安哥拉北宽扎省政府大楼工程	2011 年 1 月	2011 年 11 月
45	安哥拉恩泽托市政工程	2011 年 2 月	2013 年 8 月
46	哥斯达黎加楚卡斯水电站工程	2011 年 2 月	2016 年 12 月
47	委内瑞拉新卡夫雷拉燃气电厂工程	2011 年 3 月	2013 年 5 月
48	坦桑尼亚 IM95 公路升级工程	2011 年 3 月	2015 年 6 月
49	坦桑尼亚 MF93 公路升级工程	2011 年 3 月	2015 年 1 月
50	埃塞俄比亚 PVC 门窗工程	2011 年 3 月	2014 年 9 月
51	洪都拉斯帕图卡水电站Ⅲ－一期工程	2011 年 5 月	2013 年 7 月
52	莫桑比克克利马内市新配水中心工程	2011 年 6 月	2014 年 6 月
53	莫桑比克楠普拉市配水中心扩建工程	2011 年 6 月	2013 年 12 月
54	莫桑比克利跨瑞供水工程	2011 年 6 月	2012 年 1 月
55	委内瑞拉圣多明戈农业综合开发工程	2011 年 7 月	2014 年 6 月
56	莫桑比克楠普拉供水管网扩建二期设计与施工工程	2011 年 10 月	2014 年 3 月
57	莫桑比克彭巴市供水管网扩建二期工程	2011 年 10 月	2013 年 11 月

序号	工 程 名 称	开工时间	竣工时间
58	莫桑比克安戈谢市供水管网扩建工程	2011 年 10 月	2013 年 12 月
59	安哥拉北宽扎省中等学院工程	2012 年 2 月	2013 年 1 月
60	莫桑比克 维兰库鲁市政道路修复工程	2012 年 3 月	2013 年 1 月
61	莫桑比克盼达至乌热内道路升级工程	2012 年 3 月	2012 年 10 月
62	安哥拉纳米贝 xitoto 燃油电厂工程	2012 年 4 月	2012 年 11 月
63	安哥拉纳米贝新燃油火电厂工程	2012 年 4 月	2013 年 5 月
64	安哥拉刚果市农贸市场建设工程	2012 年 5 月	2013 年 12 月
65	安哥拉索约市农贸市场建设工程	2012 年 5 月	2013 年 5 月
66	安哥拉索约市室内篮球场工程	2012 年 5 月	2013 年 5 月
67	赞比亚伊泰兹水电站工程	2012 年 6 月	2016 年 4 月
68	蒙古泰西尔水电站大坝修复工程	2012 年 8 月	2012 年 9 月
69	委内瑞拉巴里纳斯州圣多明戈河溢流坝工程	2012 年 8 月	2014 年 6 月
70	尼泊尔上马相迪 A 水电站永久营地工程	2012 年 11 月	2017 年 7 月
71	尼泊尔上马相迪 A 水电站工程	2013 年 1 月	2017 年 7 月
72	埃塞俄比亚 DL 大坝加高及修复工程	2013 年 1 月	2014 年 7 月
73	赞比亚 330KV 输变电线路工程	2013 年 3 月	2014 年 12 月
74	赞比亚称重站工程	2013 年 3 月	2013 年 12 月
75	赞比亚 KC45 公路工程	2013 年 4 月	在建
76	莫桑比克供水管网扩建设计与施工工程	2013 年 6 月	2014 年 12 月
77	安哥拉北宽扎省城市供水工程	2013 年 8 月	2015 年 7 月
78	安哥拉北宽扎省城市电网改造工程	2013 年 8 月	2015 年 7 月
79	埃塞俄比亚 BZ92 公路工程	2013 年 10 月	2018 年 9 月
80	纳米比亚湖山铀矿工程	2013 年 10 月	2016 年 7 月
81	坦桑尼亚 KM68 公路工程	2014 年 5 月	2016 年 12 月
82	安哥拉罗安达市配水中心工程	2014 年 6 月	2017 年 2 月
83	赞比亚慕松达水电站工程	2014 年 6 月	2018 年 2 月
84	安哥拉琼贝达拉水电站工程	2014 年 7 月	2017 年 4 月
85	安哥拉高伦戈供水工程	2014 年 8 月	2016 年 2 月
86	玻利维亚圣何塞水电站工程	2014 年 8 月	2018 年 10 月
87	玻利维亚 I63 公路工程	2014 年 10 月	2018 年 8 月
88	津巴布韦卡里巴南岸水电站扩机工程	2014 年 11 月	2018 年 3 月

续表

序号	工 程 名 称	开工时间	竣工时间
89	埃塞俄比亚阿巴萨姆尔水电站工程	2014 年 11 月	2016 年 11 月
90	埃塞俄比亚变电站道路维修工程	2014 年 11 月	2016 年 11 月
91	塞内加尔 DK 公路工程	2015 年 2 月	2018 年 1 月
92	莫桑比克国基理想城工程	2015 年 3 月	2017 年 1 月
93	莫桑比克卫生部房建工程	2015 年 7 月	2017 年 7 月
94	洪都拉斯帕图卡Ⅲ水电站工程二期工程	2015 年 9 月	2018 年 10 月
95	赞比亚下凯富峡水电站工程	2016 年 1 月	在建
96	莫桑比克下林波波河马古拉灌区工程	2016 年 2 月	2017 年 11 月
97	巴基斯坦 M5 公路工程	2016 年 8 月	在建
98	巴基斯坦风电工程	2016 年 9 月	在建
99	安哥拉万博供水Ⅱ期工程	2016 年 10 月	2018 年 10 月
100	玻利维亚 MY69 公路	2016 年 11 月	在建
101	埃塞俄比亚 HC66 公路工程	2017 年 1 月	在建
102	安哥拉东渡公路工程	2017 年 2 月	2018 年 4 月
103	巴基斯坦四通一平工程	2017 年 3 月	在建
104	安哥拉罗安达供水工程	2017 年 4 月	在建
105	塞内加尔 LL42 公路工程	2017 年 4 月	在建
106	莫桑比克 ML88 公路工程	2017 年 5 月	在建
107	玻利维亚艾尔西亚公路工程	2017 年 6 月	在建
108	安哥拉恩泽托市政一期二阶段工程	2017 年 7 月	在建
109	玻利维亚伊比利苏水电站工程	2017 年 10 月	在建
110	津巴布韦 25 兆瓦太阳能工程	2017 年 11 月	在建
111	赞比亚 CLC132 输电线路工程	2018 年 1 月	在建
112	尼泊尔上博迪克西水电站修复工程	2018 年 2 月	在建
113	赞比亚路西瓦西水电站工程	2018 年 3 月	在建
114	尼泊尔塔纳湖水电站工程	2018 年 3 月	在建
115	巴西伊利亚和朱比亚水电站升级改造工程	2018 年 4 月	在建
116	赞比亚卡里巴北岸扩机电站厂内道路边坡防护工程	2018 年 5 月	在建
117	坦桑尼亚新瓦密大桥工程	2018 年 6 月	在建
118	刚果（金）布桑加水电站发电厂房工程	2018 年 7 月	在建
119	津巴布韦旺吉电站工程	2018 年 8 月	在建

续表

序号	工程名称	开工时间	竣工时间
120	赞比亚 NC106 公路工程	2018 年 8 月	在建
121	巴基斯坦卡洛特水电站库区修复工程	2018 年 10 月	在建
122	塞内加尔捷斯-提法瓦纳高速公路工程	设计阶段	
123	津巴布韦哈拉雷供水工程	融资推动阶段	
124	赞比亚下凯富峡送出部分 330kV 输电线路工程	设计阶段	
125	尼泊尔加德满都经库里卡尼到黑托拉高速公路工程	可研阶段	
126	玻利维亚庞贝欧公路工程	设计阶段	
127	莫桑比克昌巴水电站工程	可研阶段	